帆檣剪影

臺灣海域的海洋歷程

李其霖——著

U0087541

序 —— 李其霖專著《帆檣剪影：臺灣海域的海洋歷程》

　　李其霖將他近年的論文結集成《帆檣剪影：臺灣海域的海洋歷程》這本書，以與閱聽大眾分享，十分有意義。

　　我們臺灣學術界近年來開始注意到「科普」這件事，也就是說大學老師或者研究人員，不再只是關門作研究，而且也有人願意走向社會：寫通俗易懂的文章，還有為一般人演講。這是一種很好的發展。因為社會要進步、學術要進步，若只是由學院門牆內的人閉門造車，雖然還是會進步，但是速度必然較慢。透過分享新的研究心得給一般人士，讓社會的平均水準上升，自然會加快前進的腳步。只是我們的學術評量標準只在乎原創性、系統性……等這樣的價值，對於一些綜合性的作品與整合性的著作，往往沒有給予合理的評價，因此不免也讓一些潛在的作者裹足不前。至少就文史學界來看，單篇論文或者專刊（monograph）還是主要的出版形式，真正以專書（book）方式，同時向學術界與社會發表的作品偏少。至於專門為社會大眾寫作，推廣學術成果，如英美的「企鵝文庫」（Penguin Books）或者日本的「中公新書」這樣的出版品，仍然只能期待。

　　在我們的時代，因為有網路，所以許多熱心人士——當然也包括學者——都在社群媒體發言，與網民分享知識。不過，網路文章一般不能太長，同時要又避免被他人剽竊，因此要作仔細論說，有時候也沒有那麼容易。以單篇論文或者專刊的方式在傳統載體發表精心研究的成果依舊比較妥適。既然這樣，山不轉路轉，在選題和寫作方式稍稍調整之下，把論文寫得邏輯更清楚、文字更易懂，並且照顧到讀者的理解能力，好讓一般讀者也可以一窺門路，倒還是一個兼顧同行評價與服務社會的作法。

　　我們不能說李其霖都做到了、做好了，但是他確實朝這方面在努

力。多年來他努力做研究，努力指導學生，也積極參與博物館及地方文史的工作，先後完成多篇論文。現在挑選出十三篇，區分成「船舶與水師」、「船難與信仰」以及「淡水與戰爭」三大部分，各自包括四至五篇作品，分享給社會。清朝統治臺灣長達兩百多年，在臺灣駐軍萬人，一方面防衛臺灣，一方面維持社會穩定。水師佔了當中相當大一部分，除了戰術與戰技之外，也涉及戰船的修造與操作的問題。臺灣四周臨海，戰船之外，往來的民船更多，既是往來臺灣與大陸之間的交通工具，也擔負起將臺灣的物產外銷與進口民生必需品的任務。當時的船舶使用風帆，海洋的地形、海上的天候、洋流……等等都左右著航行的安全。用海的人，不管是駛船的人還是搭船的人都希望一路順風，平安抵達目的地。媽祖或者其他神明的保佑是船上人員貼心的慰藉。只是天有不測風雲，偶爾難免失事，船難也就緊接著發生。災難臨頭時如何自處？破船、沉船如何處理？在在都值得關心。李其霖也擔任淡江大學海洋及水下科技研究中心的副主任，參與過不少沉船的調查與研究工作。他在這些方面的心得，具有可資參考的價值，也能增長讀者的見聞。淡江大學位在淡水。淡水這個地方擁有豐富的歷史可以探索，也遺留有隨處可見的文化資產，經常吸引觀光客的造訪。淡水的古蹟博物館與地方文史工作者也都努力提供更準確的資訊好讓參訪者有機會深入。李其霖則以其研究軍事史的基礎，查考龐雜的史料，細心加以研究。對學者而言，他的作品不宜錯過；想要深度觀察淡水的人，也當好好閱讀。更有趣的是李其霖對飲食頗有一套想法，他把他對清法戰爭的研究心得，提煉成若干要點，把這些要點轉成為佳餚的菜名，組成了所謂的「滬尾宴」。享用「滬尾宴」的饕客，一方面品嘗美味，一方面舊聯想起那場臺灣史上難得的勝利戰役。這真是不落文字的「科普」工作。

　　讀書要看重點，也要看細節。就請大家好好閱讀這本書囉！

陳國棟

2023 年 3 月 29 日

寫於南港

目錄

第二部　船難與信仰

徵引資料

緒論

　　海洋史的領域無遠弗屆，要博古通今海洋歷史文化甚為困難，完整的閱讀浩瀚資料更是鞭長莫及，只能鍥而不捨的進行資料收集，逐步閱讀與整理相關資訊，集結成書。本書是以海洋史研究領域為主的專書，內容章節分成三大主軸，第一部分為船舶與水師。第二部分為船難與信仰。第三部分為淡水與戰爭。除緒論和結論之外，內容共分為十三章。

　　這三大論述焦點皆環繞於臺灣海洋史相關的論題。內容則以近年來本人的相關海洋史研究成果為主要，惟作者可以處理的議題和閱讀的資料有限，因此尚有許多不足之處可以再進行增補。雖然撰寫內容未能全面，各章論述的完整性也許略顯不足，可再加強，但對於理解臺灣海洋史議題，以及這三大主軸的相關內容還是具有參考價值和科普知識的吸收。

　　本書第一部探討船舶與水師。臺灣四面環海，又位於東亞海域的交通要道，十六、十七世紀以來，往來臺灣周邊海域帆檣林立，難以細數。這些遊走船舶各司其職，如捕魚、貿易、移民、搶劫、作戰等，它們所編織成的故事多采多姿，精彩非凡。然而這個海域甚廣，海象複雜不平靜，船舶遭難事件時有所聞，航行者必須備齊相關的航海知識，以及擁有堅固的船舶才能安全的在海上游弋。

　　在船舶的使用方面，這些往來人員所使用的船隻，經過了數百年的演進，隨著科技不斷的進步和創新，造船的技術、結構和材料也有了重大改變。外觀上，從帆船轉變至輪船、鐵船；動力也從槳、帆、櫓，轉變使用煤、石油、核能等燃料；在海上環境的辨視方面，也由山形水勢圖、指南針，轉為直接使用衛星導航系統；依照船舶性質和功能的不同，發展出更細緻的各種船型外觀與內部結構，如各型軍艦、郵輪、貨櫃船、潛

水艇、油輪等，外表皆異。此外，船舶的穩定性和適航性也提高甚多，讓船舶航行不再是一件危險的事。

船舶在海上航行，就會有惡人覬覦財務而成為海盜進行海上劫掠；另外各國間的地緣政治、相互競爭和矛盾也會引發戰爭。因此各時代的水師或海軍的建立即是在維護海上治安和船舶航行的安全。因於此，水師與海盜的問題，國別之間的爭戰無不與水師有關，因此各時期的水師研究就顯得重要了。再者，了解個別將領的生涯歷程、作戰方法、謀略的應用等，也能理解當時政府的政策擬訂方向，這些都是重要的議題，必須持續研究。

第二部的船難和信仰方面。我們可以理解，雖然船舶製造技術不斷更新、精進，然而海洋的危險性卻絲毫不改，即便現今的船舶規模更大，結構更穩固，但面對大自然的反噬力量，這些船舶再如何的堅固，也都是難以抵擋海上自然災害，乃至船難事件不曾間斷。而所謂的船難是指船舶在航行及停泊中，船隻、船員、乘客及船貨遭到災害及損失等事故，這部分包括天候、海象、觸礁、擱淺等自然災害，另外也包含兵災、海盜、火災等人為災害。這些事故的發生，並不會因為船舶堅固而消失，不過逐漸減少是可以預期的。

依據本書研究所得，時代遠近不同，發生船難事件的區域、數量也都有很大的轉變。港口是船舶聚集最多的地區，自然成為發生船難的熱區；暗礁是航行者時常忽略的危險區域，許多船舶航行誤觸礁石，沉沒海底，如東沙海域、澎湖海域等；而島嶼的岬角所屬的周邊海域，通常都是沿岸流較為雜亂之處，三角浪到處可見，許多船舶葬身該區域，如北海岸海員的順口溜「一卯、二龜、三鼻頭、四尖仔鹿」；[1] 還有臺灣南部貓鼻頭和鵝鑾鼻周邊的海域，都相當危險。另外，戰爭通常讓船舶損失慘重，木質帆船時代如果又使用火攻戰術，船舶遭難的機會又升高許多，而遭毀的船舶也很難有完整的船身保留下來，因此在水下考古的部分有

---

[1] 卯為貢寮三貂角的卯澳鼻、龜為萬里野柳的龜突岬、鼻頭為瑞芳的鼻頭角，尖仔鹿為石門尖鹿里十八王公廟外面的海域。

其困難度。

　　雖然船舶在航行過程中最怕遇到強風和礁石，再者，早期對於強風的資訊較缺乏，只能藉由海洋環境進行理解，如海上漂流物、魚群、飛鳥等現象判斷。至於礁石只能在航海圖中顯現，如海圖上無標注，那只能祈求航行時不會撞到。在航線上如有礁石則會載明，接近時必須避開礁石區，妥善前進。因此帆船時代有固定的航線，這是隨著季風和洋流的變動所規劃出來的，動力燃料船時代就不一定有固定航線。因此帆船時代遭難的船隻如沒有直接沉沒海中，則將漂流至航線周邊的洋流流向區域，這些區域即成為沉船熱區。如吹東北風時北臺灣的船隻在金山遭難，則會被洋流帶到石門海域，因此石門海域是漂流船的沉船熱區。

　　要避面沉船發生，除了求神也應該求己。早期的航海者對於海洋環境、氣候和航海技術的了解相當有限，再加上船舶的結構和穩定性也並非良好。於此情況下，為了祈求航海平安，只能借助於宗教信仰，讓在航海的過程中能多一點安心，因此海神信仰即成為航海者祈求平安的最重要媒介。依據各地信仰和社會風氣的不同，會凝聚各種不同的海神信仰。而這些海神信仰也會隨著船舶科技的發達，和對海洋知識的了解逐漸式微。部分的海神不受到青睞，就會被遺忘於歷史的洪流中了。

　　各種海神信仰被帶進臺灣之後，隨著移民者工作性質的轉變，他們的信仰主軸和祈望也會隨著產生變化。如媽祖本為海神，但進入臺灣之後，因住民需求更為多元，媽祖信仰也逐漸轉變為各種面向都具備的神；水僊尊王也是明清時期最重要的海神，但隨著移民者減少出洋，祂的地位也逐漸沒落，甚至被人們所遺忘了。玄天上帝信仰進入臺灣之後，也由海神轉變為斬妖除魔，保佑百姓身體健康、維護治安的神祉，信仰的變化相當大，這些相關的研究論述，皆有參考之必要。

　　第三部的淡水和戰爭方面。淡水是一個移民港口，並不是一個移民城市，主要是其腹地相當有限，又崎嶇不平，難以腹載超額之人口。雖然早期淡水地區的人口增長不如艋舺、大稻埕，使得發展受限，但移民淡水的居民祖籍多元，因此帶來了豐富的移民社會之發展。淡水更成為

統治臺灣的各政權皆試圖推展的一個重要港口，這也讓淡水的社會更多采多姿，留下來的文化資產遍及歷朝各代，相當多元。

我們可以理解，在這段大歷史的過程中，免不了會有爭戰事件發生，這些戰爭造成了生靈塗炭，秩序紛亂，現在回顧這些戰爭過程確實多此一舉，無此必要。而當時的戰爭畫面殘酷血腥、悲歌不斷、天人永隔，只有滿足戰爭者的權利慾望，黎民百姓卻只能顛沛流離，並非蒼天之福。這些戰爭過程在淡水留下許多的傳說故事，雖然部分真假難辨，但主要是讓大家記住戰爭的行為是不明智的，和平才是大家渴望的生活。

為了讓大家記取戰爭的殘酷，便以歷史餐飲文創設計「清法戰爭滬尾宴」。以清法戰爭滬尾之役的故事設計成桌菜，讓大家在享受美食的過程中，也能重拾百年前的戰爭景象，目的在提醒大家珍惜安居樂業的現況。而藉由歷史餐飲的文創設計，可以吸引更多人對於歷史的喜愛，以及理解歷史是生活中不可缺乏的軟知識之學科。因此，本書提供發想，吾人可以善於運用歷史研究的成果進行轉譯，將歷史結合生活事況等諸多面向呈現，讓歷史的殷鑑傳承更加廣闊。

第一部
船舶與水師

第一章
中式帆船的帆裝與特色

壹、前言

    中式帆船（Junk）是東亞海域的重要船型之一，東亞海域的相關國家之船舶皆受中式帆船之影響，因此從這些國家的船舶外觀可以看出與中式帆船相類似。中式帆船的特色就是它的帆裝，從外觀來看，一眼就可以辨別出其為中式帆船，有別於西方船舶外貌。

    中式帆船的造船方法和船舶配備與西方船舶大相逕庭，造船基本原則完全不同，但各有其優缺點。造船技術的形成與該地區的軍事發展成正比，歐洲船舶的演進之所以快速，與歐洲各國不斷發生戰爭，各國力求技術的研發有很大關係。在中國，至鴉片戰爭以前，極少有周邊國家的海上武力可以凌駕中國之上，因此中國的船舶發展，在沒有競爭的情況之下，難以有快速的轉變。不進則退，可以說是中國造船技術的狀況。

    在帆船時代，世界各個區域的帆裝樣式不同，各有特色。中式帆船的帆裝通常是一根桅杆只裝設一面帆，有別於西方帆船一桅多帆的情況，但中式帆船亦有一桅兩帆或三帆的情況，但情況與西式帆船不同。西式帆船的帆為布帆，中式帆船桅杆上的主帆為竹篾帆，但加裝的帆，如頭巾及插花即屬於布帆，與西方相同。帆的數量多寡自然與船隻速度快慢有關，中式帆船增加帆的數量主要是增加船隻行進速度，但中式帆使用竹篾材料，故不適合於同一桅杆上裝設多面帆，因此這樣的帆裝即

與西方船舶類似，有別於傳統中式帆船。

這些軟式的風帆有不同之稱呼，頭巾亦稱頭巾頂（Topgallant sail）、藏於日本的唐船圖[1]，《廈門志》皆稱巾頂[2]、亦有稱為高帆、[3] 配掛於中國北方的沙船上者稱中頂篷，[4] 是懸掛在船舶主桅最上層的帆。其材質為棉布製成，與一般中國傳統的竹篾帆不同；插花（Topsail）是配掛在主桅旁的帆裝，亦由棉布作成。另外尾送也是使用布的材質。

頭巾、插花為輔助帆，是中式帆船帆裝中的特殊裝備，可增加船隻速度及穩定性，屬於西洋式帆裝。依據相關的資料記載，明末以來，內、外洋之商船皆配置有頭巾及插花，但雍正朝以後則諭令內洋船隻不准配帶，其主要目的是讓這些船隻的速度不超越戰船，如此一來，即便這些船隻為海盜所用，戰船速度凌駕於海盜船，於作戰時可處上風。清代大部分的水師將領也認為，這兩項配備可增加船舶的速度及穩定性，因此限定內海戰船以外的其他船舶毋需使用頭巾及插花是有其必要性的。

頭巾及插花固然重要，但史料上的記載對於頭巾、插花的說明卻有限，因此容易將其解讀錯誤，難以辨別其功能為何。[5] 再者，近人對於此議題的研究鮮少，也容易產生誤解，這與資料不易找尋有很大關係，

---

1 「金源盛船圖」稱巾頂。見山形欣哉，〈〈唐船圖卷〉中的「臺灣船」及其設計圖之復原〉，收於劉序楓主編，《中國海洋發展史論文集》，第九輯（臺北：中央研究院人文社會科學研究中心，2005），頁285。

2 周凱，《廈門志》（臺北：臺灣省文獻委員會，1993），卷五，〈船政略〉載，修造一號同安梭船時，每次需花費巾頂及插花銀四十八兩等語。

3 西川如見，《增補華夷通商考》，共五卷（寺町五條上ル町：甘節堂，1708），頁21a-21b。在外國船圖說有詳細說明，惟圖上並未繪製高帆，但繪有「遣出ノ帆」，即頭緝帆。

4 在《浙江海運漕糧全案》的沙船行駛圖中，稱頭巾為中頂篷。椿壽，《浙江海運漕糧全案》，清咸豐三年。辛元歐，〈十七世紀的中國帆船貿易及赴日唐船源流考〉，收於劉序楓主編，《中國海洋發展史論文集》，第九輯（臺北：中央研究院人文社會科學研究中心，2005），頁240、235。

5 插花配掛在主帆之側，猶如飛剪船（Clipper）之翼帆。辛元歐，〈十七世紀的中國帆船貿易及赴日唐船源流考〉，頁248。

解讀錯誤亦屬正常，不足為奇。如 Joseph Needham（李約瑟）及 Bruce Swanson 在他們的大作中，[6] 對於插花的解釋有誤解，這與他們當時所能看到的檔案較少有很大之關係，[7] 故在資料不完整之下容易產生了誤解。Joseph Needham 認為插花是「inserted ensign」意指為插入的旗幟。[8]Bruce Swanson 則不確定的認為是「Tax ensign or exempt ensign」意為稅旗或豁免旗之類的意思。[9] 亦即是他們都認為插花是一支旗幟，但實際上插花是一個帆，而並非是旗幟。

　　兩位學者會有如此的誤解，主要是他們都參考了封舟圖[10]，此圖上的插花標示位置的確會讓人誤以為是旗幟，但如果參考了檔案資料就不會認為插花是旗幟，而是主桅杆旁邊另一輔助的布帆了。本章盡可能收集目前可閱讀之資料，經過整理爬梳，希冀能將這兩艘船舶的配備稍加論述，對前人有誤解處稍加解釋，遂此，可讓對於船舶研究有興趣者能再深入探討。

---

[6] Joseph Needham 認為插花是插入的旗幟（inserted ensign），見 Science and Civilization in China, Vol. 4: Physics and physical technology, pt. 3: Civil engineering and nautics, Cambridge University Press, 1986, p. 405.

Bruce Swanson 則解釋為 Tax ensign（稅旗）。Eighth Voyage of the Dragon: A History of China's Quest for Seapower. Annapolis: Naval Institute Press, 1982.p. 307.

[7] 國立故宮博物院所藏的宮中檔及軍機處檔折件，如最早的《宮中檔光緒朝奏摺》於 1971 年出版，《宮中檔康熙朝奏摺》於 1974 年出版；中央研究院歷史語言研究所藏之內閣大庫文書，及稍晚出版的明清相關檔案，部分有記載。然而李約瑟於 1971 年即已完成《中國之科學與文明》，第四卷，〈航海工藝〉篇之撰寫，因此未能查看相關之檔案順屬自然。Bruce Swanson 的大作，亦於此間撰寫完成。然而，幾近三十年以後，史料出版越來越多，吾人可查看相關史料之機會更多，許多議題亦可逐漸釐訂。

[8] Joseph Needham Science and Civilization in China, Vol. 4: Physics and physical technology, pt. 3: Civil Engineering and Nautics, Cambridge University Press, 1986, p. 405.

[9] Bruce Swanson. Eighth Voyage of the Dragon: A History of China's Quest for Seapower. Annapolis: Naval Institute Press, 1982. Appendix K.

[10] 徐葆光，《中山傳信錄》（上海：上海古籍出版社，1997），卷一，頁 2a-2b，康熙六十年二友齋刻本。收於續修四庫全書第 745 本。周煌，《琉球國志略》（上海：上海古籍出版社，1997），首卷，圖繪，頁 34a-34b。乾隆二十四年漱潤堂刻本。收於續修四庫全書第 745 本。

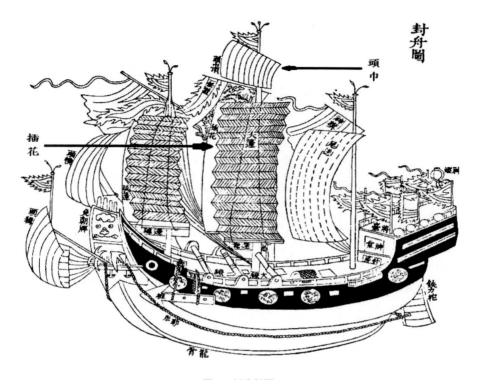

圖 1-1 封舟船圖

貳、中式帆裝的特色

　　帆船的推進，主要是憑藉著帆與風的作用力。帆則是由紡織的材料編成面，並以各種不同的方式揚帆，利用風的壓力和流動力，得以在航線上行駛。[11] 帆船的行駛速度快慢，除了船體結構以外，端看篷帆的結構與材質。中式帆船的帆裝設計，河面與洋面不同，各個海域亦不同。在浙江以南海域的船隻一般皆以竹蔑材質編製而成，北方沙船及其他航

---

[11] Joseph Needham Science and Civilization in China, Vol. 4: Physics and physical technology, pt. 3: Civil Engineering and Nautics, p. 588.

行於河面上的平底船方使用布帆。但無論是那個區域的船隻，中式帆船的帆皆由竹子當撐條，再編織以布或篾。竹篾帆，中國人稱為撐條式蓆帆，清代匠作稱箔帆，或箬篷，[12] 日人則稱笹帆。[13] 雖然各個時期及各區域的說法不同，但皆指使用竹子編織而成的帆。

　　中式帆船的帆裝與西式帆船帆裝完全不同，以遠洋船隻的外形來看，中式帆船屬硬式帆，西式帆船屬軟式帆。中式帆由竹子編織而成，結構堅硬，西式帆則為一大片棉布組成，結構蓬鬆。中、西式帆的結構各有其優缺點，中式帆可藉由對帆的轉動而在逆風中行駛，不受風向影響，機動力較高。帆有破洞，水手可藉由帆的撐條爬上去修補，簡單又便利，這對船隻的航行影響相對較小。再者，硬帆之受風面為整個面，非單一著力點，故帆有破洞，不能適時修補，船隻照樣可以航行而不受影響。西式帆船受風面為單一點，其特色是能夠將風力集中，減少風力受反作用力的抵消而使風量減少，遂其行駛速度較快，但倘若帆有破洞，則此帆即失去功能，要臨時修補則萬不可能。

　　在帆的操縱方面，中式帆裝猶如現今之百葉窗操控方式，可藉由索盤收放，或使用人力拉放，將帆桁收在甲板上固定，此種方式操作簡單方便亦省時，毋需太多人力即可完成，航行於外海的船隻通常裝置兩桅杆或三桅杆，每枝桅杆則只裝置一面竹帆。西式帆裝則操作較為複雜，船隻越大則桅杆越多，相對的帆即多。再者，一枝桅杆可裝置四面不等的帆，[14] 因此一艘西洋帆船的帆動輒可達二十張帆，遂此，無論是收帆或揚帆皆耗時費力。再者，帆的附件裝置設備，亦影響收、張帆的使用方式。如是否使用齒輪，或使用鑲嵌，皆有不同的操作方式。如不使用齒

---

[12] 辛元歐，〈十七世紀的中國帆船貿易及赴日唐船源流考〉，頁 239。

[13] 大庭脩，《江戶時代における中國文化受容の研究》（京都：同朋舍，1984），頁 501。

[14] 西洋帆船的主桅帆（Foremast），以數量來看通常稱為一枝桅，可配置四面主帆，但亦會配置側帆（Fore topsail 中式帆稱插花）。較短的帆稱半枝桅杆，則配置二到三面帆。再加上前桅上的頭帆及三角帆 John Harland, Seamanship in the age of sail: an account of the shiphandling of the sailing man-of-war, 1600-1860, based on contemporary sources, London: Conway Maritime Press, 1985, p. 15.

輪的收放方式即有三步驟，一為降低帆桁，再拉轉帆索，鬆開帆腳索。二為放下帆桁，停止航行，再拉出繩索，將升降索固定於帆桁，升起和支撐轉帆索。三為瞬間覆以釘扣在帆的下桁，再放下帆桁。[15] 收放一面帆，皆要數人從桅杆爬到帆桁操縱，耗力費時，而且一旦遭遇到突發性暴風雨，無法適時收帆，則危險性相當高。

在帆的外觀上，中式帆為縱帆，西式為橫帆。中式帆與阿拉伯、印度船一樣都是縱帆，皆可在橫風及逆風中行駛。[16]《廣東新語》說道，中式船隻帆裝其方者稱平頭巾里，順風使之，其有斜角如摺疊扇形者，逆風可使，以為勾篷，勾篷必用雙巾里，前後相疊，一左一右，如鳥張翼。[17] 日本在十六世紀以前亦使用與中國相同的的硬帆，但此後日本船帆有了重大改變，除了原有縱向硬帆之外，亦裝上橫向布帆。明末清初中式帆裝使用的布帆形態，以及其裝置位置，與同時期的日本船舶帆裝相似度極高，因此推估有很大之關聯性。[18]

中式帆船規模較大者，以配掛三支桅杆為主，長江口以北沙岸地區船隻可配掛五支桅杆。[19] 清嘉慶以前，中式帆船的主要船型為趕繒船及艍船，這兩種船型皆只配備二枝桅，此後的同安梭船型則配有三枝桅，

---

[15] John Harland, Seamanship in the age of sail: an account of the shiphandling of the sailing man-of-war, 1600-1860, based on contemporary sources, London: Conway Maritime Press, 1985, p. 147.

[16] 楊槱，《帆船史》（上海：上海交通大學出版社，2005），頁49。

[17] 屈大均，《廣東新語》（北京：中華書局，2006），卷18，〈舟語‧船帆〉，頁484。

[18] 日本寬永年間（1624-1644）從當時航行於長崎交阯的日本荒木船、角川船圖等，皆可看到縱帆及橫帆的使用。須藤利一編，《船》（東京：法政大學出版社，1968），頁105、100。末次船亦有頭巾和頭緝裝置。岩生成一，《新版朱印船貿易史の研究》（東京：吉川弘文館，1985），頁263。

[19] 中式尖底帆船，無論商船或戰船，配掛三支桅杆船者已屬大船，三支以下者屬小型船，配掛四支桅杆者幾不復見，配製五支桅杆之中式帆船，屬於平底式船舶，主要航行於黃、勃海區域之沿海船隻。即便有中、西方學者認為中式船隻可配掛近十張帆，但亦屬個案，並非普遍性通則，亦無確切的資料可佐證。

再者有圖文記載的中式最大帆船耆英號（The keying），[20] 亦只裝置三支桅桿。正德八年（1513）西方船隻進入中國外海，[21] 此後，中西海上交流日漸頻繁，西式帆船在東亞海域航行已顯而易見，當地人稱歐洲帆船為「夾板船」（kapal），與習見的中式帆船（馬來人稱之為 jong，即英文的 junk）做一區隔，[22] 因此在這期間中式帆船是否學習西方帆裝而加裝橫向布帆，則可能性相當大，這部分有繼續深入探討的必要性，如果這個推論正確，那中式帆船配置軟式的頭巾和插花帆，即是學習西方帆裝技術，那也顯示出中式帆船之帆裝已有西方元素於內。

既然中西雙方的船舶開始密集接觸始於正德年間，但端視明代嘉靖年間之船舶圖像，並沒有頭巾及插花的圖像流傳。再者，明代戰船有望斗裝置，望斗裝置於主桅的最上端，（圖 1-2、圖 1-3）故無法再加掛頭巾頂帆，而插花帆亦無呈現之。然而明代的商船是否有加掛頭巾頂，至少目前尚未發現有此情況，顯見在這段時間，中式帆船配置頭巾及插花者並不多。根據楊槱的研究，他認為在東西方船隻接觸與交流之下，在泰國製造的中式帆船，其帆裝與傳統中式船隻不同，因為他們裝上首斜桅，並掛上帆，如在該桅與前桅連接的支索上掛帆，可加快速度。[23] 另外辛元歐認為，沙船及三不像船（兼有沙船、鳥船、蛋船三者之優點，故有

---

[20] 耆英號（The keying）船長 45 公尺，為廣東地區販賣茶葉的商船，後由英國人買下開回倫敦，期間因氣候及內部問題而輾轉抵達美國紐約，往後至英國，成為環球一周的中式帆船。有關耆英號相關問題參見 Stephen Davies. Seeing the Junk Keying.《中國航海文化之地位與使命》（上海：上海書店出版社，2011），頁 134-183。或 Stephen Davies. East Sails West: The Voyage of the Keying, 1846–1855, Hong Kong University Press; Illustrated, 2013.

[21] 葡萄牙人最早駕駛西洋帆船至廣東外海，正式派遣使節至大明帝國的時間則為正德十二年，由使節團團長 Tomé Pires（托梅・皮雷斯）率領。Armando Cortesão（亞馬多・高德勝），《歐洲第一個赴華使節》Primeira Embaixada Europeia à China（澳門：澳門文化協會，1990），頁 131。

[22] 陳國棟，《臺灣的山海經驗》（臺北：遠流出版社，2005），頁 90。

[23] 楊槱，《帆船史》（上海：上海交通大學出版社，2005），頁 69。

此名）皆配置有頭巾頂帆，[24] 這是否意味外洋船隻學習內洋船隻的頭巾帆裝，但沒有再進一步說明這些船隻的配掛時間及圖像。可以確定的是清初以來，配置頭巾及插花的船隻顯著增加，此裝置已然成為中式帆船的標準配備了。

圖 1-2 大福船　　　　　　　　圖 1-3 海滄船

圖片來源：鄭若曾，《籌海圖編》，共 13 卷（北京：解放軍出版社，1990），卷 13，
〈經略‧兵船〉，頁 1204、1208。收於《中國兵書集成》第 15、16 冊。

參、有關中式帆裝記載

中國歷朝各代雖然都有許多史料流傳於世，但有關船舶方面資料卻相當稀少。史料記載帆船的帆裝資訊相當有限，更遑論帆裝的輔助系統頭巾與插花。這些相關紀錄大致上從明代及清代之後才有比較多的資料

---

[24] 辛元歐，《中外船史圖說》（上海：上海書店出版社，2007），頁 232-233。

呈現，但如對帆的理解有限者也難以清楚了解。

　　從帆裝的相關紀錄來看，宋朝張津（生卒年不詳）等纂修的《乾道四明圖經》，於陳瓘（1057-1124）的詩句中已出現「高帆」字樣，[25] 然張津撰寫之內容主要為內河，故內河船舶的頭巾配置，於宋代即有之。明代船舶的資料或圖像主要以官方為主，民間方面則寥寥可數，更何況論及頭巾及插花者更少。在明清的史料上呈現船圖之記錄主要以兵書、地方志為主，而這些船隻圖像亦多為水師戰船。明代資料諸如《武備志》、《籌海圖編》及《經國雄略》等，[26] 皆節錄許多的戰船資料，然而這些書籍之圖片皆無繪製頭巾和插花。但地方志即有文字說明頭巾之敘述，如《成化中都志》[27] 但主要是以河船為主。因此，只能藉由外籍資料，如日本或歐美地區所藏之圖像來補足，但這些地方所繪製的船圖主要是商船。

　　明代商船的圖像可透過如長崎歷史文化博物館藏的朱印船及遣唐使船圖、松浦史料博物館藏有關至平戶貿易的各地商船圖，[28] 進而加以對照。於這些圖像中，可看到中式及日式船隻皆掛有頭巾，從資料的比對上，可以了解到日本船加掛頭巾頂的時間比中式帆船早一些，而中、日兩國所裝置的位置相似。另外，同時期的東南亞船隻除了帆裝與中式船隻相同之外，在船首亦選懸掛用布所做的小帆，這與中式船隻的「頭緝帆」相同。[29] 這樣的情況是否與中式帆船、日本、東南亞船隻在東南亞興

---

[25] 張津，《乾道四明圖經》，卷八，清咸豐四年宋元明六志本。陳瓘，〈文饒自昌國以詩見寄次饒二首〉，中一文為：海邦渺渺知何在，風入高帆頃刻過，何似一尊湖上酒，月明安穩照寒波。亦可見（元）馬澤，《四明志》，卷二十，頁 9a。

[26] 鄭若曾，《籌海圖編》（北京：解放軍出版社，1990），〈經略·兵船〉，頁 1199-1245。鄭大郁，《經國雄略》，共 48 卷（北京：商務印書館，2003），卷之八，頁 1a-25b。

[27] [明] 柳瑛，《成化中都志》（上海：上海書店，1990），收於《天一閣明代方志選刊續編》第 33-34 本，卷之八，頁 29b。楚舸高帆未可開滿帆風暴作陰雷聖文亹亹傷漂溺世路紛紛自往來浮磬猶聞傳激越沉妖不見鎖淵回連陂黽鳴無數安得周官爲灑灰。

[28] 唐船圖除了藏於日本平戶之外，另澳大利亞墨爾本維多利亞美術館、紐約圖書館亦藏有多幅圖像。見辛元歐，〈十七世紀的中國帆船貿易及赴日唐船源流考〉，收於劉序楓主編，《中國海洋發展史論文集》，第九輯，頁 227。

[29] 陳希育，《中國帆船與海外貿易》（廈門：廈門大學出版社，1991），頁 205-206。

造有關，而這些建造技術與西方船隻有否關係，尚待進一步探討。在這些圖像中，目前可以確定的是，部分可看到頭巾及插花之呈現，時間大都在十七世紀以後。[30] 近人王冠倬及辛元歐在他們出版的專書之中，收集了大部分的中、西方所藏的中式船舶圖像，[31] 可做為研究之參考。

　　清代留下之史料以《琉球國志略》[32] 中的封舟船能看到較清楚的插花圖像，另外藏於北京故宮博物院《冊封琉球圖》《封舟圖》亦繪有頭巾及插花樣貌，並有文字說明。[33] 其中頭巾及插花繪製相當清楚。其他相關的史料諸如陳倫炯《海國聞見錄》、《中山傳信錄》、[34]《嘉慶直隸太倉州志》、[35]《粵海關志》、[36]《廈門志》等。清代官方所保留之戰船修造圖，[37] 亦無繪出或記錄，因此我們只能從其他僅有的幾張圖像及從官方的檔案文書敘述上來了解這帆裝之功能。但這些史料談及之內容主要是說明其功能，並沒有介紹使用狀況及時間。[38] 依目前所看到有繪製頭巾及插花圖

---

[30] 這些官方文書中所呈現圖像唯一清楚載明頭巾設置者，主要來自日本所藏的相關圖像，如唐舡圖、朱印船等。

[31] 王冠倬，《中國古船圖譜》（北京：三聯書店，2011 修訂本）。辛元歐，《中外船史圖說》（上海：上海書店，2009）。

[32] 周煌，《琉球國志略》，卷首，〈圖繪〉，頁 34a。

[33] 參見北京故宮博物院網址。http://www.dpm.org.cn/www_oldweb/Big5/E/E49/wenwu/02-2.htm

[34] 徐葆光，《中山傳信錄》，卷一，頁 6a-7b。

[35] 王昶，《嘉慶直隸太倉州志》，共 65 卷（上海：上海古籍出版社，1997，嘉慶七年刻本）。收於《續修四庫全書》，第 697、698 本。

[36] 梁廷楠，《粵海關志》（臺北：成文書局，1968，道光廣東刻本）。

[37] 《閩省水師各標鎮協營戰哨船隻圖說》為專門製造福建省戰船之結構圖，文中所附之戰船圖像或文字說明，亦無談及頭巾、插花。見李其霖，〈清代臺灣的戰船〉，《海洋文化論集》（高雄：國立中山大學人文社會科學研究中心，2010 年 5 月），頁 289-299。

[38] 有關明代文獻節錄之船舶資料，可參閱席龍飛，《中國造船史》（武漢：湖北教育出版社，1999），頁 228-245。但內容並未對明代船舶上的帆裝論述，這些書籍所載錄之圖片也未見有頭巾及插花。另外關於清代船舶的圖像，席龍飛引用 Juncos Chineses 內容中的部分船圖，但亦未見頭巾帆，然此書筆者尚未查閱，故無法進一步探討。Louis Audemard, Kam Fai Leong, Manuel Leal Vilarinho, Museu Marítimo de Macau, Banco Totta & Açores. Juncos Chineses, Museu Marítimo de Macau, 1994.

像，可溯及至明代中晚期之後，[39] 確切的時間無法得知。但根據 G.R.G. Worcester（夏士德）的說法，依本白圖塔（Ibn Batuta 1304-1377）說有三張到十二張帆，朱爾達那斯（Jordanas）說有十張帆，尼柯羅康蒂（Niccolò de' Conti 1385-1469）說有五張帆，馬可波羅（Marco Polo 1254-1324）說有四桅十二張帆。依此推斷，這時期的船應該有頂帆。[40] 如果他們的說法正確，那在元代即有之，但可惜的是欠缺圖像及史料佐證，故無法印證所述是否正確。

肆、布帆的裝置與使用規定

中國科技史專家李約瑟提到，頭巾頂帆裝置於主桅杆最上方處，順風旗之下，為橫帆樣式，材質為棉布或帆布（cloth or canvas）。[41] 而這種設置於主桅最上方的橫式帆裝樣式最早出現於歐洲。[42] 插花則是在主桅旁加掛縱向布帆，這與西方橫向布帆不同。另外，中式帆船此時亦增加一尾送（船尾縱向布帆）或頭緝（船頭橫向布帆），這些配備皆有西方帆船的傳統元素。

關於頭巾、插花的設置位置與功能，《廈門志》有清楚的描述：「以布數十幅為帆，張大篷頂上，若頭巾，能使船身輕。插花，亦與布帆在大篷兩邊，遇旁風，駛船不欹側」。[43] 故加掛頭巾可使船身變輕，行駛速

---

[39] 中國史籍所繪之船舶圖像如十五、十六世紀的封舟船，以及日本同時期所載如平戶博物館所藏之相關船舶圖像，皆可看到頭巾及差花之繪製。

[40] G.R.G. Worcester（夏士德），〈中國帆船的帆與桅〉《船史研究》第 7 期，1994 年（中國造船工程學會船史研究會），頁 209。

[41] Joseph Needham Science and Civilization in China, Vol. 4: Physics and physical technology, pt. 3: Civil engineering and nautics, Cambridge University Press, 1986, p. 405.

[42] G.R.G. Worcester（夏士德）, The Junks and Sampans of the Yangtze, Annapolis : Naval Institute Press, 1971, p. 59.

[43] 周凱，《廈門志》，卷五，〈船政略〉，頁 164。

度加快，配戴插花如面臨側風可使船身穩定不至傾斜，亦即是提高船舶的速度和穩定度。1749 年（乾隆 14 年），浙江定海鎮總兵官陳鳴夏（？-1758）奏言：「海洋憑虛御風，全憑帆力，故大篷之旁加插花，桅頂之上加頭巾，風力猛，船行尤速」。[44] 這即是加掛頭巾及插花的主要功能。

在使用的時間上，如前所述，頭巾及插花最早出現時間可能在明末清初，以圖像來看是在康熙年間，雍正、乾隆、嘉慶三朝則為使用較頻繁時期，道光以後在史料的記錄上雖然不多，但依稀有地方大吏提及頭巾、插花之重要性。1823 年（道光 3 年）閩浙總督趙慎畛（1762-1826）認為頭巾及插花是戰船上不可或缺之配備，雖然國庫目前空虛，但可從關稅發商後所生息之銀兩內動支製造，[45] 可見此兩項配備在此時的重要性可見一斑。此後，1847 年（道光 27 年），亦提及修理戰船上之頭巾、插花之使用款項，[46] 其後不再有相關的記錄了。遂此，可以得知頭巾、插花普遍性的使用時間約康熙至道光年間。

雍正以前，內、外洋船隻皆普遍使用頭巾及插花，但為避免這些船隻為賊人所奪，反而危及沿海百姓安全，遂制定了規則。1733 年（雍正 11 年）議准：「往販外洋商船准用頭巾、插花，並添豎桅尖。其內洋商船及漁船不許用頭巾、插花、桅尖，如違例私用，守口官弁不行查報者，罰俸一年」。[47] 然而，只准戰船及遠洋船隻使用，卻不准其他船隻配置，則再引發討論，因為此配備除了增加航行速度之外，亦能提高船舶操駕之安全，而民間早以將這助風之具，主桅頭最上方頭巾頂，篷上之插花等，皆視為船隻全備。[48] 至 1738 年（乾隆 3 年）又開放採捕漁船亦可使用

---

[44] 盧坤，《廣東海防彙覽》42 卷（北京：學苑出版社，2005），卷 12，〈方略〉1，頁 39b。

[45] 《清實錄・宣宗成皇帝實錄》，卷 62，道光三年十二月壬寅，頁 1088-1。

[46] 《清實錄・宣宗成皇帝實錄》，卷 441，道光二十七年四月壬子，頁 520-1。

[47] 崑岡，《欽定大清會典事例・光緒朝》，卷 629，〈兵部 88〉，雍正十一年，頁 1154-2。

[48] 王清穆修；曹炳麟纂，《民國崇明縣志》（臺北：成文出版社，1975，民國十三年修十九年刊本），卷九，〈武備志〉，頁 20a。

頭巾、插花。[49] 此後，江南狼山鎮總兵許仕盛（1687-？）再奏報，其提出嚴以執行之論，遂於 1739 年（乾隆 4 年）議准，外洋仍許製用，內河一例禁止。[50] 如被屏除使用的船隻違例使用，或私自帶出口者，一經查核屬實，該官罰俸一年。[51]

　　頭巾、插花成為戰船基本配備之後，在新修戰船上皆要配置多副提供更新替換之，如江蘇崇明縣一帶的戰船在修造時需準備巾頂、插花十五副，[52] 福建福鼎縣頭巾須四架、大涼帆一架。[53] 為了使戰船更具效益，1749 年（乾隆 15 年）覆准：在戰船大篷之旁加插花，桅頂上加頭巾頂，應令沿海各標營，一體動公製用，如遇戰船修造之年，照同檣具造冊，交廠修換。[54] 戰船使用頭巾、插花已不限內、外洋，綠營、八旗水師，一體配掛。如隸屬於八旗系統的福州三江口水師旗營亦配置有頭巾頂。[55] 然而，朝廷卻錯估形勢，這樣的配備尚需配合船型及航行海域，方能達到相輔相成之效果，因為有些船型及海域狀況並不適合配掛，倘若規定所有戰船皆配置，則非但達不及效果，反而身陷危險之中。為了適船適用，1752 年（乾隆 17 年）覆准：

　　戰船出洋必需加用頭巾、插花，借助風力，駕駛始能迅速，應一律製備，以資巡哨。除江南省沙唬、巡、快等船；福建省䑩、舟古等船，皆輕便易使，毋庸製備。又廣東省虎門協營，海道紆迴，砂礁錯雜，不必製備外，其餘沿海各省，一應戰船，皆製備頭巾、插花。所需工料銀，於營中公費及司庫備公銀內動支，每屆該船修造之時，將頭巾、插花，

---

[49] 《明清檔案》，卷 A082-120，閩浙總督郝玉麟揭帖，奏商舡應用頭巾插花事，乾隆三年六月十九日。登錄號 012145-001。

[50] 《清實錄・高宗純皇帝實錄》，卷 87，乾隆四年二月戊戌，頁 352-1。

[51] 周凱，《廈門志》，卷五，〈船政略〉，頁 23b。

[52] 王清穆修；曹炳麟纂，《民國崇明縣志》，卷九，〈武備志〉，頁 25b。

[53] 譚掄，《嘉慶福鼎縣志》，卷五，〈武備志〉，頁 17a。臺北：成文出版社，1974，嘉慶十一年刊本。

[54] 崑岡，《欽定大清會典事例・光緒朝》，卷 936，〈工部 75〉，乾隆十四年，頁 744-2。

[55] 董誥，《欽定軍器則例》，卷 31，〈福州水師〉，頁 13a。

一律造報修換，仍將用過工料報部覈算。[56]

　　朝廷能夠在此項制度實行一段時間之後，妥善檢討，改正缺失，值得肯定，這樣的決定也使得戰船配置頭巾、插花更能因地域、船適宜。

　　頭巾、插花成為戰船的基本配備之後，各地戰船廠皆已將其視為戰船製造的基本料件。其所需木料大小，以封舟船為例，一號船頭巾頂長五丈四尺寬五丈，插花篷長四丈八尺，寬三丈四尺；[57] 二號船，頭巾頂布篷長五丈寬四丈八尺，插花布篷長四丈八尺寬三丈二尺。[58] 既然加裝此項配備，如何維持其妥善率更為重要，一般篷帆的耗損率高於船體本身，故需時常更換，如福建省水師所屬戰船所配置之頭巾頂，二十年製作一次，十年再修護一次，[59] 但如此重要之配備，如損壞嚴重，亦可隨時申請補發。

　　戰船增加此項配備後，亦需在製造及修護上加註，再提列製造金額。而這些金額也成為了製造戰船的額外開銷，但這樣增加的款項極為有限，以一艘中等船隻三、五千兩的製造經費，增加頭巾、插花之料件，僅佔原來戰船費用之五十分之一，對朝廷所增加的負擔有限。如乾隆年間，浙江省地區戰船所需費用大抵在伍拾至陸拾兩之間，溫州戰船需銀伍拾柒兩玖分、[60] 定海戰船需銀伍拾四兩陸錢伍分貳釐、[61] 其他浙省

---

[56] 崑岡，《欽定大清會典事例・光緒朝》，卷 712，〈兵部 171〉，乾隆十七年，頁 859-2。亦可參見辛元歐，《中國船史圖說》，頁 289。

[57] 徐葆光，《中山傳信錄》，卷一，頁 6a-6b。

[58] 徐葆光，《中山傳信錄》，卷一，頁 6b-7a。

[59] 董誥，《欽定軍器則例》（海口：海南出版社，2000），〈福建省〉，頁 16a。收於《故宮珍本叢刊》，〈史部・政事・通制〉，嘉慶二十一年修。

[60] 中央研究院歷史語言研究所藏，內閣大庫文書，第 075957-001 號，閩浙總督喀爾吉善題本，題請小修溫州鎮標趕繒船雙篷股古船所需部價銀于乾隆十七年分各屬徵解存留戰船銀動支貼價銀于乾隆十三年十八十九年分恩賞備公銀動支。乾隆十九年十一月二十三日。

[61] 《明清檔案》，卷 A190-155，閩浙總督喀爾吉善題本，題請動項小修定海鎮標提標船隻，043994-001 號。

換製頭巾、插花共估計工料銀亦花費伍拾玖兩伍錢貳分捌釐。[62] 既然所需費用不多，又可增加戰船的速度及安全，這何樂而不為，因此，即便不是專屬外海戰船較多的直隸太倉州，業已將列為主要配備了。[63]

伍、結語

　　中式帆裝主要是竹篾編製的硬帆，但明代以後外海船隻陸續可以看到裝設布帆的船。這些布帆裝置在船的各處桅杆，增加船隻行駛速度，依照裝設區域不同有著不同的名稱。如頭巾、插花在雍正朝以降，成為戰船的主要配備之後，為了避免相關船舶亦加掛，故清廷開始限制戰船以外的船隻使用。加裝輔助帆後除了可增加船隻速度之外，亦加強了操控上的穩定性，這對於水師的巡洋及勦滅海盜有很大之幫助。然而因其材質不同，亦非所有類型的戰船皆可配置，而必需依照所屬海域狀況進行裝置才能達到最大功效，否則將有危險之慮。而有關於輔助帆的記載，以頭巾記錄較多，在大部分的中式帆船圖像中呈現。這些布帆的加掛運用，可能來自中國船觀察西方船隻所學，或者早期即有之。但確切事實如何，目前則尚無法明確的釐清。

---

[62] 中央研究院歷史語言研究所藏，內閣大庫文書，第 077001-001 號，閩浙總督楊廷璋題本，題報將浙省乾隆二十五年冬季分屆應修造各營哨巡船併幫箍木換製頭巾插花估計工料分案轉造清冊加結詳送核題前來，乾隆二十六年六月八日。

[63] 王昶，《直隸太倉州志》，共 65 卷，卷 24，〈兵防下〉，頁 50a-50b。

第二章
鄭氏王朝的水師及武力建置

壹、前言

　　鄭氏家族的崛起濫觴於鄭芝龍，歷經鄭成功、鄭經至鄭克塽，約 55 年（崇禎元年至康熙二十二年 1628-1683）。鄭氏由海商轉任官職，將聲勢推到最高點，但改朝換代後，是否再繼續奉明朝為正統，家族意見多有不同，以至於家族勢力無法再整合。但大致上還能夠控制浙江、福建一帶的海權。待鄭成功登高一呼之後，陸續支持的人絡繹不絕，至多甚至掌握數十萬的軍隊，更曾經一度率領大軍圍攻南京城。

　　鄭氏家族因海洋貿易發跡，對於船舶的製造與經營相關熟稔。在控有福建沿海一帶期間，戰船的製造主要皆在此完成，然而鄭氏家族撤往臺灣之後，原有的造船基地已經被清軍佔領無法繼續製造戰船。抵達臺灣之後，百廢待舉，對臺灣地理、森林的認識有限，故在臺灣並未積極設置船廠製造戰船，只能繼續修護原有戰船勉強使用，此時期鄭氏家族的水師戰船無法與其巔峰時相比擬，因此，無論戰船及水師的數量跟質量都面臨巨大之挑戰。

貳、鄭芝龍與鄭氏家族的崛起

　　鄭氏家族的崛起正處在航海時代的前期，這個時代無論在西洋（今東南亞）或東亞海域，貿易之興盛可想而知，帆檣林立，好不熱鬧。我們可以從各大城市或地區的貿易數字得到驗證，[64] 這是一個海上貿易的時代。鄭氏家族即運用此一機會，累積經濟與政治實力，掌控了東亞海域的大部分航權。

　　鄭芝龍（1604-1661），小名一官，字曰甲，號飛黃，西洋人稱尼古拉·一官（Nicolas Iquan）。[65] 鄭家先祖於 885 年（唐朝光啟年間）由河南光州固始縣，輾轉移居到福建南安縣石井。[66] 鄭氏家族移居福建之後，到了明代晚期，鄭芝龍祖父鄭瑢時期，即有鄭氏族人往海外發展，[67] 展開海外貿易。鄭芝龍十多歲就到了澳門，爾後又到了菲律賓及日本，這段時間鄭芝龍憑著他的商業手腕，結識了不少人士，這為他往後的發展幫助不少。[68] 其中到日本認識了李旦（?-1625），即是他人生的轉捩點。鄭芝龍由李旦雇用，協助他從日本到中國沿海分配資金的其中一名代理人。[69] 之後在李旦的推薦之下又到臺灣擔任荷蘭人的翻譯，[70] 在當時的情勢之下，可以到葡萄牙、西班牙及荷蘭的殖民區從事相關工作，這也讓他對這些

---

[64] Anthony Reid, Charting the shape of early morden Southeast Asia, Chiang Mai, Thailand: Silkworm Books, 1999, PP. 85-99.

[65] 在荷蘭聯合東印度公司的文書上稱鄭芝龍為 Iquan。江樹生譯注，《荷蘭聯合東印度公司臺灣長官致巴達維亞總督書信集》II（南投：國史館臺灣文獻館，2010），頁 3。

[66] [明] 鄭芝龍，〈石井本鄭氏宗族譜·序〉；鄭克塽，〈先王父墓誌〉，頁 17-20。收於《臺灣詩薈雜文鈔》，《臺灣文獻叢刊》（南投：臺灣省文獻委員會，1992）。

[67] 《石井鄭氏族譜》明末本。轉引湯錦台，《開啟台灣第一人鄭芝龍》（臺北：果實出版社，2002）頁 37。

[68] 李毓中，〈明鄭與西班牙帝國：鄭氏家族與菲律賓關係初探〉《漢學研究》16 卷 2 期，1998 年 12 月，頁 31-33。

[69] 鄭維中，《海上傭兵：十七世紀東亞海域的戰爭，貿易和海上劫掠》，頁 90-91。

[70] 林偉盛，〈荷據時期東印度公司在台灣的貿易（1622-1662）〉，頁 133。

國家的狀況有了較清楚的瞭解。在往後與這些國家的交往過程當中，鄭芝龍大部分處於上風，也能妥善運用他的交際手腕，縱橫在這些強權環繞的東亞海域。

1626 年（天啟 6 年），鄭芝龍成為東亞海域的大海商，並從福建延攬家鄉子弟共同參與，使得鄭芝龍的勢力更加強大，兩年間成為東亞海域最強大的海寇集團。明廷為了沿海治安穩定，開始拉攏鄭芝龍，給予許多優惠條件。1628 年（崇禎元年）工部給事中顏繼祖（?-1639）招降鄭芝龍。[71] 投降後的鄭芝龍控制了沿海水師，東南沿海一帶的商貿利益，便掌控在鄭芝龍其手上，[72] 荷蘭都說，一官已可說是中國海的霸主了。[73] 但長期跟隨他的部屬李魁奇與鍾斌反叛，逃離漳州，重新出海搶劫。[74] 明廷委由鄭芝龍自行解決。在得不到朝廷的支援之下，只能憑藉自己的力量，妥善運用謀略。鄭芝龍一方面尋求荷蘭人幫忙，一方面讓李魁奇及鍾斌產生矛盾、嫌隙，再逐一殲滅。1629 年（崇禎 2 年）夏 4 月，鄭芝龍攻殺李魁奇於遼羅，取其首祭陳德等，盡降其眾。六月，遂斬楊六、楊七於浯洲港，[75] 平定了李魁奇之亂。

李魁奇、鍾斌死後，緊接竄起的海盜劉香危亂東南沿海，損及鄭芝龍利益，1635 年（崇禎 8 年）鄭芝龍於廣東田尾洋，擊滅劉香，劉香自焚溺死。[76] 因平定劉香有功，朝廷陞任鄭芝龍署總兵。[77] 荷蘭人瞭解到鄭芝龍掌握了明朝水師：「他們知道一官獨霸海上貿易，對駛往大員的船隻橫加敲詐、勒索……我們斷定，那個國家的貿易完全由一官控制」。[78] 荷蘭

---

[71] 《明崇禎實錄》，卷 1，崇禎元年辛未，頁 36。

[72] ［清］邵廷采，《東南紀事》（上海：上海書店出版社，1982），卷 11，頁 282。

[73] 江樹生譯注，《荷蘭聯合東印度公司臺灣長官致巴達維亞總督書信集》II，頁 81。

[74] 江樹生譯注，《荷蘭聯合東印度公司臺灣長官致巴達維亞總督書信集》II，頁 181。

[75] ［清］沈雲，《臺灣鄭氏始末》（南投：臺灣省文獻委員會，1995），卷 1，頁 5。

[76] 《明崇禎實錄》，卷 8，崇禎八年四月丁亥，頁 8a-8b。

[77] ［明］王世貞，《明朝通紀會纂》7 卷（臺北：中央研究院傅斯年圖書館，善本全文影像資料庫），卷 5，頁 30a。

[78] 程紹剛譯註，《荷蘭人在福爾摩莎》，（臺北：聯經出版事業公司，2000），頁 10。1639

人認為，要到中國貿易就必須與鄭芝龍接洽，因為他已經掌控東南沿海的貿易。

　　1644 年（崇禎 17 年），李自成攻陷北京。南明諸王陸續成立政權，鄭芝龍擁立福王（朱由崧）與清軍對抗。1645 年（弘光元年）3 月，命平夷侯鄭芝龍嵩理水師、戶、工二部事務，[79] 可見，鄭芝龍已掌控弘光朝的軍政大權。同年，5 月初 8 日，清兵駐紮瓜洲（江蘇瓜洲鎮），部隊排列於江岸，沿江準備渡河而來。惟總兵官鄭鴻逵、鄭彩，率水師抵禦，[80] 暫時阻擋了清軍渡河。清軍當時候的水師實力尚無法與鄭芝龍抗衡。但鄭芝龍離開福王之後，福王即為清廷所俘。鄭芝龍的海上實力那麼大，主要是在東亞海域貿易下所累積的資本，與周邊區域保持合作關係則是成功要訣，於鄭芝龍降清之前，在其支持下的馬尼拉貿易，每年約有 16-40 艘的船前往，[81] 顯見熱絡情況。

　　1646 年（隆武元年閏 6 月），福建巡撫張肯堂、巡按吳春枝、禮部尚書黃道周、南安伯鄭芝龍等人，擁立唐王（朱聿鍵）于福州建立政權，[82] 鄭鴻逵、鄭芝豹等人亦支持。唐王封南安伯鄭芝龍為平虜侯、平國公鎮海將軍鄭鴻逵為定虜侯、定國公鄭芝豹為澄濟伯[83]。不到二年，鄭芝龍在博洛貝勒（1613-1652）的利誘之下，欲獻出福州降清，其弟鄭鴻逵，子鄭

年 12 月 18 日、1640 年 1 月 8 日〈東印度事務報告〉，頁 216、222。

[79] [明] 陳燕翼，《思文大紀》8 卷，《筆記小說大觀》（臺北：新興書局，1975），卷 5，頁 1498。

[80] [清] 計六奇，《明季南略》（北京：中華書局，2006 年），卷 5，弘光元年，頁 211-212。

[81] George Bryan Souza, The Suruiual of Empire-Portuguese Trade and Society in China and the South China Sea in 1630-1754（Cambridge: Cambridge University Press, 1986, p. 84. 貿易船舶數量請參閱李毓中，〈明鄭與西班牙帝國：鄭氏家族與菲律賓關係初探〉《漢學研究》16 卷 2 期，頁 34。

[82] [明] 彭孫貽，《流寇志》16 卷，《續修四庫全書》（上海：上海古籍出版社，1997），卷 14，頁 10b。

[83] [清] 夏琳，《閩海紀要》（南投：臺灣省文獻委員會，1995），卷上，頁 1。

成功極力阻止。[84] 然而，鄭芝龍心意已決，與貝勒暢飲三日後，卻被挾持到北京。[85] 鄭芝龍降清後，並沒有受到重用，清廷目的只是要拉攏他，並希望他能說服相關人等一併納降，惟效果不大。1652 年（順治 9 年），鄭成功圍攻漳州，鄭芝龍惟恐禍及家人，派遣親信到福建勸鄭成功就撫，朝廷為了招撫鄭成功，封鄭芝龍同安侯。清廷得悉鄭成功無意投降之後，遂將鄭芝龍監禁，迨至鄭成功圍攻南京失敗後，即被清廷發配到寧古塔，1661 年（順治 18 年）10 月，鄭芝龍與其子鄭世恩、鄭世蔭等，依謀反罪，全族皆誅；鄭芝豹，在鄭成功不肯接受招撫時，即投向清廷，因此與其子免死。[86] 鄭芝龍就此結束其傳奇性的一生。

參、延平郡王鄭成功

鄭成功（1624-1662）字明儼，本名森，字大木，隆武元年（1646），唐王賜姓朱，改名成功，時年 21 歲。鄭芝龍降清後，鄭成功不遵父命，與叔父鄭鴻逵繼續抗清，鄭鴻逵攻泉州時鄭成功引兵相助，破溜石砲城，殺參將鮮應龍，軍聲大振。[87] 戰後，前來投靠的居民越來越多，聲勢更顯浩大。清廷無法在短時間使用武力擊滅鄭氏勢力，只好恩威並施，一方面讓鄭芝龍動之以情，一方面由清廷出面招撫。

1646 年（順治 3 年；隆武 2 年），鄭芝龍與部將施琅降於清，（琅本名郎投誠後改今名琅）[88]；後又效力鄭成功。1651 年（順治 8 年；永曆 5

---

[84] [明] 瞿共美，《天南逸史》，《續修四庫全書》（上海：上海古籍出版，1997），頁 21a。

[85] [清] 邵廷采，《東南紀事》，卷 11，頁 284。

[86] 《聖祖仁皇帝實錄》，卷 5，順治 18 年 10 月己酉，頁 91-1。

[87] [清] 邵廷采，《東南紀事》，卷 11，頁 285。

[88] [清] 徐鼐，《小腆紀年附考》20 卷，《續修四庫全書》（上海：上海古籍出版，1997），卷 17，頁 8b。

年），施琅因親兵曾德問題與鄭成功有隙，遂再度降清。[89]1653 年（順治 10 年；永曆 7 年），諭浙江福建總督劉清泰，招撫鄭成功、鄭鴻逵之後，「今特差滿洲章京碩色，齎賜鄭成功海澄公印一顆、敕諭一道，鄭鴻逵奉化伯印一顆、敕諭一道」。[90] 清廷給予封爵，希望他們接受招撫，但鄭成功等人不為所動。同年，桂王封鄭成功為延平王，永曆九年四月，始受延平王冊印。接受冊封後的鄭成功招徠更多的部眾，實力更上層樓，屢屢破敵，但與部將的相處時有磨擦，導致部分將領投清。這些人員投降清廷之後，即成為清朝重要的水師將領，並用他們來對抗鄭成功。

1656 年（順治 13 年；永曆 10 年），因敗戰之責，鄭成功殺左先鋒蘇茂，與蘇茂同時必需接受懲處的黃梧，即利用鄭成功督師北上的機會，以海澄降清，受封海澄公[91]。施琅與黃梧兩位重要的水師將領投降之後，受到清廷的重用，即使鄭氏王朝亡，施、黃兩家亦主導福建水師數十年之久。但北伐期間，並沒有因為此二人降敵而受挫，永曆十年八月二十六日，虜水師大小五百餘船，進犯舟山，大敗清軍，[92] 將控制的區域延伸至浙江。

鄭成功控有福建的這段時間，沿海地區的貿易持續進行，吸引了許多各階層的人員投靠，[93] 即使是荷蘭人想要到此地貿易也要與鄭成功溝通。1657 年（順治 14 年；永曆 11 年），荷蘭駐臺灣總督揆一（Frederick Coyett）派遣何斌，送給鄭成功一些外國珍寶，要求通商，並且願意每年輸款、納餉銀五千兩、箭坯十萬枝、硫磺一千擔，鄭成功允准。[94] 可見此時的貿易權掌握在鄭成功手上，所以荷蘭人才與鄭成功交涉，清廷此

---

[89] 施偉青，《施琅將軍傳》（長沙：嶽麓書社，2006），頁 11-12。

[90] 《世祖章皇帝實錄》，卷 75，順治 10 年 5 月壬午，頁 588-2。

[91] [清] 夏琳，《閩海紀要》（南投：臺灣省文獻委員會，1995），卷上，頁 10。

[92] [明] 楊英，《從征實錄》（南投：臺灣省文獻委員會，1995），頁 103。

[93] 白蒂（Patrizia Carioti）著，莊國土等譯，《遠東國際舞臺上的風雲人物——鄭成功》（南寧：廣西人民出版社，1997），頁 58。

[94] [清] 夏琳，《閩海紀要》，卷上，頁 12。

刻尚無法掌控海權。爾後，鄭成功利用其優勢水師，配合陸師，揮軍北上，攻陷鎮江，直抵南京。1559 年（順治 16 年），江南總督郎廷佐（？-1676）奏報：

海寇自陷鎮江，勢愈猖獗。於六月二十六日，逼犯江寧。城大兵單，難於守禦。幸貴州凱旋，梅勒章京噶褚哈、馬爾賽等，統滿兵從荊州乘船回京。聞賊犯江寧，星夜疾抵江寧，臣同駐防昂邦章京喀喀木、梅勒章京噶褚哈等密商，乘賊船尚未齊集，當先擊其先到之船。喀喀木、噶褚哈等，發滿兵乘船八十艘，於六月三十日，兩路出剿，擊敗賊眾，斬級頗多，獲船二十艘、印二顆。至七月十二日，逆渠鄭成功，親擁戰艦數千，賊眾十餘萬登陸，攻犯江寧，城外連下八十三營。[95]

從清廷掌握的消息可以知道，鄭成功軍隊傾巢而出，水陸進逼南京。此刻鄭成功的聲望及兵力達到最高峰，士氣也高漲，鄭軍進攻各處如入無人之境，所向匹靡，攻陷南京指日可待。在南京一役，鄭成功相信郎廷佐守城三十日後，開城獻降之說，[96] 選擇了圍城。失去了制敵先機，待清軍南下支援後，鄭軍優勢不在，清軍再利用奇襲戰術，讓鄭軍損失十之七八，重要將領幾乎都在此役陣亡。在局勢逆轉的情況之下，鄭成功只能帶領殘部，揚帆出海，退回福建。[97] 經過此役，鄭成功部隊遭到重創，除了人員損失之外，亦有投降清廷者，此後鄭成功已無力再行反攻。

隨著清軍即將進入福建，鄭成功也必須未雨綢繆，尋找退路。臺灣則是他們最佳的選擇地點。1661 年（順治 18 年；永曆 15 年 3 月），鄭成功移師金門，並委派洪旭、黃廷留守廈門，鄭泰守金門，傳令各種船隻及官兵至料羅灣集結。[98] 但爾後，洪旭、黃廷等人皆投誠清廷。[99]1661 年

---

[95] 《世祖章皇帝實錄》，卷 127，順治十六年七月己丑，頁 985-2。

[96] 錢海岳，《南明史》（北京：中華書局，2006），卷 75，〈列傳〉51，頁 3566。

[97] ［清］邵廷采，《東南紀事》，卷 11，頁 293-294。

[98] 楊彥杰，《荷據時代台灣史》（臺北：聯經出版公司，2000），頁 282。

[99] 《鄭氏關係文書》（南投：臺灣省文獻委員會，1993），欽命管理福建安輯投誠事務戶部

4月，鄭成功率軍至鹿耳門外海，此後，兵分二部，一部攻擊普羅民遮城（Provintia），一部攻擊熱蘭遮城（Zeelandia）。5月，防守普羅民遮城之荷蘭人開城投降，[100]但進攻熱蘭遮城並不順利遇到的阻力較多，在圍城八個多月之後，荷蘭人才與鄭成功簽定合降書退出熱蘭遮城。[101]鄭成功雖領有臺灣，但對於沿海五省土地陸續喪失，心有感觸，他認為：「舉五省數萬里魚鹽之地無故而棄之，塗炭生民，豈得計哉，清之技亦窮矣。吾養兵蓄銳，天下事未可知也」。[102]短暫停留臺灣的鄭成功於 1662 年（康熙元年；永曆 16 年 5 月 8 日）薨。

鄭成功死後由鄭經繼任為延平郡王，鄭經，字式天，成功長子。鄭成功來臺時，鄭經奉命守金、廈地區。[103]鄭成功薨後，鄭襲（鄭成功弟）與鄭經皆欲自立，爾後雙方相互爭鬥，鄭經入臺後，斬殺鄭襲部將黃昭、曹從龍等人，鄭經控有臺灣。[104]鄭氏王朝因繼位問題，發生內訌，在金、廈二島兵力尚存，以鄭泰統領之。惟鄭經細數鄭泰之罪後，鄭泰自縊身亡，內地部眾降清者眾，加以清廷聯繫荷蘭進攻金、廈二島，在人心思變之下，鄭經部隊退守銅山海域一帶。[105]康熙二年八月，鄭軍水師與清軍水師於南澳海域交戰，鄭氏軍隊敗退，但因碣石鎮總兵未全力擊滅鄭軍，讓鄭軍免於被殲滅的命運。[106]1664 年（康熙 3 年；永曆 18 年），周全斌自鎮海降清，毛興、毛玉等自銅山降清，張堯天自金門降清後，鄭

郎中賈岱等題本，康熙元年九月初八日，頁 8-9。

[100] 村上直次郎譯，《バタヴィア城日誌》（東京都：平凡社，1975），第 3 冊，頁 290。

[101] C. Imbauel Huart 著、黎烈文譯，《臺灣島之歷史與地誌》（臺北：臺灣銀行經濟研究室，1958），頁 33。

[102] ［清］夏琳，《閩海紀要》，頁 29。

[103] ［清］溫睿臨，《南疆逸史》56 卷，《續修四庫全書》（上海：上海古籍出版，1997），卷 54，頁 17a。

[104] 錢海岳，《南明史》，卷 75，〈列傳〉51，頁 3572。

[105] ［清］溫睿臨，《南疆逸史》56 卷，卷 54，頁 17b-18a。

[106] 陳支平主編，〈明安達禮等題為石碼等地剿南澳事本〉《清初鄭成功家族滿文檔案譯編》收於《臺灣文獻匯刊》，第一輯第八冊，（北京：九州出版社，2004），頁 24-28。

氏退出中國沿海。[107]

　　1665 年（康熙 4 年 5 月），清廷整軍待戈，由施琅統領清朝水師準備渡海攻擊鄭氏，當水師戰船停靠於澎湖群島周邊時，不巧遇到颱風襲擊，遭到重大損失。[108]鄭氏王朝得到了天氣的救助而解除了清朝的水師威脅，因此緣故，鄭經勢力與廣東私掠商人的關係更為密切。鄭經發現自己正處於得以牢牢掌控中國貿易的有利地位，此後更與菲律賓恢復了規律的船運聯繫。[109]

　　1667-1669 年間，與清朝官方的談判進展之際，禁海令的執行放鬆了，鄭經的商人很快就試圖在中國沿海取得立足點，並以走私手段取的貿易商品。[110]此後發生三藩之亂（1673-1681），清廷無暇注意到海上貿易和秩序，然因鄭經此間攻擊了福建沿海地區，使得清廷不悅，記錄了這筆教訓。待三藩被壓制之後，清廷開始建造新船，準備對鄭氏王朝展開新一波的清算。

　　鄭經退守澎湖、臺灣之後，清廷屬行海禁與遷界，加強在沿海地區設置烽墩預警。[111]1673 年（康熙 12 年；永曆 27 年），鄭經乘三藩為亂之際進攻福建、浙江一帶，至永曆三十四年期間，鄭氏王朝時有控制福建沿海島嶼。[112]期間，清廷運用議合、禁海、遷界等措施。時與荷蘭聯合，借助荷蘭軍隊，夾勦鄭氏。[113]然而，清、荷的合作亦無法擊滅鄭經，反觀鄭經於 1676 年，由劉國軒統領的部隊曾經攻佔福建南部五府城邑。[114]顯見清廷雖控有中國，但軍力並不穩定，水師部隊更無遑論。

---

[107] 錢海岳，《南明史》，卷 75，〈列傳〉51，頁 3573。

[108] 廈門大學臺灣研究所編，〈福建水師提督施琅為舟師進攻臺灣途次被風飄散擬克期復征事本〉《康熙統一臺灣檔案史料選輯》（福州：福建人民出版社，1983），頁 50。

[109] 鄭維中，《海上傭兵；十七世紀東亞海域的戰爭，貿易和海上劫掠》，頁 459-462。

[110] 鄭維中，《海上傭兵；十七世紀東亞海域的戰爭，貿易和海上劫掠》，頁 470。

[111] 錢海岳，《南明史》，卷 75，〈列傳〉51，頁 3573。

[112] 錢海岳，《南明史》，卷 75，〈列傳〉51，頁 3575-3583。

[113] [清] 楊捷，《平閩紀》13 卷（南投：臺灣省文獻委員會，1995），卷 4，頁 92-93。

[114] [清] 溫睿臨，《南疆逸史》56 卷，卷 54，頁 19b。

　　1681 年（康熙 20 年；永曆 35 年正月），鄭經薨，由時年十二歲的鄭克塽繼任。鄭克塽為馮錫范女婿，馮錫範始專政。[115] 二年後施琅攻陷臺灣，鄭克塽降清。

肆、水師戰船

　　鄭芝龍擔任明代海防游擊將軍期間，掌控了明代的大部分戰船，尤其是在殲滅許心素之後，實力大增，沿海的水師戰船幾乎都由其調配。唐王、福王與清廷對陣期間，鄭氏利用水師戰船之優勢，讓清軍無法進入浙江，由此可見，當時後的鄭氏水師是凌駕於清軍之上的。但經過數次將領帶船叛逃及數次戰役的損失之後，鄭氏戰船數量逐漸漸少。如康熙元年，鄭泰（？ -1663）、洪旭（1605-1666）等人率大小戰船五千餘號投降清廷，[116] 爾後，朱天貴投降時亦帶戰船三百艘降清。[117] 鄭氏的戰船數量，從鄭成功移防至臺灣之後逐年減少。但此時期雖然船隻少，但因控有泉州及漳州等造船基地，故尚可新造戰船，如 1663 年於廈門製造戰船。[118] 但往後因泉州及漳州時而收復時而被佔，使得當地戰情緊張，製造戰船的機會不多，再者，許多明朝或鄭氏降將帶船降清，使得鄭氏在水師方面的優勢逐漸喪失，而這段時間並沒有積極的建造戰船。至澎湖海戰前，亦是 1681 年，鄭氏方開始修建戰船。[119] 相關資料記載，1682 年，

---

[115] [清] 溫睿臨，《南疆逸史》56 卷，卷 54，頁 20a。

[116]《明清宮藏台灣檔案匯編》（北京：九州出版社，2009），閩浙總督李率泰題本，福建水師提督萬正色請調炮手配船，頁 279-280。

[117] 趙爾巽，《清史稿》，頁 9868。

[118]《明清宮藏台灣檔案匯編》，廣東總督盧崇峻題本，鄭經在臺灣等地造船招兵，康熙二年五月二十日，頁 203-205。

[119] 夏琳，《閩海紀要》，頁 65。

劉國軒再大修戰艦，繕甲兵。[120] 從這時期來看，鄭氏的戰船數量於開戰前所剩不多，近一百多艘，此後將洋船改為戰船，[121] 再增加銃船十九號、戰船六十餘號、兵六千人，[122] 防守澎湖。清軍的戰船粗估為三百艘，[123] 但實際上應不及三百艘。

表 2-1 鄭氏戰船數量表

戰船名稱	大、小鳥船	趕繒船	砲船	洋船	雙帆艍船	總計
鄭軍	54	88	38	5	40	225

資料來源：依據施琅，〈飛報大捷疏〉整理而成。

　　依照船舶的製造方式與演進，鄭氏的戰船與這時期的清代戰船之類型是大同小異的，基本上都是屬於浙、閩船型。因為清代的水師戰船是承繼明代戰船體系脈絡來發展。[124] 我們可以從清朝順治年間戰船的樣式，來了解鄭氏戰船的可能船型。如依其樣式分類，大小不一，有水艍、犁繒、沙船、鳥船、砲船、梭船、哨船、戈船、大小唬船，其最大者曰得勝船，又有快船以利追勦，馬船以載馬匹，軍中運糧船以資輸輓。[125] 清朝的戰船如以任務的執行狀況視之，可分為兩種，一種為戰船，另一種為巡船及哨船，戰船由水師官弁操駕，巡船及哨船部分亦由水師官弁操駕，部分由州、縣、府人員駕駛捕盜。在戰船的使用上，清朝並沒有研發專為水師巡防用之戰船，清朝入關後，延用明朝戰船的製造傳統，使用福船、廣船型式的戰船。這類型的戰船有鳥船、趕繒船、及艍船。這些船型的船舶特色大同小異，每種船型皆有大小之分，民間商船及漁船也都使用這些船型。換言之，清朝是將民間所使用的船舶，稍為改造一

---

[120] 《臺灣鄭氏始末》，頁 76。

[121] 錢海岳，《南明史》，列傳第五十三，頁 3702。

[122] 阮旻錫，《海上見聞錄》，頁 60。

[123] 《清實錄・聖祖仁皇帝實錄》，卷之一百五，康熙二十一年十月，頁 64-2。

[124] 許路、賈浩，〈船舶遺存重構的實驗考古學方法 - 以清代趕繒船為例〉，收於《水下考古學及其在中國的發展》第一卷（北京：九州出版社，2009），頁 341。

[125] [清] 允祿，《大清會典・雍正朝》，卷 209，頁 13898。

下，即成為水師戰船。其他諸如同安梭、艇船、哨船等等，皆為民間所使用的船隻。雖然民間造船技術優良，但在政府的限制之下，精進的空間有限。[126]

　　1656 年（順治 13 年），始設福建水師 3,000 人，唬船、哨船、趕繒船、雙篷船等百餘艘。[127] 雖然設置各類型戰船，但清代各省戰船丈尺不同，名色各異，1690 年（康熙 29 年），始定修造戰船定例。其目的為：「隨江海之險，合駕駛之宜，以供巡防操練之用也」，[128] 惟各省因海域條件各有不同，因此在戰船的興建上，採取因地制宜策略，遂有各種樣式的戰船產生。根據《清史稿》載：

　　福建外海戰船有，趕繒船、雙篷艍船、雙篷舟古船、平底哨船、圓底雙篷舟古船、白艕舟古 船、白艕哨船、哨船、平底船、雙篷哨船、水底舟貢 船。浙江外海戰船有，水艍船、雙篷艍船、巡船、趕繒船、快哨船、大趕繒船、八槳巡船、大唬船、釣船、六槳巡船、小趕繒船；廣東外海戰船有，趕繒船、艍船、拖風船、舟彭 仔船、烏舟皮 船、哨船。[129]

　　從福建水師所編制的水師戰船來看，趕繒船及艍船為基本船型，這樣的船型也是鄭氏王朝所使用的主力戰船。趕繒船（圖 2-1）為民間所使用的漁船，1688 年（康熙 27 年），成為官方使用之戰船，[130] 船型較大的趕繒船可做為犁衝[131]之用，亦稱為犁繒船。又趕繒船通常配掛有兩張風帆，

---

[126] 清廷規定居民出海捕漁者，限乘載五百石以下船隻，樑頭不得超過 1 丈 8 尺，另外對於船隻上的武器以及出洋手續等規定，規定嚴格，這使得船舶的發展受到限制。劉序楓，〈清政府對出洋船隻的管理政策（1684-1842）〉，《中國海洋發展史論文集》第九輯，（臺北：中央研究院人文社會科學研究中心，2005），頁 338。

[127] ［清］趙爾巽，《清史稿》，〈志〉，卷 135，〈兵〉6，頁 4014。

[128] 《欽定福建省外海戰船則例》23 卷，卷 1，〈各省外海戰船總略〉，頁 1a。

[129] ［清］趙爾巽，《清史稿》，〈志〉，卷 135，〈兵〉6，頁 4014。

[130] 《閩省水師各標鎮協營戰哨船隻圖說》，4 冊，德國 Staatsbibliothek zu Berlin（柏林國家圖書館）藏。

[131] 犁衝：為中國戰船的傳統作戰方式之一，至清朝水師繼續運用。其方式主要是以大船衝撞小船，使敵船沈沒。

也以「趕繒雙篷船」稱之。趕繒船的特色為，船甲板上左右兩舷，設置的樣式如垣，船身寬闊，篷高大，船底圓狀，便於使風，行駛快速。[132]

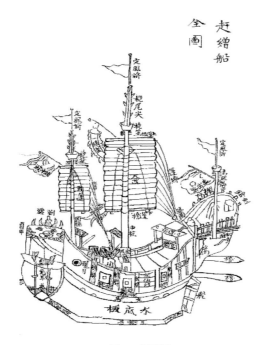

圖 2-1 趕繒船
圖片來源：《閩省水師各標鎮協營戰哨船隻圖說》，4 冊。

表 2-2 宋、明、清三代製造海船長度規格表

朝代	宋代、元代	明代	清代
可造船之長度	1 丈	10 丈	11 丈 9 尺
折合現代度量衡（公尺）	34.72	31.10	34.88

資料來源：依據吳承洛（吳洛）《中國度量衡史》整理而得。[133]
說明：度量衡一丈為十尺。

---

[132] 《閩省水師各標鎮協營戰哨船隻圖說》。

[133] 各代度量衡換算，參閱吳承洛（吳洛），《中國度量衡史》（上海：上海書局，1987），頁 64-66。

宋、元時期一丈為 34.72 公尺；明代一丈為 3.11 公尺；清代一丈為 3.2 公尺。

艍船（圖 2-2）屬於尖底海船，可航行於大洋之中，至清朝之後，各地常將其充作載運米糧的船隻，民間擁有艍船者即可能被調用，擔任載運工作。[134] 艍船地特色為船底塗白色漆，亦稱「白底艍船」、「水艍船」等。艍船大部以雙篷樣式呈現，所以亦稱為「雙篷艍船」。[135] 總括來說，繒船與艍船都是民間漁船的一種，因為艍船與繒船樣式相當，乍看之下相似，因此清廷及民間亦有稱作為「繒艍船」。

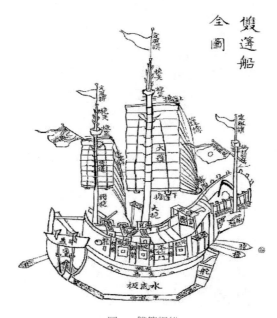

圖 2-2 雙篷艍船
圖片來源：《閩省水師各標鎮協營戰哨船隻圖說》，4 冊。

---

[134] 《高宗純皇帝實錄》，卷 1357，乾隆五十五年六月壬申，頁 188-2-189-1。

[135] 如乾隆三年十月，烽火營慶字十二號，雙篷艍船一隻，遭風擊碎。《高宗純皇帝實錄》，乾隆三年十月丙午，卷 79，頁 247-1。

伍、結語

　　鄭氏家族水師的組成，主要是以鄭芝龍所屬部隊為主，鄭芝龍降清之後，除了原有部隊之外，陸續有各地人員加入鄭成功陣營，但基本上以福建地區人員最多。這些招募來的部隊即組成陸師及水師，但陸師部隊幾乎在南京城一役被殲滅殆盡。

　　這些部隊所使用的武器主要是承繼明代部隊之轉移，無論是陸師或水師皆是如此。然而在水師部隊所使用的戰船方面，除了原有明代的戰船，以及爾後在福建沿海一帶所興建的戰船之外，鄭氏也擁有西洋氏的船舶數艘，但這些船舶如何得到及使用，在史料上沒有明確的記錄。

　　待福建沿海據點全部喪失之後，鄭氏即無法在福建建造戰船，然而在臺灣也沒有新設船廠建造戰船，鄭氏只能延用舊有的戰船巡防海疆，鄭氏的海洋武力也不如以往，無法再與清廷抗衡了。

第三章 清代乾隆朝以前的水師用人策略：以福建水師提督為中心的觀察

壹、前言

　　明正德朝以降，西方殖民者進入東亞海域，中西雙方船舶正式於中國海域上遭遇。中國至少於鄭和（1371-1433）下西洋（1405-1433）期間，海上武力尚且能夠在亞太地區具有主導之地位。然而從此以後，海上武力發展的停擺，很快的讓西方國家超越。400年後的鴉片戰爭（1840），中、英雙方正式出動大規模水師進行戰鬥，這也是檢驗中、西方水師武力最主要的一場戰役。戰爭結果，清廷慘敗，百年來的水師經營策略完全付之一炬，這才使得清廷開始檢討水師策略，但為時以晚。

　　清廷入關之後，於順治朝期間雖然可以控制陸大部分地區，但海上秩序還無法有效掌握，其主要原因是清廷缺乏水師將領及兵源。爾後，各地戰情逐漸對清廷有利的情況之下，許多明代將領陸續投降，清廷即利用這些兵將逐漸控制海上秩序。

　　康熙初年，隨著陸上局勢漸穩，清廷把兵力逐漸移轉至沿海，已能控制沿海情勢，但水師的力量尚無法與鄭氏相抗衡，只能使用消極的方式阻止鄭軍進入沿岸。二十年後，至清廷在攻打臺灣之前，水師人員、

船舶的數量已不可同日而喻，與鄭氏不分上下。但在人才的養成上尚未健全，這些統兵將領還是只能使用鄭氏舊部。這樣的用人策略至乾隆五十一年以前並沒有改變太多。直到臺灣林爽文事件之後，才改變了用人策略。

清廷入關之後，為了掌握沿海各省水師軍隊，設置水師綠營最高指揮官提督一職。水師提督，下轄各處總兵、副將以下等官，控有一省水師兵權。有清一代共設置浙江、福建、廣東三處水師提督。以設置時間來看，福建水師提督設置時間最長，以地理位置觀之，福建位置處於三省海域居中之地位，在戰略地位上更顯重要。再者，康熙初期之臺灣問題懸而未決，故其水師提督之重要性更勝於浙、粵兩省。

清廷本以馬平天下，海洋戰事並非其強項，即便入關以後也尚未能組成水師部隊，只能招募明代降兵來加強防範。但與鄭氏之間的軍情越加緊張，朝廷即陸續有眾多官員開始研議設置水師之議。清領臺灣之後，海洋綏靖，水師用人策略回歸常軌，但在康熙朝，主要的水師提督人員皆與鄭氏有關，雍正、乾隆以後，老將凋零，清廷亦開始培養人才，這段時間所有之水師提督主要皆以居住沿海的漢人為主。但臺灣林爽文事件之後，福建水師表現不如預期，清廷對於漢人掌控福建水師已多有疑義，因此開始調派旗人、蒙古人進入福建。然而嘉慶即位後，用人策略又有了改變，旗人、蒙古人又退出了福建水師，清廷又重新規劃水師用人策略。也本文將從清初的海洋形勢狀況來剖析福建水師設置之必要性，以及水師提督設置後的用人策略。

貳、清初的海洋軍事態勢

清廷入關後，面對的海上問題與明代中、晚期不同，此時期的軍事重點主要是擊潰明代殘餘勢力。然而，清廷雖然擁有具備水師經驗的降

兵、將，但這些兵力尚不足以對抗明代的水師，如 1644 年（崇禎 17 年 10 月 19 日），由劉澤清招募商船所組成的水師營，[136] 以及由鄭氏家族所掌控的明代主力水師。這些南明的水師部隊都遠比清朝水師更為強大。但清廷初期的水師策略並不是自行籌建，而是希望透過招降的手段，快速建立水師，因此招降鄭芝龍（1604-1661）是急切需要之事。

清軍進入北京城之後，南明諸王陸續成立政權，鄭芝龍擁立福王於南直隸（朱由崧 1607-1646）。1645 年（弘光元年 3 月），福王命平夷侯鄭芝龍嵩理水師、戶、工部事務。[137] 此時期的清軍已在長江北岸蠢蠢欲動，隨時南進。當年 5 月，清軍駐紮瓜洲（江蘇瓜洲鎮），準備向南發動戰爭，部隊排列於江岸，沿江渡河而來。福王轄下總兵官鄭鴻逵（1613-1657）、鄭彩，率水師抵禦，[138] 清軍無法衝進防線，鄭軍成功的阻擋了清軍渡河。爾後不久，鄭芝龍等水師將領陸續離開福王之後，福王即為清廷所俘虜。[139] 由此顯見缺乏鄭軍水師為後盾的福王政權，難與和清軍相抗衡。

清廷至此了解，掃蕩南明勢力最重要的因素在於水師，所以水師的建置，刻不容緩。為了加強水師防衛，浙閩總督張存仁（?-1652）疏請錢塘一帶緊要地方應設水師五千以防海寇，[140] 爾後更再增設浙江水師三千名。[141] 隆武元年（1646），閏六月，福建巡撫張肯堂（?-1651）、巡按吳春枝、禮部尚書黃道周（1585-1646）、南安伯鄭芝龍等人，擁立唐王（朱聿鍵 1602-1646）于福州建立政權，[142] 鄭氏家族成員鄭鴻逵、鄭芝豹等人亦

---

[136] 〔清〕計六奇：《明季南略》（北京：中華書局，2006 年），卷 2，頁 129。

[137] 〔清〕陳燕翼《思文大紀》8 卷，《筆記小說大觀》（臺北：新興書局，1975 年），卷 5，頁 1498。

[138] 〔清〕計六奇：《明季南略》（北京：中華書局，2006 年），卷 5，弘光元年，頁 211-212。

[139] 〔清〕趙爾巽：〈本紀四〉，《清史稿》（北京：中華書局，2006 年），頁 96。

[140] 《清實錄·世祖章皇帝實錄》，卷 29，順治三年十一月戊午，頁 241-2。

[141] 《清實錄·世祖章皇帝實錄》，卷 40，順治五年九月丙戌，頁 323-1。

[142] 〔明〕彭孫貽：《流寇志》16 卷，《續修四庫全書》（上海：上海古籍出版社，1997 年），

支持。唐王封南安伯鄭芝龍為平虜侯、鎮海將軍鄭鴻逵為定虜侯、鄭芝豹為澄濟伯[143]。但在二年之後，在博洛貝勒（愛新覺羅博洛 1613-1652）的利誘之下，鄭芝龍欲獻福州降清，當時，其弟鄭鴻逵，子鄭成功（1624-1662）極力阻止。[144] 但鄭芝龍不為所動，與博洛貝勒暢飲三日後，卻被挾持到北京。[145] 然而鄭芝龍降清後，一些水師將領並沒有跟隨，這與清廷之理想規劃尚有一段差距，因此清廷並沒有重用鄭芝龍，而將其軟禁。

鄭芝龍降清之前，曾密諭鄭成功欲與貝勒一見，但鄭成功不從。另外，鄭鴻逵也因為理念不同而離開，率所部入海，鄭芝豹獨自侍奉母親居住於安平鎮，鄭彩（1605-1659）率水師至舟山迎接監國魯王（朱以海 1618-1662）南下。魯王冊封鄭彩為建威侯，再晉陞建國公，其弟鄭聯為定遠伯再晉陞定遠侯。[146] 鄭氏家族已是各擁其主，各自行事了。此間，鄭成功開始召集未投降清廷之鄭芝龍舊部，但在初期實力有限，只能屯兵於鼓浪嶼，廈門地區為建國公鄭彩及弟定遠侯鄭聯所盤據，[147] 鄭成功無法立寨於此。然而鄭成功頗能掌握先機，先後兼併相關勢力，掌有閩南一帶的鄭芝龍舊部，形成另一股強大的反抗勢力。雖然鄭芝龍數度寫信給鄭成功，希望他能降清，但卻不被接受。清廷認為鄭芝龍失去價值之後，於 1661 年（順治 18 年 10 月），將鄭芝龍與其子鄭世恩、鄭世蔭等，依謀反罪，全族皆誅；鄭芝豹因投向清廷，與其子免死。[148] 此事件結束後，清廷亦無法再運用受降策略，獲得鄭氏水師。

招降鄭成功的計畫落空之後，退而求其次，將目標轉向鄭成功屬下，如黃梧（1618-1674）、施琅（1621-1696）等人。施琅本為鄭芝龍左

卷 14，頁 10b。

[143]〔清〕夏琳：《閩海紀要》（南投：臺灣省文獻委員會，1995 年），卷上，頁 1。

[144]〔明〕瞿共美：《天南逸史》，《續修四庫全書》（上海：上海古籍出版，1997 年），頁 21a。

[145]〔清〕邵廷采：《東南紀事》（上海：上海書店，1982 年），卷 11，頁 284。

[146]〔清〕彭孫貽：《靖海志》（南投：臺灣省文獻委員會，1995 年），卷 1，頁 8。

[147]〔清〕夏琳：《閩海紀要》（南投：臺灣省文獻委員會，1995 年），卷上，頁 5。

[148]《聖祖仁皇帝實錄》，卷 5，順治十八年十月己酉，頁 91-1。

衝鋒，後隨鄭芝龍一起降清，爾後又跟隨鄭成功，但因處理下屬曾德問題，遷怒了鄭成功，遂被抓，其父親與弟弟卻慘遭殺害。[149] 施琅逃脫後於順治十三年再度降清，授封為同安副將。[150] 黃梧初為鄭成功轄下總兵，但於順治十三年斬鄭成功部將華棟等人，以海澄降清，清廷封海澄公。[151] 清廷擁有此二將後，水師力量提升不少。運用這些降將來對抗鄭成功，也不失為良策。這策略也達到一定的離間效果，雖然無法殲滅鄭成功，但至少已經達到瓦解鄭氏集團的力量。鄭成功死後，鄭氏集團內部分裂，轉而投降清廷的鄭軍越來越多，如遵義侯鄭鳴駿、慕恩伯鄭纘緒、慕仁伯陳輝、總兵楊富、何義、郭義、蔡祿、楊學皋等人，投降官兵共有 24,000 餘名，戰船 460 餘隻，這些投誠的官兵，皆是具有海戰經驗的水師。[152] 清廷再次增加了鄭氏降兵的助力，在水師的發展上又往前邁一大步。

　　在西方列強方面，荷蘭一直非常積極的尋求打開中國貿易之門，但一直無法如願。但荷蘭對中國的貿易並未因中國改朝換代後就放棄，反而伺機而動。明朝末期，荷蘭與鄭芝龍的溝通管道暢通，可以透過鄭芝龍傳達訊息。雖然鄭、荷彼此各有盤算，偶爾有磨擦，但合作多於對立，即使在北京城被大順軍隊攻破前後，荷蘭與鄭芝龍還是維持良好的關係。《熱蘭遮城日誌》記載：

　　1644 年 3 月 25 日，我們乃寫一封恭維的書信，加附相當的禮物，要寄去給官員一官，用以感謝他最近派船，從中國運來那麼多有用的貨物，並希望他繼續派船運貨來，等等。並為促進貿易，也贈送一些胡椒和檀香木等物給商人 Bendiock 和他的兒子。[153]

---

[149] 〔清〕徐珂：〈武略類〉，〈施琅善水戰〉，《清稗類鈔》（北京：中華書局，1984 年），頁 938。

[150] 中央研究院歷史語言研究所藏：《內閣大庫檔案》（臺北：中央研究院），153263-001 號。

[151] 國立故宮博物院藏：《清國史館傳稿》（臺北：國立故宮博物院），701005653 號。

[152] 〔清〕楊捷：〈微臣報國心切啟〉，《平閩紀》（南投：臺灣省文獻委員會，1995 年），卷 4，頁 111。

[153] 江樹生譯：《熱蘭遮城日誌》第 2 冊（臺南：臺南市政府，2003 年），頁 253。

　　不過海上情勢訊息萬變，隔年後，荷蘭人與鄭芝龍關係產生變化。鄭芝龍有兩艘中式帆船被荷蘭人截取，他透過臺灣島上住民向荷蘭人索討兩艘船上的貨物，否則日後便不是朋友關係，荷蘭人堅持鄭芝龍沒有遵守合約貿易才會被扣留船隻，因此不歸還貨物。[154] 此次扣留船隻的做法，荷蘭人認為是依法辦理，遂不理會鄭芝龍的要求，鄭芝龍也未因此和荷蘭人交惡。然而，鄭芝龍在降清之後，已無掌控水師實權，實力已大不如前，荷蘭人也毋需再與其談判了。

　　荷蘭人知道鄭芝龍已無實權之後，轉向與鄭成功合作，但雙方各有堅持，合作的氣氛沒有像鄭芝龍時期融洽。1650 年以後鄭成功勢力崛起，清朝、鄭氏與荷蘭三方逐漸形成對峙，荷蘭人遊走於清朝、鄭氏之間，尋求最大的利益。[155] 鄭成功為了反制荷蘭，亦聯合臺灣當地居民，來反抗荷蘭人的統治。早在 1656 年（順治 13 年），原住民就起來反抗荷蘭人，對其保護下的中國居民住宅放火焚燒，荷蘭人不敢派兵鎮壓，即是為了要防止鄭成功的攻擊。[156] 由此可知，為了求生存，雙方都各有盤算。

　　雖然此刻的荷蘭在東洋所布署的武力並不是特別強大，但卻是清廷、鄭成功雙方拉攏的對象，清朝的官員認為，進剿海寇，必須調取荷蘭國船隻，方可成功。[157] 清朝的將領知道，以他們現在的力量要殲滅鄭成功，並不可能，所以只能尋求其他勢力幫忙，加強與荷蘭合作，是可行之方向。1657 年，清廷釋出善意，允許荷蘭朝貢，如禮部奏言：

荷蘭國從未入貢，今重譯來朝，誠朝廷德化所致。念其道路險遠，准五年一貢，貢道由廣東入至海上貿易，已經題明不准。應聽在館交易，照例嚴飭違禁等物。得旨。荷蘭國慕義輸誠，航海修貢，念其道路

---

[154] 江樹生譯：《熱蘭遮城日誌》第 2 冊，1645 年 7 月 7 日，頁 432。

[155] 陳宗仁：《雞籠山與淡水洋》（臺北：聯經出版事業公司，2005 年），頁 322。

[156] 程紹剛譯註：《荷蘭人在福爾摩莎》（臺北：聯經出版事業公司，2000 年），頁 10。1657 年 1 月 31 日、1640 年 1 月 8 日〈東印度事務報告〉，頁 461-462。

[157] 〔清〕楊捷：〈奏聞事諮督院〉，〈諮文〉，《平閩紀》13 卷，卷 6，頁 169。

險遠，著八年一次來朝，以示體恤遠人之意。[158]

　　雖然荷蘭人認為清廷表達的善意不如預期，但總是好的開始，往後應該有機會加強彼此之關係。1661 年底，靖南王耿繼茂（?-1671）寫信給大員的荷蘭人，建議合力攻擊鄭成功在中國沿海的據點，大員評議會也同意此項建議。[159] 荷蘭為了加強與清廷合作，轉趨依附清朝，為了進一步表達支持，派遣兵船至福建閩安鎮，幫助清廷打擊海寇。另一方面，也派遣巴連衛林等人向清廷朝貢，期間，得到皇帝的嘉許，並賞賜銀幣給相關人員。[160]1663 年（康熙 2 年 10 月），施琅率領招募的荷蘭夾板船攻擊鄭成功，攻陷浯嶼、金門二島。事後，清廷賞賜施琅，加右都督銜，[161] 使得雙方的關係更為緊密。

　　在清廷方面，為了壓制鄭成功但也不能將希望全部投注荷蘭這邊，所謂求人不如求己，所以在海防的經營上，清廷已開始進行整備。1662之後，清廷開始在各地設汛防，在邊界五里設一墩，十里一臺墩，禁止居民出海；1669 年（康熙 8 年），再修復荒廢的水師營寨。[162] 清廷掌握了部分沿海據點之後，便積極重建各種海防措施。

　　此刻的延平郡王鄭經（1642-1681）認為，與荷蘭之間雖然存在著矛盾，但還是希望與荷蘭交好。1663（康熙 2 年），鄭經派遣使者，與荷蘭人聯絡，提議釋放荷蘭俘虜，開啟貿易，鄭經向荷蘭人提議可以在淡水、雞籠或其他地方設立一處據點，進行貿易，但此書信來的太晚，荷

---

[158] 《世祖章皇帝實錄》，卷 120，順治十三年六月戊申，頁 793-2。

[159] R. W. Campbell, Formosa under the Dutch: described from contemporary records, with explanatory notes and a bibliography of the island （Taipei: Southern Materials Center, 1987），pp. 445, 447.

[160] 《聖祖仁皇帝實錄》，卷 8，康熙二年三月壬辰，頁 142-1。

[161] 〔清〕李元度：〈施琅〉，《清先正事略選》（南投：臺灣省文獻委員會，1994 年），卷 1，頁 7。

[162] 〔清〕杜臻：《粵閩巡視紀略》，《近代中國史料叢刊續編》（臺北：文海出版社，1983 年），卷 1，頁 10a。

蘭人已經答應和清廷合作，因此拒絕了同盟。[163] 於此情況下，鄭氏王朝的形勢也就更為險峻了。反觀清廷水師，因延攬明代兵將，已開始慢慢壯大，加以中央的資源全力支持，再結盟荷蘭，使得沿海的掌控權由鄭氏轉向清廷手上了。

參、福建綠營水師的建立

清廷入關以後，水師制度延續明代，續以衛所駐防海疆，[164]另一方面開始籌設水師。水師依軍政系統分八旗水師與綠營水師[165]，八旗水師主要以維護駐地安全，巡防周邊地區為輔，不分內河及外海；綠營水師因統籌直省水師營務，部分地區分內河水師、長江水師及外海水師。清代設有綠營外海水師之處，北起遼東，南至瓊州，沿海皆設水師。綠營水師即成為維護海疆安全的主要部隊。

綠營名稱來源則是因其部隊旗幟皆為綠色而得名。綠營兵的組成是在明清之間的戰爭中發展起來的，除歸附和招降的明軍外，主要來自招募。[166]綠營因分設於各省，其主要任務是鎮戍，其編制，皆據鎮戍需要制定，原則是「按道里之遠近，計水陸之衝緩，因地設官，因官設兵，既聯犄角之聲援，復資守御之策應」。[167] 然而，康熙以前所設置的水師屬於個

---

[163] 村上直次郎日文譯注，中村孝志日文校注，程大學中文翻譯：《巴達維亞城日誌》（臺北：眾文圖書公司，1991 年），頁 309。

[164] 〔清〕伊桑阿：〈兵部・武選司〉，《大清會典・康熙朝》（臺北：文海出版社，1993 年），卷 83，頁 19a-20b。

[165] 綠營：因部隊所使用的旗幟為綠色，始稱綠營。〔清〕托津：《欽定大清會典事例・嘉慶朝》（臺北：文海出版社，1991 年），卷 35，頁 5a 載：「國初定八旗之色，以藍代黑、黃、白、紅、藍，各位於所勝之方，惟不備東方甲乙之色。及定鼎後，漢兵令皆用綠旗，是為綠營"。清代檔案、文書皆稱此軍事組織為"綠營"或"綠旗"。

[166] 中國軍事史編寫組：《中國歷代軍事制度》（北京：解放軍出版社，2006 年），頁 491。

[167] 中國軍事史編寫組：《中國歷代軍事制度》，頁 492。順治 3 年 2 月，淮揚總督王文奎：

別化，尚未形成一有系統之軍制，只能依照各地水域要衝設置軍隊防守。

　　1645 年（順治 2 年），從明代投誠的馬步官兵約有二十餘萬，但除了水師以外，清廷都准許這些兵丁卸甲歸田，只保留水師兵丁及戰艦，領兵官照舊用心操練。[168] 這是清廷入關後最早投誠的明代水師部隊。爾後陸續在福建等地建立水師，這些新設的水師，並非源自於鄭氏系統。如順治七年，以原明代溫州總兵范紹祖（瀋陽人）為署都督僉事管福州水師副將事。[169] 爾後范紹祖調往洞庭湖操練水師。再以福建泉州府參將韓尚亮（1605-1663，徐州人）為福州府水師副將。[170]

　　1650 年（順治 7 年），始定福建綠營官兵制，初期設置綠營兵 35,000名，[171] 此時亦設置綠營水師，於福州設水師協副將一人、泉州水師營參將一人、漳州水師營參將一人。[172] 至順治末年，為了殲滅鄭氏及南明勢力，增加了水、陸師兵員，有陸師 77,345 名，水師 25,000 名，合計 102,345名。[173] 但如此水師之規模還是無法有效掌控沿海地區，因此朝中陸續有官員建言，一股整建水師之議逐漸興起。都察院左副都御史魏裔介疏言，恐水師少而未練，宜擇知兵大臣，沿海防禦，坐而困之，庶蕩平有期矣。[174] 江南蘇松巡按馬騰陞奏言："以重兵駐防京口者，禦海寇也，必須修備戰艦，練習水師，此非滿兵所長"。[175] 這些官員的觀察與建議，獲到了朝廷正面回應，準備擬定水師設置策略。

〈建立江北綠營揭帖〉。

[168] 《清實錄‧世祖章皇帝實錄》，卷 17，順治二年六月己卯，頁 155-2。

[169] 《清實錄‧世祖章皇帝實錄》，卷 50，順治七年十月壬辰，頁 399-2。

[170] 《清實錄‧世祖章皇帝實錄》，卷 92，順治十二年七月辛卯，頁 726-2。

[171] 陳鋒：《清代軍費研究》（湖北：武漢大學出版社，1992 年），頁 94。《清世祖實錄》，卷 50，順治七年八月。

[172] 〔清〕崑岡：《欽定大清會典事例‧光緒朝》（臺北：臺灣商務印書館，1966 年），卷550，順治六年，頁 117-2-118-1。

[173] 陳鋒：《清代軍費研究》，頁 94。《聖祖仁皇帝實錄》，卷 91，康熙十九年七月。

[174] 《清實錄‧世祖章皇帝實錄》，卷 100，順治十三年四月辛未，頁 776-2。

[175] 《清實錄‧世祖章皇帝實錄》，卷 129，順治十六年十月丁酉，頁 999-1。

　　1662 年（康熙元年 6 月），諭令兵部，於福建設水師提督一員，總兵兩員，委大學士蘇納海（？ -1666）、尚書車克（？ -1671）辦理。[176] 此時靖南王耿繼茂（？ -1671）亦建言，漳州水師 經制兵三千，原設有游擊二員，分為二營，但恐兵多不便約束，請增游擊一員，改為中、左、右三營。[177] 改以福建閩安水師總兵官韓尚亮為福建水師左路總兵官。[178] 再以隨征左都督杜永和為福建右路水師總兵官。陞原任福州水師副將李長榮為福建水師左路總兵官。[179]

　　清朝水師的兵制與明朝水師不同，明朝無論在中央或地方，皆沒有一個專統水師的官員，皆由都督府來負責，這也成為水師是否得以發展的一個重要因素。Bruce Swanson 認同此種看法。[180]John L. Rawlinson 指出清朝的水師，有兩個系統，不相互管轄，[181] 其所指為八旗和綠營水師。清朝在中央雖然沒有一專統官員，地方則有專職的"水師提督"[182] 負責每個直省的指揮與管理。依規制："提督負責統轄本標官兵及分防營汛，節制各鎮，閱軍實、修武備，課其殿最，以聽于總督"。[183] 提督成為一省中最高的綠營兵長官。

　　清朝在每一個直省雖然都設有提督，但水師提督一職，並不是所有

---

[176]《清實錄・聖祖仁皇帝實錄》，卷 6，康熙元年七月乙丑，頁 115-2。

[177]《清實錄・聖祖仁皇帝實錄》，卷 6，康熙元年七月壬午，頁 116-2。

[178]《清實錄・聖祖仁皇帝實錄》，卷 7，康熙元年八月庚戌，頁 119-1。

[179]《清實錄・聖祖仁皇帝實錄》，卷 9，康熙二年四月甲子，頁 145-2。

[180] Bruce Swanson, Eighth Voyage of the Dragon: A History of China's Quest for Seapower （Annapolis: Naval Institute Press, 1982），pp. 56-57.

[181] John Lang Rawlinson, China's struggle for naval development 1839-1895 （Cambridge, Mass: Harvard University Press, 1967），p. 7.

[182] 按：水師提督全名為"水師提督軍務總兵官"，提督為直省綠營的最高長官，部分直省提督分陸路提督及水師提督。提督需受總督、將軍的節制。以明代來看，明代此階級官員為都指揮使司，都指揮使，晚期亦稱提督。見《最新清國文武官制表》，《續修四庫全書》（上海：上海古籍出版社，1997 年，南京圖書館藏清末石印本），第 753 冊，卷 2，頁 71a。

[183]〔清〕永瑢，《歷代職官表》（臺北：中華書局，1966 年），卷 56，頁 11a。

直省皆設立，即使設置之後，也有中止或中斷的情形。有清一代，只在
浙江、福建、廣東三省設置水師提督。1662 年設置浙江與福建水師提督，
浙江水師提督於 1679 年（康熙 18 年）裁撤後即不再設置；廣東水師提督
於 1664 年（康熙 3 年）設置，康熙六年裁撤後，一直至 1810 年（嘉慶 15
年）才復設。馬漢（A.T. Mahan）的軍事概念可以呼應清朝的水師制度，
他認為：若海疆要安全，要為國家建立一支海軍，這支海軍，即或不能
到遠處去，至少也應能使自己的國家的一些航道保持暢通。[184] 清廷此刻所
建立的水師，即在維護海疆安全的情況下所建立。

　　綠營水師雖然在打擊鄭氏王朝的情況下建立，但卻能夠設計一套新
的領導制度，由地方統兵將領全權主導指揮。這些將領長期在地方經
營，熟稔軍隊狀況，這對於清代海防則更有保障。然而草創之初的綠營
水師也衍生出不少問題，如將領的任用，水師人員的來源與招募、水師
布防地點、戰船的製造、軍械的製造、水師的訓練等等問題，都無法在
這時間點設置完成，但初期的制度已經有如此成效，值得肯定。

肆、水師提督的設裁

　　清廷設置水師提督的目的，主要是在直省能夠有一位可以統一指揮
的將領，有別於明代由中央派員管理之制。如《康熙會典》鎮戍載：「凡
天下要害地方，皆設官兵鎮戍，其統馭官軍者，曰提督總兵官，其總鎮
一方者，曰鎮守總兵官，其協守地方者，曰副將」。[185] 水師提督的設置
由清初至清末皆設置，惟光緒朝以後，因新設新制海軍，故設以專官統
率，[186] 其官制名稱亦有別於舊式水師。但舊式水師並未新式水師的設置而

---

[184] A.T. Mahan 著，安常容、成忠勤譯：《海權對歷史的影響》（北京：解放軍出版社，
　　2006 年），頁 111。

[185] 〔清〕伊桑阿：〈鎮戍〉，〈兵部〉，《大清會典・康熙朝》，卷 86，頁 2a。

[186] 〔清〕趙爾巽：〈水師〉，〈兵〉6，〈志〉110，《清史稿》（北京：中華書局，1977 年），

裁撤，而是彼此共存，相輔相成。

　　順治、康熙初年，清廷於福建的統治地位尚不平穩，水師尚未定制。因此，戰船俱向民間徵調趕繒船、艍船等來充做戰船。[187] 從陳錦奏摺中可了解，其提到："我之戰艦未備，水師不多；故遂養癰至今，莫可收拾耳"。[188] 可見，順治朝初期，水師建置人員並不多，只於福州設水師協副將，泉州設水師參將，漳州設水師參將，總兵力不過 4,000 人。廣東地區於 1650 年（順治 7 年），"特置兩藩重兵駐守，防海之籌，視前加密，省會設提督，潮州、碣石、高州各設總兵，惠州、雷州各設副將，廉州設參將"。[189] 以當時的水師力量，是無法對抗來自海上的鄭氏部隊，更無法主動出擊。

　　1651 年（順治 8 年）始定：「於沿江沿海各省，循明代舊制，設提督、總兵、副將、游擊以下各武員，如陸營之制。各省設造船廠，定水師船修造年限，三年小修，五年大修，十年拆造」。[190] 1652 年重新規定以 1646 年所定之舊例，以「收漁艇之稅，以修戰艦」。[191] 此時清廷雖然已著手設置水師，並設提督彈壓，亦準備修造戰船，但並未開始派官就任。康熙元年始於福建、浙江設置水師提督，統領閩、浙兩省水師，水師官員編制同於陸師。

　　水師提督的品級為從一品官，屬於上級官員。其權則為副將以下職缺可推薦任用，五品以下官員犯錯可會同總督以軍法從事。[192] 總督、巡

　　卷 135，頁 3981。

[187] 駐閩海軍軍事編纂室：《福建海防史》（廈門：廈門大學出版社，1990 年），頁 174。

[188] 《清奏疏選彙》（臺北：臺灣銀行經濟研究室，1968 年），順治七年，頁 1。欽差總督浙江福建等處地方軍務兼理糧餉，兵部右侍郎兼都察院右副都御史陳錦奏摺，〈密陳進勦機宜疏〉。

[189] 〔清〕杜臻：《粵閩巡視紀略》，卷 1，頁 9b-10a，收入《近代中國史料叢刊續編》第 98 輯。

[190] 〔清〕趙爾巽：〈水師〉，〈兵〉6，〈志〉110，《清史稿》，卷 135，頁 3981。

[191] 《清代臺灣檔案史料全編》（北京：學苑出版社，1999 年），順治九年十月，頁 30，兵部左侍郎兼都察院右副都御史周國佐奏摺。

[192] 〈浙江提督塞白理坐名敕書〉，康熙八年十月五日，中央研究院傅斯年圖書館藏。

撫、將軍、提督皆稱封疆大吏，顯見其權力之大。清朝的水師設置，是
在明朝的框架上進行，因為滿洲人並沒有建置水師的經驗，初期新設的
水師制度尚未周全，這與清廷未能完全掌控所有疆土有很大關係。當
時，鄭氏控制了沿海地區資源，無論是水師人才、兵丁、工匠等等，他
們都有一定的主導權。康熙初年，福建設立水師提督後，施琅二度率領
大軍進攻臺灣，最後失敗收場，由此可了解清廷水師尚未健全，雖然施
琅是遭遇颱風而敗，然而，以當時的實力是否可以打敗鄭氏軍隊則需
存疑。

　　1662 年，以施琅為首任福建水師提督，[193] 管轄六位水師總兵官，[194]
稍後，裁海澄鎮總兵官，命福建水師提督帶兵 4,000，駐劄海澄縣。左路
水師總兵官帶兵 3,000 駐劄閩安縣，右路水師總兵官帶兵 3,000 駐劄同安
縣。[195] 設漳州水師副將一人、游擊二人、改漳州水師二營為中、左、右三
營，增設游擊一人。[196]1663 年，裁泉州水師參將等官，裁漳州水師副將、
及三營游擊等官。[197] 前兩年所設置的水師制度尚不健全，為因應各地戰
事，時而調動、時而裁撤，但這都屬自然現象，只能說是因時制宜。

　　清廷設置水師目的，初期是針對鄭氏，鄭氏覆滅之後首重海疆安
全，即是維安和捕盜。在水師人員的建置上，此時無論在浙江或福建，
其成立時的兵源相當有限，以浙江為例，浙江總督趙廷臣、水師提督張
杰（？-1668）建議浙江水師必需擴大編制的提議，其認為：

　　直屬水師提督所轄軍隊稱「提標」或「標軍」，提標應設五營，中、
左二營，各設水戰兵一千名。右、前、後三營各設水手八百名。左、右

---

[193]《清實錄·聖祖仁皇帝實錄》，卷 6，康熙元年七月戊戌，頁 118-1。

[194] 此時期有左路（閩安水師總兵官）、右路（同安營）、海澄、福寧、海壇、南澳，共設置
　　六鎮水師總兵官。

[195]《清實錄·聖祖仁皇帝實錄》，卷 7，康熙元年八月，頁 130-2。

[196]〔清〕崑岡：《欽定大清會典事例·光緒朝》（臺北：臺灣商務印書館，1966 年），卷
　　550，康熙元年，頁 118-2。

[197]〔清〕崑岡：《欽定大清會典事例·光緒朝》，卷 550，康熙二年，頁 119-1。

二路鎮標各設四營。中營各設水戰兵一千名，前、左、右三營各設水手八百名。應設各標將備，坐名題補，從之。[198] 重新整建後的浙江水師提督轄總兵兩員（定海鎮、溫州鎮），共 13 營，總兵額 11,200 員，以浙江海域的編制來看，已稍具規模。

　　然而，福建水師提督卻在 1668 年遭到裁撤，主要原因是施琅攻臺失敗，被調任內大臣，一時間沒有適合擔任水師提督人選，加以福建地區戰情詭譎多變，中央政策已由武力進攻臺灣改為和平協調，故而裁撤。翌年，設水師總兵官、及鎮標官。改水師右路總兵官為興化總兵官，管轄福州城守協，泉州、邵武、長樂、福清、同安等營。復設連江營，復設汀州城守協副將、及標下中、左、右三營，裁海澄營副將及中營游擊等官、水師左路總兵官。[199] 這時期的福建水師，又呈現多頭馬車領導之狀。

　　多頭馬車的領導態勢，在軍事危險區實施反而不合適，如無法有效控管指揮權，則難以掌握通盤局勢。因此，1677 年（康熙 16 年），以海澄公管水師提督事務。[200] 1678 年，裁撤水師總兵官，改設水師提督。復設後的水師提督，設提標分中、左、右、前、後五營，中營設參將以下等官。左、右、前、後四營，各設游擊以下等官。又改海澄總兵官為漳州總兵官，標下仍設中、左、右三營官。又裁海澄公標下中、左、右、前後四營官，設同安漳浦總兵官。[201] 1687 年（康熙 26 年），設南臺水師營參將以下等官。[202] 1729 年（雍正 7 年），福州府設水師營漢軍，[203] 此水師營隸屬於八旗水師，為福州將軍轄下，於 1754 年（乾隆 19 年），改駐

[198] 《清聖祖仁皇帝實錄》，卷 9，康熙二年八月，頁 153-2。

[199] 〔清〕崑岡：《欽定大清會典事例‧光緒朝》，卷 550，康熙八年，頁 119-1-119-2。

[200] 〔清〕伊桑阿：〈兵部〉，《大清會典‧康熙朝》，卷 92，頁 9b。

[201] 〔清〕崑岡：《欽定大清會典事例‧光緒朝》，卷 550，康熙十七年，頁 119-2。

[202] 〔清〕崑岡：《欽定大清會典事例‧光緒朝》，卷 550，康熙二十六年，頁 120-2。

[203] 〔清〕崑岡：《欽定大清會典事例‧光緒朝》，卷 545，雍正五年，頁 47-1。

縶八旗滿洲水師。[204] 1730 年，增設督標水師營，駐福州南臺。[205] 1733 年（雍正 11 年），增設水師提標後營，移福州協左軍都司等官駐南臺，改督標水師營游擊為參將。[206]

　　福建水師提督復設之後，其所管轄的各地水師部隊則依各個時期維安狀況不同時有變動，其編制時而擴大時而縮減，擴大的原因主要是因應海盜問題，如蔡牽（1761-1809）事件，而縮減的原因則是海疆寧靜，毋寧重兵。但至光緒朝，水師提督所管轄的部隊人數及規模已降至最低，水師提督轄下只有水師總兵官二人，內兼水師陸路一人、水師副將四人、參將五人、游擊 9 人、都司八人、守備十七人、千總八十四人、把總 179 人、外委 323 人、額外外委 222 人。[207] 這與清朝初期所管轄的金門鎮、海壇鎮、臺灣鎮、南澳鎮與福寧鎮，已不可同日而諭。

　　在戰船製造方面，已有初步條例：「順治初年定，戰船、哨船，以新造之年為始，三年小修，五年大修，十年拆造」。[208] 順治與康熙朝的戰船修造制度改變不大，定十年為戰船拆造時間，此後戰船修造制度即依循此例。在戰船人員的配制上，要如何編制，則是一項重要課題，各方看法迥異，也各有見解。1751 年（乾隆 16 年），擔任福建水師提督的林君陞（？-1755）[209] 認為：「古者舟師之制，首捕盜、次舵工，跪聽中軍發放畢，本船甲長、兵丁，各聽捕盜發放，非以假其威，實以重其事也」。[210]

---

[204]〔清〕崑岡：《欽定大清會典事例‧光緒朝》，卷 545，雍正五年，頁 47-2。

[205]〔清〕崑岡：《欽定大清會典事例‧光緒朝》，卷 550，雍正八年，頁 121-2-122-1。

[206]〔清〕崑岡：《欽定大清會典事例‧光緒朝》，卷 550，雍正十一年，頁 122-1。

[207]〔清〕崑岡：《欽定大清會典事例‧光緒朝》，卷 550，頁 117-1。

[208]〔清〕崑岡：〈軍器〉3，〈兵部〉，《欽定大清會典事例‧光緒朝》，卷 712，頁 858-2。

[209]〔清〕林君陞，福建同安人，於乾隆十六年（1751）擔任福建水師提督一年，雖然擔任福建水師提督時間不長，但其由行伍升任至提督期間，幾乎都在水師部隊效力，曾經擔任瑞安水師營副將、定海鎮總兵、碣石鎮總兵、金門鎮總兵、臺灣鎮總兵、廣東提督等職，資歷豐富。

[210]〔清〕林君陞：《舟師繩墨》（《續修四庫全書》（上海：上海古籍出版社，1997 年，乾隆 37 年陳奎刻本影印），頁 8a。

林君陞出身行伍，經過多年磨練才於 1791 年（乾隆 56 年）擔任水師提督一職，雖然擔任水師提督時間只有五個月，但憑藉他多年的經驗，在水師方面的閱歷相當豐富。他斬釘截鐵的說，設水師目的即是要捕盜，這盜當然是指海寇，也就是劫掠沿海一帶，騷擾治安之人。

清朝水師設置於浙江、福建、廣東三省，主要是因為這三省沿海地區往來船隻頻繁，海寇覬覦船貨伺機而盜，最需要設置水師。除了設有水師之外，也設置水師提督，擔任第一任提督者都是漢人，顯見在康熙時期的水師重要將領還是得倚賴漢將。水師制度的設置由順治年間至宣統 3 年（1911），達 249 年之久，惟宣統三年，只剩廣東尚設有提督。

觀察清朝水師狀況，可以了解的是，水師防務重點在維護沿海安全，因時制宜。然而，清朝的水師觀念過於保守，無法超越明代，反而有不及之現象。Bruce Swanson 認為：中國海軍的發展還是不平衡的，中國人有相當的能力派遣海軍到東亞之外的海洋。有影響力的中國人，設法降低對發展海軍的重視，直到遠洋海軍實質消失。[211] 這說明了，當初清廷所設置的水師，只是為求防衛海疆，並沒有前往海洋發展的想法。

伍、水師提督的任用

順治初年規定，提督、總兵官員缺，將以有功的副將、八旗副都統、參領，并六部郎中內，兵部會同九卿、科道等官，擬正陪題補。[212]1661 年（順治 18 年）諭，提督、總兵官缺出，停其會推，兵部於應陞各官內，詳察功績，開列堪用者，具題。[213]凡水師各官推陞，水師各

---

[211] Bruce Swanson, Eighth Voyage of the Dragon: A History of China's Quest for Seapower（Annapolis: Naval Institute Press, 1982）, p. 54.

[212]〔清〕伊桑阿：《大清會典・康熙朝》，卷 96，兵部 16，頁 2b。

[213]〔清〕伊桑阿：《大清會典・康熙朝》，卷 96，兵部 16，頁 3a。

官俸滿應陞者，計其俸薦功次，與各官一體陞轉，如有熟識水性，人地相宜者，聽該督撫特疏題留，准加所陞之銜留任。[214]

　　清朝尚未設置水師提督之前，其水師統兵將領的用人策略主要是任用熟識之人，如范紹祖、韓尚亮、王之鼎等人，這些人皆非出身於鄭氏集團，也非以水師技能見長。因為在這紛亂時代，人心剖測，即便施琅、黃梧等鄭氏前重要武將投誠，清廷亦無法完全信任他們，將所有的水師軍權交由他們全權處理。另外，也有內部官僚人員的反對，主要是他們並沒有太多功績，如得高位，唯恐不平。但隨著鄭氏與施、黃兩家族的仇恨不斷加深覆水難收，以及施、黃兩人開始展露頭角後。朝臣也陸續為他們喉舌，希望可以讓他們掌握更多兵權。如給事中王命岳（1609-1667）提及，黃梧與賊勢不兩立，施琅與賊讐深殺父，皆足令獨當一面恊力搗巢，但恐二人兵少，宜以漳泉水師之兵將佐之，如是布置已定，我數數戒師如尅期將渡者又竟不渡以疲之如是十餘次，則賊之意懈而防弛然後度天時齊人力出其不意約束並驅一鼓而殲之直崇朝事耳至於居重馭輕。[215] 在朝中為他們抱屈的人越來越多之後，清廷也正式重視此情況，對他們的看法開始轉變。

　　1662 年，清廷設置浙江、福建水師提督，1664 年設置廣東水師提督。[216] 福建首任水師提督即由施琅擔任。浙江第一任水師提督則由張杰（?-1668）擔任。張杰出身遼東，入關後常年駐防浙江累有功績，如 1648 年（順治 5 年）與常進功（?-1686）等人陣殺明朝總兵杜英侯、杜二等人。[217] 因此被任命為第一任浙江水師提督，至康熙七年，張杰死後清廷即裁撤浙江水師提督。爾後於康熙八年復設浙江水師提督，由擔任第一任

214 〔清〕伊桑阿：《大清會典‧康熙朝》，卷 96，兵部 16，頁 9a-9b。

215 〔清〕賀長齡等編：〈籌畫海寇疏〉，< 兵政 >15，《清經世文編》（北京：中華書局，1992 年），卷 84，順治十七年給事中王命岳，頁 32a。

216 廣東水師提督設置於康熙三年，第一任提督為常進功，擔任期間為順治三年至順治六年。第二任提督塞白理擔任不及一年後即裁撤，至嘉慶十五年才復設。見李其霖：《見風轉舵：清代前期沿海的水師與戰船》（臺北：五南出版社，2014 年），頁 165-172。

217 中央研究院歷史語言研究所藏：《明清史料》，037420-001 號。

廣東水師提督的常進功復任。

在福建水師提督的任用方面，施琅因累有功績，被派任為第一任水師提督，就任時間從康熙元年至康熙七年。但這段時間施琅三度率軍攻打臺灣，分別於 1664-1665（康熙 3 年至 4 年），對臺發動戰爭，但船隊至外洋遇風飄散，不克而返。[218] 爾後，再次於 1667 年，以閩省水、陸師及鄭氏降兵將，共官弁二萬多人，大小戰船 270 艘，[219] 再度進攻臺灣，然而當時朝臣主張對鄭氏綏撫之勢力高漲，清廷遂停止對臺作戰，並將施琅調任內大臣，且裁廢福建水師提督。[220] 施琅在福建水師提督任內力求表現，但皆無法如願，遭致失敗。

隨著施琅被調往中央，福建水師被裁撤，清廷也開始懷疑這些前鄭氏將領之實力，因此不再設置水師提督，由靖南王管水師事。1673 年（康熙 12 年）三藩事件起（1673-1681），隔年靖南王耿精忠（1644-1682）響應，清廷不得不復任水師提督職。襲海澄公爵位的黃梧兄子黃芳世（?-1679）接任第二任福建水師提督，但不到兩年，即病死。此時鄭、黃兩大家族並無人可接任，清廷再度找王之鼎接任。

王之鼎擔任福建水師提督期間頗有官聲，其了解到福建水師制度並不健全，因此建議將福建水師重整，並分派水師至要隘處防守，此意見得到朝廷支持。[221] 然而，一年後因三藩事件西北戰事急迫，遂將王之鼎改調為四川提督，以彈壓吳三桂（1612-1678）。但如此一來，整頓福建水師的工作便無法繼續執行。接任者萬正色（? -1691）為陸路出身，雖於 1680 年率軍擊敗過鄭軍，但並非憑藉其實力而勝，實為狂風大作對其有

---

[218]《鄭成功傳》（臺北：臺灣銀行經濟研究室，1960 年），頁 25。

[219]《明清史料》（臺北：中央研究院歷史語言研究所，1997 年）戊編，第 1 冊，頁 16。福建水師提督施琅，奏陳蕩平逆賊機宜事。

[220]〔清〕明亮、納蘇泰：〈營制〉，〈綠營〉卷 1，《欽定中樞政考》（上海：上海古籍出版社，1997 年），頁 20a。

[221]《明清宮藏台灣檔案匯編》七（北京：九州出版社，2009 年），兵部尚書郭四海題本，議定閩省水師經制，康熙十八年五月十九日，頁 165-166。

利而勝。[222] 萬正色雖屢有戰功，但對水師事務並非完全熟稔。再者，此期間萬正色患病，[223] 帶兵渡海作戰有較大之風險。而另一原因，萬正色對攻取臺灣並無致勝把握。康熙曾詢問時任福建水師提督萬正色是否可以攻取臺灣，萬正色言：臺灣斷不可取。[224] 萬正色認為新招募的水師兵丁不熟水戰、不懂海洋風信等，[225] 如倉促攻擊臺灣，恐有失。康熙本欲派遣萬正色攻打臺灣，但萬正色怯戰，無法獲得康熙攻認同，故將其調離福建水師提督之職，改調福建陸路提督。

　　1681 年（康熙 20 年正月），鄭經薨，清廷即開始積極布署水師，準備乘臺灣政權不穩定，官員相互猜忌時一舉進攻臺灣。[226] 然而，渡海對臺作戰，非經驗老道者無法勝任，因此，選任一水師提督統籌對臺作戰，則有其必要性。在人員選用上，姚啟聖向康熙上書要求再度啟用施琅，[227] 康熙評估之後，亦屬意施琅擔任此一職務，並讓其復任福建水師提督。然而，為確保用人無慮，在用人之前，康熙亦向李光地（1642-1718）尋問施琅之才幹，李光地對施琅讚譽有佳，多有肯定，[228] 並讚賞施琅熟悉海道，海賊甚畏之語，[229] 此外，施琅擔任內大臣期間，閱讀史書，提高不少軍事素養。[230] 李光地的回答，與施琅閒而不休之心，再度燃起了康熙再次重用施琅的決心。施琅運用此次再度擔任福建水師提督之機會，於澎湖擊敗劉國軒，鄭克塽出降。

---

[222]《鄭成功傳》，頁 34-35。

[223]《清實錄・聖祖仁皇帝實錄》，卷 93，康熙十九年十二月丁亥，頁 1179-1。

[224]《清實錄・聖祖仁皇帝實錄》，卷 116，康熙二十三年七月丙戌，頁 207-2。

[225]〔清〕楊捷：《平閩紀》，頁 210-211。

[226]《康熙起居注》（臺北：中華書局，1987 年），康熙二十年六月七日，頁 709。

[227] Macabe Keliher（克禮）：〈施琅的故事－清朝為何佔領臺灣〉，《臺灣文獻》第 53 卷第 4 期（2002 年），頁 11。

[228]〔清〕李光地：《榕村續語錄》（北京：中華書局，1995 年），卷 11，頁 703。

[229]〔清〕李光地：《榕村續語錄》，卷 11，頁 702。

[230] 鈔曉鴻、彭璐：〈清廷選任施琅征臺述析〉，《施琅與臺灣》（北京：社會科學文獻出版社，2004 年），頁 227。有關康熙皇帝起用施琅之原由可參見鄧孔昭：〈李光地、施琅、姚啟聖與清初統一台灣〉，《台灣研究集刊》（1983 年第 1 期）。

　　然而，康熙是否著實讓施琅擔任福建水師提督呢？是實並非如此，從康熙和席柱的對話即可了解。

　　上曰：萬正色，前督水師時，奏臺灣斷不可取。朕見其不能濟事，故將施琅替換，令其勉力進剿，遂一戰而克。萬正色、施琅二人今相睦否。席柱奏曰：二人陽為和好，陰相嫉妒。上曰：施琅何如。席柱奏曰：施琅人材頗優，善於用兵，但行事微覺好勝。上曰：粗魯武夫，未嘗學問，度量褊淺，恃功驕縱，此理勢之必然也。[231]

　　由此可見，施琅在康熙心中的評價並不高，但還是讓施琅擔任水師提督，究其原因，施琅雖不是上選人才，但現今也找不到比他更合適之人。因此施琅二次就任提督之後至康熙三十五年卒，才改由張旺繼任。

　　張旺，山西太原人，由陸路行伍出身，對水師事務並不熟稔，因此二年後由吳英（1637-1712）接任。吳英原為鄭成功部屬，頗有謀略，降清後擔任守備，曾在康熙十八年擊潰劉國軒。[232]施琅攻臺時，邀請吳英一同參與，並依據吳英所獻之謀略，採行五梅花陣式進行攻擊，順利的擊敗劉國軒舟師。[233]吳英擅水師、熟謀略，又深受康熙賞識，遂可一直當任水師提督。1706 年（康熙 45 年），吳英以年老向朝廷乞休，但被慰留，[234]至1712 年（康熙 51 年）亡故為止，皆任福建水師提督。

　　吳英死後，福建水師提督由施琅第六子施世驃（1667-1721）繼任。這也是鄭氏軍團的第二代開啟了福建水師提督職。施世驃擔任水師提督期間，皆能勇於任事。1721 年（康熙 60 年），臺灣發生朱一貴事件，施世驃偕同南澳鎮總兵藍廷珍（1664-1729）前進澎湖，準備渡臺平亂。[235]施世驃至臺灣後不久，順利的逮獲朱一貴（1690-1722），但卻也不幸患病，卒於臺灣。施世驃擔任福建水師提督共十年。

---

[231]《清實錄‧聖祖仁皇帝實錄》，卷 116，康熙二十三年七月丙戌，頁 207-2。

[232] 國立故宮博物院藏：《清國史館傳稿》，701005653 號。

[233]〔清〕施琅：《靖海紀事》（南投：臺灣省文獻委員會，1995 年），頁 28。

[234]《清實錄‧聖祖仁皇帝實錄》，卷 226，康熙四十五年八月戊子，頁 268-1。

[235]《清實錄‧聖祖仁皇帝實錄》，卷 293，康熙六十年六月癸巳，頁 845-1。

　　施世驃死後由廣東提督姚堂（?-1723）接任，姚堂於 1711 年（康熙 50 年）以前主要在陸路軍旅服務，接任臺灣鎮總兵官後，開始接觸水師事務，但姚堂擔任水師提督不到三年即死。遂由時任臺灣鎮總兵藍廷珍接任。藍廷珍為平臺將領藍理（1648-1719）族人，藍理平定臺灣後曾至定海、天津等地擔任總兵，爾後接任福建陸路提督，時任福建水師提督則為吳英。

　　藍廷珍於 1723 年（雍正元年）接任福建水師提督，也是福建設置水師提督以來，第一個由水師行伍晉升至提督者。1691 年（康熙 30 年）擔任浙江定海鎮標右營把總，[236] 爾後至浙江溫州、福建澎湖、南澳、臺灣、廣東碣石、潮州等地就任，資歷相當完整，可說是清廷重點栽培的水師將領，最後卒於福建水師提督任內。

　　接替藍廷珍者為許良彬（1670-1733），福建龍溪人，歷任浙江瑞安水師營、福建閩安協、澎湖協、金門鎮及南澳鎮水師就任，亦可稱為資歷完整的水師將領。最後擔任福建水師提督至身故。第十二任水師提督王郡（？-1756）出身最為特別，其為陝西人士，因陝西鬧飢荒，改名李郡後來到臺灣從軍，[237] 從軍後表現傑出，深獲朝廷重用。爾後，至浙江、江西、福建、臺灣、廣東等地擔任陸路、水師軍官。最後由福建陸路提督轉調為福建水師提督，於福建水師提督任內亡故。

　　王郡死後由時任臺灣鎮總兵張天駿接任。張天駿亦由行伍從軍，升遷狀況與王郡頗為相似，依序至各省歷練。雍正年間擔任千總職，歷任守備、金門右營游擊、福建提標前營游擊，閩安協副將，1747 年（雍正 12 年）升任南澳鎮總兵。[238] 1737 年更擔任廣東提督，然因任內汛防懈弛，盜匪橫行，遭降調總兵悔過。[239] 陸續前往湖廣襄陽鎮、江南蘇松鎮、湖廣常德鎮歷練，但主要之單位皆為陸路。1743 年（乾隆 8 年）再調往臺灣鎮

---

[236] 國立故宮博物院圖書文獻處藏：《清國史館傳稿》，文獻編號 701005660 號。

[237] 〔清〕趙爾巽：＜列傳＞，《清史稿》，卷 299，頁 10426-10427。

[238] 《清實錄・世宗憲皇帝實錄》，卷 140，雍正十二年二月甲子，頁 771-2。

[239] 《清實錄・高宗純皇帝實錄》，卷 64，乾隆三年三月戊午，頁 37-2。

擔任總兵。張天駿擔任福建水師提督六年，於 1751 年（乾隆 16 年 3 月）赴京候旨，員缺由林君陞調補，原因則為年老解任，[240] 隔年張天駿病故。張天駿於福建任職期間，破獲匪窟數次，受到賞識，官運亨通，也是重點栽培之人，雍正年間即已擔任總兵一職，然而調任廣東提督之後，功績每況日下，最後只得降調總兵歷練，惟歷練期滿後又任福建水師提督，可見，清廷求才若渴，在專業人員數量不足的情況下，如任上人員雖有犯錯，還是願意給其機會重新出發。

接任的林君陞擔任福建水師提督不到半年，即調任廣東提督。由臺灣鎮總兵李有用接任。李有用為陸路行伍出身，分別擔任四川永寧協左營千總、陝西游擊、福州將軍標中軍副將、護理漳州總兵、福寧鎮總兵、臺灣鎮總兵、瓊州鎮總兵等，其活躍的時間與張天駿相當，但張天駿升遷速度較快，張天駿擔任總兵時，李有用尚為游擊。接任福建水師提督前，乾隆皇帝對其功績表示肯定，並囑咐他福建為海疆水師提督第一要缺，宜勉之。[241] 顯見，皇帝對於李有用擔任那麼重要的職位是有很高的期待。但李有用於 1757 年（乾隆 22 年）被舉報查閱營汛，苛派兵丁，巡查 閩安協時，有得銀六百兩之事，其他違法之處更不知凡幾，[242] 因此，李有用即被查辦。

李有用調離福建水師提督之後由廣東提督胡貴（?-1760）短暫署理數月後由潮州鎮總兵馬大用（?-1759）接任。馬大用武探花出身，從軍生涯主要皆在陸師服務，1753 年（乾隆 18 年）調任臺灣總兵，才有水師之歷練，但任滿又回到陸師擔任潮州鎮總兵，1756 年（乾隆 22 年）接任福建水師提督。馬大用雖為陸師出身，但擔任水師提督期間，對於營伍訓練有方，克稱厥職，[243] 但最後因病離職解任。再調臺灣鎮總兵馬龍圖（?-

---

[240] 《清實錄・高宗純皇帝實錄》，卷 394，乾隆十六年七月乙丑，頁 168-2。

[241] 國立故宮博物院圖書文獻處藏：《軍機處檔摺件》，奏報巡查臺灣南路營汛，乾隆十六年九月十四日，文獻編號 007520。

[242] 《清實錄・高宗純皇帝實錄》，卷 531，乾隆二十二年正月壬戌，頁 697-1。

[243] 《清實錄・高宗純皇帝實錄》，卷 590，乾隆二十四年閏六月辛卯，頁 561-2。

1761）接任，馬龍圖的軍旅資歷，除了出身行伍以外，大部分與馬大用差不多，主要都在陸師服務，再至臺灣擔任總兵，具備水師技能、知識後，再調任水師提督。然而馬龍圖擔任總兵期間即因挪用軍費被查辦，就任福建水師提督之後，還是一樣挪用公銀，遭撤職查辦。[244]

接替馬龍圖者為甘國寶，甘國寶福建古田人，武進士出身，履歷豐富，歷任貴州威寧鎮、山東袞州鎮、江蘇蘇松鎮、浙江溫州鎮、福建南澳鎮、海壇鎮、臺灣鎮總兵，無論是陸路或水師皆有相關之經驗。爾後由臺灣鎮總兵升任福建水師提督，後因丁憂解職。但解職後遭到彈劾，原因是提用海船陋規銀和挪用軍費另作他用。[245] 然而，甘國寶未被彈成功，丁憂後雖降調雲南開化總兵、廣東雷瓊鎮總兵、臺灣鎮總兵，但於1767 年（乾隆 32 年）再度升任廣東提督，1769 年調福建陸路提督，七年後卒於任內。

接任甘國寶職務為廣東提督黃仕簡（?-1789），其曾祖父為一等海澄公黃梧，1730 年（雍正 8 年），黃仕簡襲一等海澄公爵位。[246] 但兩年後再調回廣東提督，由吳必達接任。吳必達福建同安人，亦為武進士出身。曾任廣海寨水師守備，香山協副將，溫州總兵、廣東提督，臺灣鎮總兵、福建水師提督。擔任水師提督六年，但最後一年任內發生臺灣賊匪黃教一案，因無法有效平亂，遭到革職發往雲南軍營效力。[247] 吳必達革職後再調福建陸路提督黃仕簡為水師提督。

黃仕簡與施琅一樣再度回任水師提督職，但這一次回任就擔任 19年。1786 年（乾隆 51 年）因林爽文事件處理不當遭到革職。接任的柴大紀、藍元枚、蔡攀龍任職期間都不及一年。柴大紀因謊報軍功、違法亂

---

[244] 《清實錄·高宗純皇帝實錄》，卷 628，乾隆二十六年正月戊申，頁 4-1。

[245] 國立故宮博物院：《宮中檔乾隆朝奏摺》（臺北：國立故宮博物院，1982 年），第 21 輯，乾隆二十九年六月十三日，舒赫德、裴日修奏摺，頁 751。

[246] 中央研究院內閣大庫檔案，文獻編號 078395 號。

[247] 《清實錄·高宗純皇帝實錄》，卷 849，乾隆三十四年十二月壬申，頁 373-2。

紀等事,遭到抄家、正法,其兒子被發往伊犁效力。[248] 藍元枚在臺灣勦滅林爽文期間病亡,蔡攀龍業因柴大紀一案被降職,因此調任陝西固原提督哈當阿(?-1799)接任。

　　把岳忒哈當阿為蒙古正黃旗,擔任福建水師提督之前,從未在沿海任官,對水師防務並無實際經驗,乾隆將哈當阿調往福建,讓許多水師將弁摸不著頭緒。哈當阿之所以到福建任官,主要是閩浙總督福康安之推薦,[249] 因哈當阿、奎林(?-1792)與福康安是舊識和主從關係,在陝甘一帶相處許久,加以閩省之提、鎮遭到福康安之參劾,福康安安排自己的親信調往閩省,合乎常理。乾隆認同福康安之意見,也顯見對以往栽培的人員,以及功臣後代之能力已產生懷疑了。此事件之後,擔任福建水師提督的用人策略也有些變化,由以往擔任過臺灣鎮總兵者,是升遷福建水師提督的重要履歷指標,但從哈當阿以降,即無臺灣鎮總兵直接升任福建水師提督之例了。

陸、結語

　　福建水師提督,是清朝設置水師提督存續時間最長者,與浙江水師提督於康熙元年同時設立。但其重要性凌駕於浙江水師提督以及廣東水師提督之上。乾隆朝以前,施琅家族、黃梧家族、藍理家族等征臺將領,在水師提督任上,有相當大的影響力。施琅與其子施世驃共擔任33年,兩人皆擔任至亡故;黃芳世與黃仕簡共擔任23年,吳英擔任15年,藍廷珍、藍元枚擔任8年。但林爽文事件之後,這些舊功臣在福建水師的影響力逐漸式微,旗人與蒙古人也開始掌控沿海水師。但事實上,他

---

[248] 國立故宮博物院:《宮中檔乾隆朝奏摺》,第70輯,乾隆五十三年十一月二十九日,浙江巡撫覺羅琅玕奏摺,頁464。

[249] 國立故宮博物院藏:《軍機處檔摺件》,奏覆將台灣情形告知新放總兵奎林病奏陳哈當阿可調水師提督情形,福康安奏摺,乾隆五十三年六月二十六日,文獻編號038883。

們在任內的水師事務上也沒有特別之表現，待嘉慶朝以後，又有新的用
人策略，新的氣象了。

第四章
不愧天朝五等封：嘉慶朝水師名將邱良功

壹、前言

忠毅勳猷勒鼎鐘，王邱英勇繼前蹤；手殲狂寇鯨波裏，不愧天朝五等封！

這首詩由王凱泰撰寫，主要在闡揚嘉慶朝兩位平定蔡牽海盜有功的提督，一位是王得祿一位是邱良功，他們追隨李長庚的腳步繼續奮勇不懈的精神，最終完成使命，對於他們的功績多有肯定。[250]

乾隆末年，東南沿海海盜熾盛，海疆不靖，造成沿海居民、航商及漁民等，人人自危。1800 年（嘉慶 5 年 6 月 21 日），蟄伏於浙江、福建一帶的海盜出海劫掠時，不巧在浙江遭遇颱風，海盜幾近覆滅。然而，蔡牽（1761-1809）海盜集團因未參與這次海上行動，而保存實力，並收攏倖免於難的海盜，使其人數增加甚多，進而成為浙江、福建地區最強最大的海盜集團。在這海疆紛亂的時代，朝廷當然不能置之不理，有為的將領，也陸續挺身而出，發揮長才，為平定海疆而努力。其中以李長庚（1750-1807）、王得祿（1770-1842）、邱良功（1769-1817）較耳熟能詳。李長庚與王得祿的事跡較為人所知，一為進士出身，一為望族之後。他們

---

[250]《臺灣雜詠合刻》，海音詩（台北：台灣銀行經濟研究室，1958），頁 58。

為平定蔡牽海盜奮戰不懈，留下許多讓後人稱道之功績。但同樣與王得祿一樣出身行伍，從小由母親扶養長大的邱良功，在剿滅蔡牽海盜上亦多有出力，他也是從行伍出身晉升至提督的重要典範。蔡牽事件，如果沒有邱良功等人的奮勇剿匪，事件難以很快平息，海疆也難以寧靜。

　　邱良功的資歷與李長庚及王得祿比擬，相對的較為資淺，邱良功擔任中高階武將期間也都在嘉慶朝以後，蔡牽海盜事件結束後的第八年，邱良功即病逝，而這幾年間，海上只有少數幾起海盜事件，所以向朝廷奏報的機會並不多，因此官方資料對於其事蹟的記載相對的比較少，民間資料亦闕如。然而，那麼重要的一位靖海疆功臣，應讓後人多加讚揚，成為模範。雖然邱良功的資料不多，但國立故宮博物院藏的三分資料有較為詳細的記載，一為清代〈兵部造送履歷冊〉〈原任提督邱良功履歷冊〉[251]，一為〈國史館傳稿〉〈邱良功列傳〉，另一為整理完成的《清史稿》〈邱良功列傳〉[252]。〈原任提督邱良功履歷冊〉為記載邱良功事蹟最為完整的資料，內附有奏摺、上諭等資料以為佐證。本文以〈原任提督邱良功履歷冊〉內容為基礎，再參考〈邱良功列傳〉，並爬梳相關檔案、文集、筆記，將邱良功的事跡予以闡述。

貳、初生之犢

　　邱良功（1769-1817），字玉韞，號琢齋，福建泉州府同安縣後浦鄉（金門）人，生於乾隆 34 年，薨於嘉慶 22 年，享年四十九歲。邱良功出生才三十五天，其父邱志仁就去世了，之後由其母親許氏（時年二十八歲）撫養邱樹功和邱良功兄弟長大。爾後邱良功剿賊立功，受朝廷冊封三等男之後，母親同樣榮獲朝廷恩典。1812 年（嘉慶 17 年），獲得嘉慶

---

251 國立故宮博物院藏，《兵部造送邱良功履歷冊》，故傳 009858。
252 國立故宮博物院藏，〈邱良功列傳〉《國史大臣列傳次編》，故殿 017652。

皇帝嘉許，誥贈邱母一品夫人並欽準賜建節孝坊，當時邱良功母親許氏已守寡二十八年，而牌坊的建立目的在於表揚並流傳邱良功母親的節孝精神。

圖 4-1 邱良功母親許氏節孝坊
說明：邱良功母親節孝坊建於 1812 年（嘉慶 17 年），位於金城鎮東門里莒光路一段觀音亭邊。李其霖攝於 2010.1.26

　　節孝坊是一座四柱三間五樓三層式的石造牌坊，由泉州花崗石和色澤帶綠的玄武岩（俗稱青斗石）的混合建造而成，雕工精緻，造型雄偉。四根等高的方柱上刻有阮元（1764-1849；時任工部右侍郎）、王得祿（時任三等子爵福建水師提督）、蔣攸銛（1766-1830；時任兩廣總督）、李光顯（1755-1819；時任定海鎮總兵）所贈之楹聯，敘述邱良功母親的節孝事蹟，這四人與邱良功皆有深厚的情誼。柱子前後聳立著四對雌雄的石獅，為節坊的守護神。頂檐之下，刻有「聖旨」石匾。石匾下刻「欽旌節孝」四字。

　　邱良功母親榮獲朝廷頒置節孝坊，正所謂「母以子貴」。然其最為人津津樂道的事蹟，即是「行伍至提督」，藉由剿滅海盜之功績，最後擔任綠營各省最高武將提督之職，實屬不易。邱良功得到嘉慶皇帝的提拔，

卻也不辜負皇恩，在擔任浙江提督時，終於將橫行於東南沿海近二十年的蔡牽海盜集團剿滅，受封三等男爵，死後給予諡號剛勇，[253]極為榮典。

後浦屬於金門一隅，在不同時期，曾隸屬於同安縣及馬巷廳。明代以降，金門成為海防重鎮設金門守禦千戶所，同時也是貿易興盛的地方。金門因資源有限，居民久居海濱，在耳濡目染之下自然具備了海洋技能，入海為商、捕魚、從軍，是選擇職業的主要選項之一。1791 年（乾隆 56 年 10 月），時年二十三歲的邱良功，選擇了從軍，開啟了軍旅生涯，至金門鎮標右營右哨擔任水師兵丁。從軍初期雖未馬上立有戰功，但謙虛好學，累積許多經驗，為金門鎮總兵李芳園所器用。1795 年（乾隆 60 年 3 月）追隨金門鎮總兵李南馨（？-1801）出洋巡緝，於四月初七日在銅山蘇尖洋面（今福建省東山縣烏礁灣一帶）與盜匪激戰，邱良功奮勇殺敵，拿獲盜犯許江等二十二名及海盜船兩隻，拔補外委。[254]雖然只是最小的武弁，但卻開啟了一生的官宦之路。

參、由行伍建功再升把總

水師升遷速度雖然優於陸師，然也需有功績以為考核之準則，這些功績皆是拿命拼得，極不容易。尤以行伍出身，欲得到肯定，授予官職，更為難得，往往未謀得一官半職前即已身亡。因此能夠晉升者除武藝高超具有智謀之外，具備膽識亦不可或缺。清廷為了鼓勵兵丁奮勇殺敵，贏得勝利，頒布了優渥的升遷條例，清代會典載：登跳頭等船。為首者，授拜他喇布勒哈番。其次者，授拕沙喇哈番。第三第四第五者，註冊。登跳二等船，為首者，授拕沙喇哈番。第二、第三、第四者，註冊。登跳三等船，第一、第二、第三者，俱註冊。俟後得功積至三箇頭

---

[253]〈原任提督邱良功履歷冊〉，《清國史館傳包》，臺北：國立故宮博物院藏，第702001505 號。

[254]國立故宮博物院藏，〈邱良功列傳〉《國史大臣列傳次編》，故殿 017652。

等者，准授官職。[255]康熙十三年議准，水師兵丁登一等舟第四人者，賞銀四十兩，授把總。邱良功在這些條規的激勵之下，於嘉慶二年，在祥芝洋（今福建省石獅市祥芝鎮）先登盜船，拏獲賊匪三十餘名，再遷把總，在仕途上再升一級。

表4-1 綠營水戰登船獎賞表

獎賞銀 獎賞資格	一等船賞銀	二等船賞銀	三等船賞銀
登船第一人	100 兩	80 兩	60 兩
登船第二人	80 兩	60 兩	40 兩
登船第三人	60 兩	40 兩	——
登船第四人	40 兩	——	——

資料來源：托津，《欽定大清會典事例‧嘉慶朝》，卷 480-482，〈兵部〉，〈軍功議敘〉。
《清朝文獻通考》，卷 179，〈兵〉1。

肆、革除頂戴

　　剿滅海盜不是一件容易在短期間完成之事，因為海盜飄忽不定，而海上之水流、海象又詭譎多變難以預測，即便遭遇海盜，但如在駕船、圍捕時稍有疏忽不完善之處，便可能無法將海盜一網打盡，讓他們逃脫。如此一來，許多水師官弁免不了受到責罰。接任把總之後的邱良功，更加奮不顧身，時常身先士卒。在剿捕海盜方面頗有成效。1799年（嘉慶4年4月24日），追隨金門鎮總兵李南馨在海壇草嶼洋拿獲洋匪吳秤等十六名，獲賞千總頂戴。1800年（嘉慶5年5月），拔補銅山營千總。1801年（嘉慶6年8月）又升水師提標中營守備。1803年（嘉慶8年9月），閩浙總督玉德（？-1808）檄行邱良功年壯技嫻，明白水務，曾經在洋獲

---

[255] 崑岡，《欽定大清會典事例‧光緒朝》，〈吏部〉，卷 142，〈吏部〉126，〈世爵〉，〈水戰議敘〉，頁 814-2。

盜出力，以之陞補水師提標左營游擊。[256] 二個月後閩浙總督玉德再度以其奮勇出力，保奏堪勝參將之任。1803 年（嘉慶 8 年 12 月）署理烽火營參將，[257] 雖然不是實授而只是署理，但也代表其上司對其表現是肯定的。

邱良功在剿滅海盜的過程中，雖屢屢有佳績，官運亨通扶搖，但也難免遇到讓海盜兔脫或其他弁殉職之事的發生，也受到了責罰。署理參將之後，不順遂情事也就接踵而來，其中雖有誤解遭革職，但亦有疏忽讓蔡牽脫逃之事。1840 年八月，因蔡牽在洋面拒捕，並殺害溫州鎮總兵胡振聲（? -1804）。朝廷究責相關水師將領因未能及時救援，因此，海壇鎮總兵孫大剛、署副將蔡安國、張世熊、邱良功等人，均遭到革除頂戴但予以留任的處罰。然而朝廷再次詳細查明事情原委之後，證實非邱良功之過，故賞還頂戴，免除其罰。

1805 年（嘉慶 10 年），金門鎮總兵吳奇貴與閩安協副將張世熊，於追捕蔡牽期間，屢因風狂浪大為由不具前往緝捕，經總督執令箭催促仍藉故觀望，遭到革職查辦。因此緣故，閩安協副將一職由邱良功署理，旋即與金門鎮總兵許松年（1767-1827）至臺灣剿捕蔡牽。追至小琉球洋面時，邱良功見臺灣水師協外委許元良等二船遭賊圍堵，因為前往救援，此時總兵許松年舉旗，招邱良功攏幫圍剿蔡牽，但邱良功不聽調遣，乃致蔡牽逃匿。事後，邱良功革職查辦，但審訊之後了解簡中原因，以救援故不及攏幫，其情可免，官復原職。

1805 年（嘉慶 10 年 10 月），邱良功由閩安協改署理臺灣水師協副將，並追隨李長庚剿捕蔡牽。這也是邱良功得以跟隨李長庚身旁學習戰術與謀略的機會。1806 年（嘉慶 11 年正月），李長庚命邱良功於安平防守，以便蔡牽船隻至安平時得以攔截。同年三月，雖然邱良功攻破洲仔尾賊巢，斬獲海盜甚眾，但首腦蔡牽乘隙逃逸，邱良功又遭革職但仍可帶罪立功。

---

[256] 國立故宮博物院藏，《兵部造送邱良功履歷冊》，故傳 009858。
[257] 國立故宮博物院藏，〈邱良功列傳〉《國史大臣列傳次編》，故殿 017652。

1806 年（嘉慶 11 年 5 月），蔡牽又再度進入鹿耳門，邱良功與張見陞（？-1813）及王得祿合力圍剿。邱良功首先衝入敵陣，擒殺海盜及擄獲賊船及礮位甚多，因而正式加封副將銜，並賞戴花翎。[258]

伍、剿滅朱濆匪黨有功再升副將

雖獲得加封副將銜，但卻未給予實授，只是繼續署理。但邱良功並不因此而氣餒，反而更戰戰兢兢，等待時機立功。1807 年（嘉慶 12 年），海盜朱濆（1749-1808）逃竄至臺灣北路淡水一帶海域，邱良功帶領臺灣水師追至雞籠，與海盜激戰，擒殺賊匪及焚毀賊船無數，[259] 使得朱濆賊幫勢力受到重挫，爾後遭許松年擊斃。

邱良功這數年間剿捕的海盜對象為蔡牽，也因為打擊蔡牽累積功績得以晉升至具備副將銜，但卻一直無法真除，反而在因緣際會之下剿捕朱濆再立戰功，得到朝廷之肯定。1808 年（嘉慶 13 年正月），朝廷授與臺灣水師協副將，[260] 結束了長達三年署理副將的時期。

陸、擢定海鎮總兵

邱良功經歷了這一段署理副將期間的歷練後，累積更多戰功，其努力也受到肯定，官運再度亨通。因此在未及就任臺灣水師協副將之前，於同年六月又升任定海鎮總兵。然而總兵亦堪稱封疆要員，掌握數千兵力，重要性可見一斑，因此，除了閩浙官員保薦以外，兩廣總督吳熊光

---

[258]《明清史料戊編》，第六本，兵部「為內閣抄出福州將軍賽沖阿奏」移會，頁 513-2。

[259]《明清史料戊編》，第六本，兵部「為內閣抄出福州將軍賽沖阿奏」移會，頁 540-1。

[260]《清仁宗睿皇帝實錄》，卷之一百九十一，嘉慶十三年正月 16，頁 524-2。

（1750-1833），亦引用李長庚所言：「閩浙二省水師將備，據云惟邱良功最為出色，其次項統亦熟悉水務，堪以造就」，[261] 給予邱良功很高的評價。顯見，邱良功的能力與努力已經受到肯定，因此得以接任定海鎮總兵。[262]

柒、授浙江提督

　　浙江提督為一水陸提督，但在 1662 年至 1679 年間，浙江曾設置水師提督，共有兩任。第一任於 1662 至 1668 年，由張杰（？-1668）擔任，張杰亡故後即裁撤。爾後於 1675 年復設，由常進功（？ 1686）擔任，常進功遭解職之後，浙江水師提督一職即裁撤，不再設置。浙江的水師事務委由浙江提督統領，故浙江提督兼管水師。因此嘉慶當時委由李長庚擔任浙江提督，除了任官迴避制度的考量外，能同時兼管水陸，便宜指揮，亦不失為良策。

　　李長庚陣亡後由何定江接任浙江提督，當時邱良功接任其遺缺定海鎮總兵，然而，1808 年浙江水師提督何定江（？-1808）病故，在浙江巡撫阮元的保薦之下，邱良功再次補授何定江遺缺，於 1809 年 3 月 1 日接任浙江水師提督。[263]

---

[261]《宮中檔嘉慶朝奏摺》，〈奏為續報鎮臣林國良剿賊傷亡現在飛飭查辦具奏〉（附件：奏報邱良功等熟悉水務堪以造就事），404011111。國立故宮博物院藏，兩廣總督吳熊光、廣東巡撫孫玉庭奏，〈為續報鎮臣林國良剿賊傷亡現在飛飭查辦具奏〉，嘉慶 13 年閏 05 月 27 日，故 096955。

[262]《清仁宗睿皇帝實錄》，卷之一百九十七，嘉慶十三年六月 3 日，頁 606-1。

[263] 國立故宮博物院藏，〈閩浙總督阿林保推薦邱良功接任浙江提督〉，文獻編號 404013373。

捌、晉封男爵

　　為了更有效力的緝捕海盜，清廷水師開始由分擊改為合擊，王得祿與邱良功水師專責剿滅蔡牽。1809 年（嘉慶 14 年 8 月 17 日）黎明，官軍在漁山外洋外（浙江臺州外海），發現蔡牽海盜船十餘隻在此游弋，邱良功與王得祿所率領之水師先後抵達。邱良功與海盜搏鬥時，座船被蔡牽使用大椗札住，亦被海盜用鎗戳傷。爾後，王得祿率軍趕至，並將戰船與蔡牽座船並攏，近距離轟擊，海盜船因砲彈接濟不順暢，遂使用佛銀代替砲彈繼續對水師戰船轟擊，王得祿因而被擊傷。此時，千總吳興邦等人奮不顧身，對蔡牽座船投擲火斗及火罐，將蔡牽座船舵邊及桅樓燒毀，頭巾及插花亦被打落，蔡牽座船動彈不得。此時王得祿再使用坐船衝斷蔡牽船隻後舵，蔡牽眼看無法脫身，大勢已去，皆同蔡牽媽[264]及部分海盜自沉坐船落海沉沒。根據被捕海盜及難民口供，得知蔡牽在落海時，手足皆被火藥燒傷，再落海淹斃。

　　邱良功此次因奮戰不懈，將蔡牽逼至絕境，殲滅首惡，並將其黨羽一網打盡，可謂忠勇可嘉。嘉慶皇帝加恩晉封男爵，仍賞給白玉翎管一個，白玉四喜搬指一個，金累絲搬指套一個，大荷包一對，小荷包兩個。

玖、將星殞落

　　朱濆、蔡牽以及廣東旗幫海盜結束於歷史洪流之後，東南沿海一帶雖不再出現較大之海盜集團，但零星的沿海劫掠事件卻不曾間斷。邱良功未因剿滅蔡牽後而自滿，反而不時提醒自己居安思危之重要性。1811年（嘉慶 16 年），入都陛見，得到嘉慶之讚揚。回任浙江提督後，旋即復

---

[264] 蔡牽媽為蔡牽的妻子，依照資料紀錄，有數個不同的人。

出巡洋，遇盜不避危險，即使坐船毀損，亦奮不顧身，勇往直前，如當年捕獲蔡險、郭魁、虞煥章、徐進才、翁阿三、葉三豹、邱合發、癩頭四等海盜。1812 年，又捕獲陳登、陳烏青、施阿興、蔡勝玉、王有升、駱阿楚、孔阿三等。1813 年，又獲陳彩能等。1814 年，迭獲胡時智、柴武魁、王文星、陳祖金等。1815 年，又獲梁成起、洪啟大、郭乃妲、陸瑞倫、舒玉燕等。1816 年，又獲何金鳳、陳得奇、潘永光等。1817 年，又獲張和尚、梁阿川等。由此顯見，邱良功雖位居綠營最高將領，但還是不斷的身先士卒，報效國家，鞠躬盡瘁。即便未出海捕盜，但對於出洋護漁，[265] 或者訓練兵丁，皆勤奮不懈怠。

1817 年（嘉慶 22 年）邱良功進京入覲皇帝，不料於回任途中，於七月十九日於山東地區患感冒、風寒再染瘧疾，因醫治罔效，八月三十日病故於揚州瓦窯舖（今江蘇省揚州市廣陵區泰安鎮），與世長辭。[266]

拾、照提督例祭葬

祭葬是對於往生官員的最後尊崇，清代對於官員的祭葬，歷朝規定各有不同。乾隆十一年議定，公、侯、伯、子等官，襲爵後不兼他職行走者，遵照定例，停給葬銀，止給一次致祭銀。或兼他職者，照定例給予全葬、半葬，並應否予諡，吏部題請欽定。[267]

邱良功因剿滅蔡牽海盜，以及靖海疆有功，在其逝世之後，朝廷給予高規格之祭葬。這也是清代金門第一人享有此等榮耀之武將，一切規格比照一品官員之例。依照大清禮律儀制規定，職官一品，塋地九十步，墳高一丈八尺。塋前石像，石人二，石馬二，石虎二，石羊二，石望柱二。邱良功塋地於 1819 年（嘉慶 24 年己卯 8 月）完成。爾後，另一位平定蔡牽海盜三等子爵王得祿於道光朝逝世後，亦與邱良功同樣享有同等級之祭葬。

---

[265] 《宮中檔嘉慶朝奏摺》，〈奏為漁汛屆期奴才出洋督護並巡察通省洋面起程日期恭摺奏〉，文獻編號 404018312。

[266] 《軍機處檔摺件》，〈奏聞浙江提督邱良功病故事〉，05300 號。

[267] 崑岡，《大清會典事例》，〈禮部〉，卷四百九十九，頁 772-2。

表 4-2 邱良功大事年表

時間	事由
乾隆 34 年	誕生於泉州同安後浦鄉
乾隆 56 年	時年二十三歲，開啟了軍旅生涯，任金門鎮標右營右哨兵丁。
乾隆 60 年	拔補金門鎮標右營外委
嘉慶 2 年	升補金門鎮標右哨二司把總
嘉慶 5 年	銅山營千總
嘉慶 6 年	福建水師提標右營守備
嘉慶 8 年	福建水師提標左營游擊
嘉慶 8 年	護理烽火營參將
嘉慶 9 年	因溫州鎮總兵胡振聲陣亡，革職留任。
嘉慶 10 年	護理閩安協副將
嘉慶 10 年	護理臺灣水師協副將
嘉慶 13 年	臺灣水師協副將
嘉慶 13 年	六月遷浙江定海鎮總兵。
嘉慶 14 年	正月，升任浙江提督。
嘉慶 14 年	八月十七日黎明，抓捕蔡牽，蔡牽自沉亡。封三等男。
嘉慶 22 年	薨於回任途中，享年四十九。

第二部
船難與信仰

第五章
臺灣海域的航線與沉船熱區

壹、前言

　　航線的形成主要是依照人類對於船舶結構的提升，航海知識的理解而逐漸形成。帆船時代是由帆藉助風力以及洋流的走向航行；動力船時代，可藉由機械動力自由航行。而初期的動力船階段雖由機器動力取代帆裝，但安全航路尚未建構完成，因此航行中的船舶還是必須依據安全的航線進行。待 GPS（Global Positioning System, 全球衛星定位系統）建構完成，船舶的航行就依據導航系統指示航行，更能提高其安全性。

　　即便科技進步，讓航行的船舶安全性提高，但海上狀況訊息萬變，諸如強風、潮汐、暗礁，都將讓船舶在航行時驚險萬分。任何船隻都是無法抵擋大自然的力量，因此船舶遭難事件時有所聞，只是自然發生的船難事件隨著科技和船舶結構的穩定，減少不少。

　　臺灣所擁有的海域遼闊，根據資料統計，帆船時代的沉船熱區主要以固定航線和港口周邊為多，當然亦有部分船舶在這兩個熱區以外的區域發生遭難事件。每一艘船所發生的船難事件原因皆不同，有時因強風或戰爭，或是其他因素，因此每個船難有著不同的故事內容。

貳、十七世紀期間的東亞航線

一、明朝航線

　　元代以前的外海航線主要有兩個部分，第一個航線是長江口以北至天津和往日本的航線，這條航線主要是北方貿易為主。第二個航線是往東南亞和印度洋航線，這個航線主要是沿著海岸線至東南亞、印度及阿拉伯等地。而這條路線會經過金門和部分的馬祖群島海域，但與臺灣本島的關聯性亦不大。但有些不是固定或經常性的航線會來到臺灣周邊，但鮮有紀錄。目前這部分可以在十三行遺址中發現，該地有宋代的考古遺跡和遺物。

　　明朝之後的外海航線更為多元，此時期的航線（以中國港口為出發點）大概有三個方向，其一，往東南亞；其二，往琉球、日本；其三，往菲律賓。這個時期往來的人們主要以商賈為主，部分的移民者。這些透過正常程序的貿易者，也比較有詳細的資料紀錄可以提供參考，了解它們往返時間，和載運貨品情況。但如果是走私貿易，則相關內容的紀錄就相當有限。

　　往東南亞的航線除了中式帆船之外也會有琉球、日本船和西洋船，如果放洋的船舶是福建以北的船隻，將會經過基隆、淡水洋面，東沙洋面、南沙洋面周邊。往菲律賓的航線，主要由福建和廣東出發為主。從這兩地出發的航線各有不同，從廣東到菲律賓航線將經過東沙海域，從福建出發者將經過金門、澎湖、臺灣西部地區。福建往日本、琉球的船隻，將經過臺灣北部海域和馬祖海域。因此馬祖、金門、臺灣東西部海域、澎湖、東沙等地，皆是船舶往來的熱區。

　　臺灣四面環海，百年以來各地皆有國際港口及其他功能性的停泊港，因此臺灣四周的航線相當綿密。元代在澎湖設巡檢司，對於澎湖已有相當程度的了解，如《島夷誌略》載：「島分三十有六，巨細相間，坡

隴相望，乃有七澳居其間」。[268] 澎湖周邊島嶼也就成為當時的導航指標，亦是明朝所稱的東洋針路其中的一站。到了十六世紀以後的航海時代，往來東亞海域的船舶更多，此時期也開發了更多新的航線，澎湖各個島嶼、臺灣西部、臺灣最南端、臺灣北邊的淡水、基隆、花瓶嶼、釣魚臺、馬祖列島、烏坵等，都是航行的路線之一。因為澎湖地區為主要的航線區域，遭難船舶也多，因此有許多豐富的出水遺物。[269] 另外，金門的地理位置也非常重要，從廈門或漳州放洋，都會經過金門、烈嶼，所以金門的相關地景也成為重要的航海指標，同樣的金門周邊海域也會有比較多的船舶遭難事件。

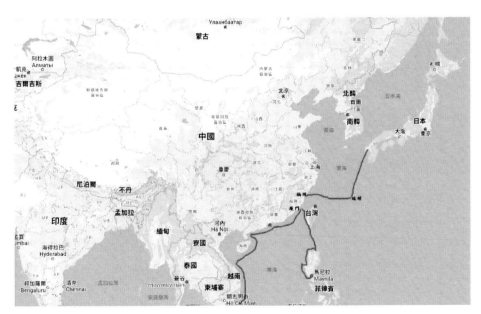

圖 5-1 明朝開港前的主要航線圖
資料來源：依據《明實錄》、《耶魯海圖》、《鄭和航海圖》等資料繪製。
說明：福州那霸的船舶主要是封舟船，那霸往日本的船則是一般的貿易船或往來薩摩藩的船。

明朝的海外航線，可以分成官方和民間航線兩個部分。官方航線在

---

[268] [元] 汪大淵著，蘇繼廎校譯，《島夷誌略》（北京：中華書局，2000），頁 13。

[269] 陳信雄，〈澎湖歷史發展的獨特性－獨特的分期與特性〉《思與言》33:2 1995.06，頁131-156。

鄭和下西洋之後就確定下來，如從龍江船廠之後經福建五虎門、烏坵、太武山、浯嶼、南澳，再進入廣東，[270] 這些路線也會經過臺灣海峽，並進入東沙海域和南沙海域。此條航線則是從中國黃海至東南亞的南北向航線，東西向航線的開啟則因元朝於澎湖設巡檢、明代設置遊兵之後成為航線之一。此時期的航線並非常態，主要是在春夏兩季官方船舶才會往來廈門和澎湖之間，這條航線也成為閩臺航線的濫觴。

在民間航線方面，可分為商船、漁船和海盜船的航線。商船和漁船有固定航線，但資料未必齊全，[271] 海盜船則無固定航線，難以確認。雖然明朝政府規定片板不許入海，但還是有航商透過申請或走私與海外進行貨物交易，在未開放海禁之前，都是以上述情況為主。1567 年（隆慶元年）海禁開放，使得民間的海外貿易更為熱絡。從 1589 年（萬曆 17 年）起，航向東西洋的船各限定為 44 艘，合計 88 艘，其中呂宋定為 16 艘。[272] 從 1570 年以後的統計資料來看，中國每年至菲律賓的船舶皆有數十艘，這些船隻來自於廣東與福建兩地為多。[273] 從資料上來看，有船引者超過 110 艘。[274] 當然，除了這些主要航線之外，部分船舶也會走臺灣的東部海岸線，從綠島、蘭嶼周邊經過，因此這兩處地點也都出現在航海圖上。

帆船時代的點對點航線，因為季風和洋流的關係，有些區域的來往航線是不同的。在一般的情況之下，南北向的航行，去和回的路線變化較小，但東西向的航線，因為要經過南北向洋流，因此在去程和回程也都會經過不一樣的地方，航線各有不同。

---

[270] 向達校注，《鄭和航海圖》（北京：中華書局，2000）。

[271] 民間船舶大部分都有屬於自己的航行海圖，這些海圖有些是自己製作有些則是參考其他海圖製作。如澎湖漁民所留下來的《海不揚波》航海圖。

[272] 李金明，《明代海外貿易史》（北京：中國社會科學出版社，1990），頁 116-117。

[273] 李隆生，《晚明海外貿易數量研究》（臺北：秀威資訊科技，2005），頁 136-138。

[274] [明] 張燮，《東西洋考》（北京：中華書局，2000），餉稅考，頁 131-154。

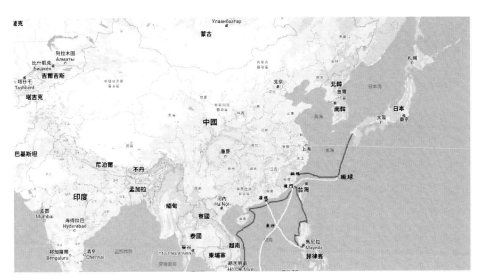

圖 5-2 明朝開港後所增加的主要航運路線（黃線部分）
資料來源：依據《明實錄》、《耶魯海圖》、《鄭和航海圖》、《海不洋波》、荷蘭檔案資料等資料繪製。

　　依照《東西洋考》紀載，「西洋針路」由鎮海衛[275]太武山開始航行，經過金門大膽島至南澳，再沿著海岸線到中南半島。[276]「東洋針路」，則同樣由太武山，經過澎湖、臺灣西部，沿著海岸線至最南端的沙馬頭澳，經過巴士海峽抵達菲律賓北部，最後抵達汶萊。[277]兩種海道針經的東西洋航線也是和《東西洋考》差不多的。其〈各處州府山形水勢深淺泥沙地礁石之圖〉記錄了沿海地區船舶航行的山形水勢紀錄，從福州五虎門出洋，經過烏坵、湄洲島、泉州、崇嶼、南澳、惠州、上川、下川島、西沙群島再往越南北邊航行。[278]從福建或廣東往西洋的針路，大抵皆從這些區域經過。

　　福建到琉球、澎湖、臺灣和菲律賓的航線去程和回程不同，福建往

---

[275] 明朝鎮海衛，約在今日福建省漳州市龍海市。

[276] [明] 張燮，《東西洋考》，頁 171-172。

[277] [明] 張燮，《東西洋考》，頁 182-184。

[278] 向達校注，《兩種海道針經》（北京：中華書局，2000），頁 31-33。《順風相送》為明朝作品、《指南正法》為清朝作品。

琉球的海外貿易路線，去程則由太武山出發，經烏坵、臺灣北部、彭佳嶼、釣魚臺再到日本琉球。[279] 福建回琉球，則先到浙江，經定海千戶所，[280] 再沿海岸線往南至福州。福建往澎湖的航線，如果從湄洲北邊啟航，經湄洲島最南端之後，直接切往澎湖的西嶼，再進馬公港，[281] 回程路線大致上相同。

太武往呂宋，則先到澎湖，澎湖到臺灣的航線可從馬公或東吉等地前往。從澎湖渡過黑水溝之後航向臺灣，看到虎仔山後，沿著海岸線往南至沙馬岐頭，再經過巴士海峽到菲律賓北部的大港，[282] 之後再沿著菲律賓西部海岸線至呂宋馬尼拉。其回程的航線指標亦是沙馬岐頭、澎湖、太武山、峿嶼。

往東南亞的航線，在航海知識和技術逐漸提升之後，也陸續發展出更多的路線，西沙群島也逐漸成為一個航海指標區域，或者是一個短暫停留的地點。因此從《耶魯海圖》以及《古航海地圖考釋》[283] 的資料上可以了解，航線雖有變化，但主要的導航座標變化並不大。當然這些新航線，也必須要配合各個不同時期的季風、洋流等因素進行調整，以最有利的航線來進行船舶的航行。

明朝海禁開放之後，商船增加，貿易熱絡，自然也成為海盜覬覦的對象。海盜除了搶船之外，也自行開發航線，當然部分航線會與商船航線重疊，如從浙江到臺灣至菲律賓的航線，是林鳳時常往來的路線。[284] 因此由各種航海者開發的航線越來越多。中國往東南亞航線、菲律賓航線（經過澎湖和臺灣西南部）、東洋航線（廣東船往日本經過澎湖北面和淡

---

[279] 向達校注，《兩種海道針經》，頁 65-66。

[280] 向達校注，《兩種海道針經》，頁 98。

[281] 向達校注，《兩種海道針經》，頁 87。《海不洋波》手稿。

[282] 向達校注，《兩種海道針經》，頁 88。

[283] 《耶魯海圖》和《古航海地圖考釋》皆為東亞海域的海圖，可參閱鄭永常，《明清東亞舟師密本：耶魯航海圖研究》（台北：遠流事業出版股份有限公司，2018）。

[284] 岩生成一，〈在台灣的日本人〉《國立中央圖書館台灣分館館刊》1998 年，第 5 卷，第 2 期，頁 78。

水、基隆洋面，福建泉州和金門船舶往日本、琉球也將經過淡水和基隆
洋）皆慢慢確認下來。1628 年（崇禎元年）以後，福建巡撫沈猶龍（？-
1645），准許十餘艘載滿貨物的海船出洋，其中三艘往巴達維亞，一艘
往柬埔寨，其餘往馬尼拉，[285] 即是不同的航線。

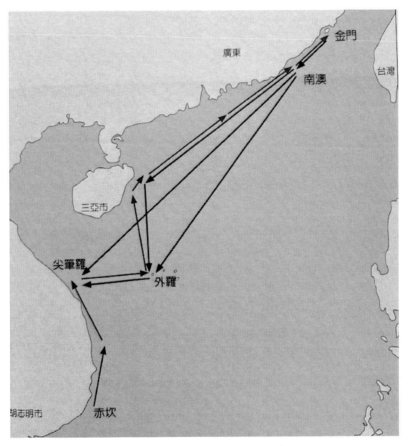

圖 5-3 從赤坎至金門來回航道路線示意圖
說明：紅字為耶魯海圖地名，藍字為現今地名
資料來源：鄭永常，《明清東亞舟師密本：耶魯航海圖研究》
（臺北：遠流事業出版股份有限公司，2018），頁 151。

---

[285] 鄭永常，《來自海洋的挑戰：明代海貿政策演變研究》（台北：稻鄉出版社，2004），頁
344。

在臺灣本島方面，臺灣之有常態性對外交通，約從 16 世紀算起，許多的船舶陸續在此間區域活動。當時，位於東亞海域以臺灣為迄點的航路，另一邊端點分別在中國（以福建為主）與日本（以九州為主）。利用這兩條航路的中國人與日本人，來到南臺灣或北臺灣，從事「會船點貿易」。[286] 但這個階段的臺灣，主要是外籍船隻來到臺灣貿易，或中國船經過臺灣，轉往其他地方貿易。如 1622 年，每年約有 2-3 艘的日本船到臺灣貿易，有 3-4 艘的中式帆船到臺灣之後再將所載的生絲賣給日本人。[287] 雖然此時貿易船隻數量不多，但他們已經開發了貿易路線，提供給往後的航行者參考。

二、西、荷航線

西班牙和荷蘭在東亞的航線並不相同，荷蘭人主要是以達伽馬（Vasco da Gama）航線為基礎，後來新開闢從開普敦經模里西斯經印度洋至巴達維亞的路線。至巴達維亞後，再經過南海到東北亞。這兩條航線也都是配合季風和洋流航行，一條經蘇拉維西群島（Sulawesi）、菲律賓、澎湖再到日本，另一條則沿中南半島沿海經澎湖至日本。因此依照貿易路線之需要，可採取不同的路線進行。

西班牙人來到亞洲的航線主要由墨西哥經太平洋往臺灣東岸至菲律賓，亦即是北太平洋航線。另外從菲律賓往東南亞到印度西南城市果阿（Goa）的航線則會經過南海海域，往日本或中國的航線則會經過臺灣西部和澎湖海域。該時期西班牙人往日本及澳門的船舶主要是乘坐葡萄牙船或暹羅等國船隻。[288] 如暹羅船曾經搭載 100 多名西班牙人，由東南亞轉往

---

[286] 陳國棟，《臺灣的山海經驗》（臺北：遠流出版事業股份有限公司，2005），頁 86。

[287] Groenveldt, De Nederlanders in China, De eerste bemoeiingen om den handel in China en de vertining in de Pescadores （1601-1620）, Gravenhage, 1898. p. 102.

[288] 1580 年西班牙國王菲利普二世兼併葡萄牙，澳門也隨著整個葡萄牙王國名義納入西班牙帝國的版圖之內，因此西班牙人會乘坐葡萄牙的船往來。李毓中，〈明鄭與西班牙帝國：鄭氏家族與菲律賓關係初探〉《漢學研究》16 卷 2 期，1998 年 12 月，頁 31。

日本，但在澎湖遭難。[289]

　　荷蘭人和西班牙人未到東亞海域之前，臺灣海域周邊已經有中國人、琉球人、日本人等在這個區域進行貿易。中國商人往南到東南亞、往北到至琉球、日本，往東到菲律賓貿易。因此以臺灣為中心的東亞海域的船舶往來是相當熱絡的，所以臺灣海域才會有很多的遭難船舶。

　　16 世紀初葡萄牙人佔領麻六甲之後，開始往東洋海域地區移動，也開展了東洋航線。明代時期，將當時的航線劃分成東洋航線、西洋航線進行區分。而東、西洋的分界線為婆羅洲的汶萊，汶萊以北稱東洋，以南稱西洋。[290] 中國到菲律賓航線也是屬於東洋航線。此時期的葡萄牙航海家曾經過臺灣海面，從海上遠望臺灣，山嶽連綿，森林蒽翠，殊屬美觀，稱讚「Ilha Formosa」，臺灣的地理遂為歐洲人所認識，名字亦出現於歐洲書籍和地圖中。[291]

　　以東亞海域的東西航線為例，可以分為中國至菲律賓航線；中國至臺灣航線；中國至琉球和日本航線。菲律賓地區在西班牙人還沒來以前，就已經是中國海商活動的地點之一，在馬尼拉一帶皆可看到中國帆船在此地貿易，島上也有許多華人移居於此。西班牙人佔領馬尼拉之後，控制了貿易權，與島上華人相處的情況並不融洽，島上發生四次華人被屠殺的慘案。[292]1574-1575（萬曆 2 年 -3 年間），海寇林鳳攻擊馬尼拉，[293] 雖然島上有華人協助幫忙，但最後還是不敵西班牙，林鳳離開了菲律賓。西班牙本想藉著打敗林鳳，將林鳳的頭送給明廷，如此一來，就有機會得到明廷的關注，進而與中國進行貿易，但最後還是無法逮獲林鳳，所

---

[289]《熱蘭遮城》第二冊，頁 318、324、332、335 等。

[290] [明] 張燮著，謝方點校，《東西洋考》（北京：中華書局，2000），頁 102。

[291] 曹永和，《臺灣早期歷史研究》（臺北：聯經出版事業公司，1997），頁 300。

[292] 有關西班牙於馬尼拉大屠殺問題請參閱陳國棟，〈馬尼拉大屠殺與李旦出走日本的一個推測 （1603-1607）〉，《臺灣文獻》第 60 卷第 3 期（南投：國史館臺灣文獻館，2009 年 9 月），頁 33-62。

[293] 陳荊和，《十六世紀之菲律賓華僑》（香港：新亞研究所東南亞研究室，1963），頁 31-34。

以他們的如意算盤也無法實現。[294]

　　西班牙在亞洲的活動，早於荷蘭數十年。在十六世紀晚期，西班牙佔領菲律賓之後，以馬尼拉為中心，向各地進行貿易。因為在菲律賓拓展行動穩固之後，福爾摩沙島的重要性，立即引起西班牙人的注意，認為它的地理位置，未來可以使得它成為貿易的樞紐以及前往中國及日本的傳教中心。[295] 當時西班牙人會搭乘葡萄牙船走臺灣東岸、琉球至日本九州航線，回程走臺灣西部航線。1639 年之後，葡萄牙船也全面禁止到日本。可以到日本貿易的船只剩下中國人和荷蘭人。[296] 事實上，西班牙佔領菲律賓之後，經由馬尼拉已有大批的白銀經海上貿易來到中國。[297] 在 1565 年起，中國船到馬尼拉貿易也持續增加，每年通常 10 多艘，多則 40-50 艘。[298]

　　馬尼拉貿易除了從美洲來的船隊以外，在 1640 年以前，亦有商船來自葡屬印度的果阿（Goa）、高知（Cochin）、科羅曼德爾海岸的 Nagapattinam 等地。這時期所使用的船隻類型以 Galeota 居多，Patache[299] 次之，以及 Fragata 和西班牙皇帝所屬的帆船。[300] 這些從南亞至馬尼拉的葡萄牙船舶，部分航線會經過我國所屬的南海海域。

　　荷蘭至亞洲的航線主要是跟隨達伽馬（1469-1524, Vasco da Gama）路線，沿著歐洲西岸往南，再沿著非洲西岸，繞過非洲最南端好望角後來

---

[294] 伯來拉、克路士等著，何高濟譯，《南明行紀》（臺北：五南圖書出版公司，2003），頁 23-27。

[295] 荷西.馬利亞.阿瓦列斯，李毓中、吳孟真譯注，《西班牙人在臺灣（1626-1642）》（台北：國史館台灣文獻館，2006），頁 27。

[296] 鄭永常，《來自海洋的挑戰：明代海貿政策演變研究》，頁 353。

[297] 全漢昇，〈明清間美洲白銀的輸入中國〉《中國經濟史論叢》（香港：新亞研究所，1972）。

[298] A. Felix, Jr., The Chinese in the Philippines 1570-1770 （Vol.1）, Manila: Solidaridad Publishing House, 1966, pp. 42-43

[299] 方真真，《華人與呂宋貿易（1657-1687）》，頁 58。

[300] 方真真，〈十七世紀馬尼拉與南亞的貿易研究〉《成大歷史學報》第五十三號，2017 年，頁 188。

到亞洲。但在經過好望角之後，荷蘭往亞洲的航線將分兩個部分。第一次航行的路線是直接經過模里西斯，再從澳大利亞西面，穿越巽他海峽至香料群島、南海等地，再往北至臺灣及日本。[301]

　　1619 年荷蘭人佔領巴達維亞，荷蘭人亦在十六世紀晚期來到東亞海域，1623 年（天啟 3 年）4 月，明廷派遣洪玉宇與荷蘭人一起到臺灣島北部勘察，但荷蘭人認為那邊不適合泊船。[302] 洪玉宇在抵達澎湖前即遭遇海盜襲擊，因此未完成與荷蘭人到臺灣勘察良港的任務，對荷蘭稍事敷衍即返回中國，回國後謊報荷蘭人已拆除澎湖城並到達臺灣。[303] 然而，荷蘭人當時根本沒離開澎湖，仍繼續在澎湖一帶進行貿易，因此對臺灣沿海航線有一定程度的了解。如當時的荷蘭船厄拉斯莫斯號（Jacht Erasmus），於 1624 年 12 月 13 日從臺灣出發，至 1625 年 1 月 3 日到達巴達維亞。[304] 荷蘭人在臺灣時期主要進行三角貿易，以臺灣為轉口站，進行中國、日本、南洋等地的商品交換。而鄭芝龍亦是經營此間貿易，保護從東南亞返航的篷船。[305] 往後澎湖由鍾斌和劉香控制，但 1634 年劉香被鄭芝龍殲滅。此後，澎湖已實際上成為臺灣對外貿易的輔助港，也是荷蘭在東亞貿易的中途轉運點。[306]

　　1641 年荷蘭人打敗葡萄牙，佔領麻六甲，控制麻六甲海峽，在東南亞地區設立更多商館。1869 年以後，蘇門達臘北端的海盜活動變得迫不可待，往來歐洲的船隻都開始經過麻六甲海峽，[307] 因此荷蘭船舶航運路線

---

[301] 霍爾，《東南亞史》（北京：商務印書館，1982），頁 392。

[302] The Formosan Encounter, V01. 1, 頁 3；陳宗仁，《雞籠山與淡水洋》（臺北：聯經出版事業公司，2005），頁 100-101。

[303] 包樂詩，〈明末澎湖史事探討〉，《臺灣文獻》24：3（臺中：臺灣省文獻委員會，1973），頁 51。

[304] 曹永和，《中國海洋史論集》（臺北：聯經出版事業公司，2000），頁 103。

[305] 鄭維中，《海上傭兵；十七世紀東亞海域的戰爭，貿易和海上劫掠》（台北：衛城出版，2021），頁 201。

[306] 鄭永常，《來自海洋的挑戰：明代海貿政策演變研究》，頁 346-347。

[307] 卡迪，《東南亞歷史發展》（上海：上海譯文出版社，1988），頁 465。

將從非洲東南端的馬達加斯加島右路航線，經再至印度至麻六甲海峽至東南亞，再至東北亞區域。

這兩條路線先後成為荷蘭人來到東方的主要路線，當然荷蘭人也會隨著季風及其他海上因素的發生，隨時改變其他航線。但這樣的情況卻不多見，因此這些固定航線的周邊，就成為船舶往來的航道了。在改變原有航道或第一次新航行的過程中，對水道與天氣不確定因素，是船舶最容易發生船難事件的主因。

圖 5-4 荷屬東印度公司十七世紀在亞洲主要航線圖
圖片來源：李其霖繪

荷蘭佔領臺灣南部之後，西班牙為了節制荷蘭，因應荷蘭人佔領大員，壟斷及攻擊從中國去馬尼拉的中國貿易船，遂發起佔領臺灣北部之議論。1626 年 2 月 8 日（天啟 6 年），西班牙遠征船隊由 Antonio Carreño de Valdés 擔任司令，率軍攻臺。道明會士 Diego Aduarte 事後描述：「當時

共有兩艘軍船及 12 艘中國船，載著三連的步兵」，[308] 航向臺灣北部，5 月
11 日抵達雞籠港，在社寮島（基隆和平島）上建一堡壘，稱聖薩爾瓦多城
（San Salvador），並在旁邊的小山上建一稜堡（Bastion）。[309] 西班牙佔領
臺灣並不是他們理想中的第一選擇，只是要利用臺灣的資源來對抗荷蘭
人，[310] 再者，如果臺灣完全由荷蘭人掌控，對於西班牙在東亞海域的發展
極為不利，因此西班牙也開始發展臺灣周邊的航運路線，試圖在東亞貿
易圈上佔有一席之地。

　　荷蘭及西班牙陸續由西洋來到臺灣，拓展了臺灣的西洋航線，以及
中國福建及廣東地區至菲律賓馬尼拉的航線；他們來到東亞地區，主要
是為了與位於東亞的中國及日本貿易。於此情況下，自然的也拓展了臺
灣至中國、臺灣至日本的貿易航線。但部分航線則早由中國人就已經開
闢，他們早在這個區域活動一段很長的時間，也了解此區域的海洋知識。

　　雖然中國人在此區域的活動時間甚早，但留下來的相關地圖、資料
並不多見，因此難已有較完整的資料論述，但可想而知，許多的航路一
定是重疊的，形成一個大家都熟悉的路線。在這些國家逐漸了解該地區
的地理、水文、氣候、洋流之後，才開始建構一條較為安全的航路。但
這個航路可能是犧牲眾多的船舶所換來。所以在航路開闢時，則成為船
舶航行最危險的時刻，掌舵者稍不小心，則可能遭到大海吞沒而葬生海
底。然而歐洲至亞洲的航線，也不等於全部的中國至東南亞貿易路線，
還是有部分的差別。[311]

　　荷屬東印度公司拓展其貿易區之後，也逐漸完成其航行路線。由印
度尼西亞總部至日本商館的航路，主要可分成三條航線。第一條航線由

---

[308] Spaniards in Taiwan,Vo1, 頁 72, 79, 83；陳宗仁，《雞籠山與淡水洋》，頁 202。

[309] Spaniards in Taiwan,Vo1, 頁 71-73。

[310] José Eugenio Borao Mateo et al. eds, Spaniards in Taiwan, Taipei: SMC Publishing, 2001,
　　Vo1.I, 頁 112-114；轉引自陳宗仁，《雞籠山與淡水洋》，頁 269。

[311] 鄭永常，《明清東亞舟師密本：耶魯航海圖研究》，台北，遠流出版事業股份有限公司，
　　2018，頁 267。

亞洲總部巴達維亞（今印尼雅加達）沿中南半島至海南島南端往東經南海至巴士海峽，再沿著臺灣西部海岸至日本；第二條航線直接由巴達維亞往北穿過南海至澎湖群島，再沿著臺灣西部海岸至日本；第三條航線由菲律賓民答那峨島經呂宋島南端，再經澎湖群島及臺灣西部海域再至日本。

按照荷屬東印度公司的航線來看，船舶行經我國海域的範圍甚多，這些區域包含南海地區、東沙海域東側、澎湖周邊、臺灣西部海岸，以及臺灣北部海域至馬祖列島一帶。這些航線範圍，亦是沉船地點較多的敏感區域。當然除了這些敏感地帶外，其他臺灣周邊海域，也可能是船舶沉沒之地點。主要是船舶在航行區遭難漂流後，可能隨著洋流、風向等因素而遠離航道後再沉沒；另一種可能是船舶在航道遭難沉沒後，才隨著洋流之運行而沖離至其他區域。因此船舶遭難地點未必是沉沒地點，在進行水下調查前的計畫時更應特別注意。

參、鄭氏王朝時期的航線

鄭芝龍是鄭氏王朝的先行者，他開闢了鄭氏王朝的海外貿易網絡，猶以日本、東南亞諸國和菲律賓貿易最為活躍。其利用歐洲人對日本貿易尚未穩定之前，運用李旦資源持續了對日貿易。此後，1640 年荷蘭長官 Paulus Traudenius 與鄭芝龍訂定與日本貿易的互惠協定。[312] 這段時間中國到日本的貿易船隻都陸續增加，主要是清廷把中日貿易的事交由鄭芝龍來負責，[313] 鄭芝龍也利用此機會不斷擴展貿易圈。

鄭芝龍被清朝圈禁之後，鄭成功逐漸接收其部分海上勢力。1661 年（明代永曆 15 年 3 月；清代順治 18 年）4 月 30 日，鄭成功移師金門，委派洪旭、黃廷留守廈門，鄭泰守金門，傳令各種船隻及官兵至料羅灣

---

[312] 曹永和，《臺灣早期歷史研究》，頁 34。

[313] 鄭永常，《來自海洋的挑戰：明代海貿政策演變研究》，頁 355。

集結。[314]鄭成功率軍至鹿耳門外海，此後兵分二部，一部攻擊普羅民遮城（Fort Provintia），一部攻擊熱蘭遮城（Fort Zeelandia）。5 月，防守普羅民遮城之荷蘭人開城投降，但進攻熱蘭遮城並不順利，遇到不少阻力，在圍城 8 個多月之後，荷蘭人才與鄭成功簽訂合議書，退出熱蘭遮城。[315]

　　鄭氏王朝來到臺灣之後，雖然清廷對臺灣採取禁海與遷界措施，但沒有達到應有的效果，這與清廷無法有效掌握海權有很大的關係，鄭氏王朝勢力依然可達中國內地，亦可透過東洋航線與日本進行貿易，西洋航線與東南亞等國貿易來補給物資。鄭成功承繼鄭芝龍的團隊，掌握海上資源並控制中國航運業，為供養軍隊，乃設「五商」組織，進行國內外貿易。五商是指「海五商」與「山五商」，海五商為仁、義、禮、智、信五行，以廈門為中心，負責外貿；[316]山五商為金、木、水、火、土五行，以杭州為總部，另有分部位於南京和蘇州。[317]負責中國境內產品買賣，這種組織主要是為了增加收入。此外，鄭成功亦擁有東、西洋船隊可進行貿易，東洋船赴日本、臺灣、菲律賓一帶，西洋船則赴南洋一帶。

　　鄭成功來到臺灣後，亦積極與日本、南洋和英國貿易。鄭經時期，因清廷的封鎖使其積極發展貿易，增加民生及軍需品。這時期的英國東印度公司也來到臺灣、越南及廈門陸續建立據點，[318]英國船開始往來東亞海域。1670 年，英國東印度公司珍珠號來到臺灣安平，想要與鄭氏王朝通商。[319]1672 年，鄭經進一步與英國東印度公司訂定商約。1674 年三藩

---

[314] 楊彥杰，《荷據時代臺灣史》（臺北：聯經出版事業公司，2000），頁 282。

[315] C. Imbauel Huart 著，黎烈文譯，《臺灣島之歷史與地誌》（臺北：臺灣銀行經濟研究室，1958），頁 33。

[316] Xing Hang, Conflict and Commerce in Maritime East Asia. The Zheng Family and the Shaping of the Modern World, c.1620–1720, Cambridge University Press, 2015, P.92.

[317] Xing Hang, Conflict and Commerce in Maritime East Asia. The Zheng Family and the Shaping of the Modern World, c.1620–1720, P.91.

[318] 游博清，《經營管理與商業競爭力：1786-1816 年間英國東印度公司對華貿易》（臺北：元華文創，2017），頁 1。

[319] William Campbell, Formosa under the Dutch（London: Kegan Paul, 1903, pp501-502.

之亂期間，鄭經佔有閩南地區，擴大與中國各地貿易。1675 年，又與英國東印度公司進一步擴增雙方貿易，英國東印度公司亦派人至臺灣設立商館。不過 1676-1677 的兩年間，福爾摩沙號兩次載運武器和彈藥來到臺灣，然後再裝載銅、金和銀離去。[320]

　　鄭氏王朝時期往來臺灣的船舶及造訪的港口包括廈門灣一帶（廈門、安海、銅山）、日本、廣南（越南中圻，今峴港）、暹羅（泰國）、馬尼拉。[321] 當時臺灣的港口主要為安平港，由此出發的船隻經由臺灣西北海域往北至日本，往南至菲律賓、越南、印尼，往西則經澎湖至廈門沿海一帶進行走私貿易。

肆、清朝時期航線

　　鄭和下西洋（1405-1433）後，雖然中國與西洋的交往頻繁，但中國海上航路的拓展並沒有顯著的發展，主要還是沿著海岸線至西洋。爾後，明、清官方的海洋政策也由積極轉趨保守，但民間的海外發展則影響不大。清代以降，從臺灣出發的船隻除了可以前往中國大陸口岸之外，也可以前往外國。[322] 另外，中國船隻由福建、浙江至日本的航線、東南亞地區至日本的航線等，都會經過臺灣北面海域。從其他地區往來臺灣海域的船舶，在臺灣海域周邊遇到船難也是常有之事。如朝鮮地區的船舶，在自然或非自然因素的影響下漂流各處，以中國沿海地區為例，北自滿洲起，南自臺灣、海南島皆是。[323]

---

[320] 賴永祥，〈1670-1683 年臺灣鄭氏與英國的通商關係〉《臺灣文獻》第十六卷第二期，1965，頁 9。

[321] 陳國棟，《臺灣的山海經驗》（臺北：遠流出版事業股份有限公司，2005），頁 87。

[322] 陳國棟，《臺灣的山海經驗》，頁 87。

[323] 湯熙勇，〈清順治至乾隆時期中國救助朝鮮海難及漂流民的方法〉，《中國海洋發展史論文集》第八輯（臺北：中央研究院人文社會科學研究所，2002），頁 121。

　　1684 年（康熙 23 年），清政府領臺之後採取消極政策，甚至抑商的策略，只准單口對渡，開放廈門到鹿耳門對渡貿易，其他區域是完全禁止的。雖是如此，但臺灣對外貿易並沒有間斷，如 1685 年，清廷以官船十三艘，裝載臺灣所產的糖販賣到日本，並且命官員在船上監督。[324] 康熙末期，不少福建、廣東人士偷渡來臺從事拓墾，其結果是臺灣米、糖等農產品大幅增加，市場日益擴張。而當時臺灣與中國之間的兩岸貿易日益興盛，達到「上通江浙，下抵閩廣，來往商艘，歲至以數千計」的盛況。[325]

　　此時期的海禁開放，中國船可以到日本貿易，日本商人也可以到中國貿易，至到 1717 年（康熙 56 年），清廷禁止中國人至南洋貿易之時，才順便禁止東洋船隻來中國貿易，但此時依舊不禁止華商赴日貿易，至於琉球部分，一樣可以進行貿易。[326] 雖然清廷開始禁止華商至海外進行貿易，但對於外國船隻來華貿易，清廷並未有明確規定，所以沒有太多的約束，海上貿易一樣繼續進行。

　　在 1755 年以前，外國船隻因為貿易，航行於東亞海域。當時候可以看到，外國船舶到粵海關以外的區域貿易，如英國船至浙江貿易，呂宋船、暹羅船至閩海關貿易，琉球船則至閩海關貿易。[327] 這些西洋船到清朝沿海各地貿易，造成管理不便。因此 1758-1759 年之後，西洋各國大體上只能到粵海關貿易，而朝貢國家一樣至先前規定的朝貢港口進行貿易。

　　乾隆年間以後，往來兩岸地區的船舶越來越多，因此清政府開始規定港對港的對渡政策。如臺南鹿耳門與廈門對航。1784 年（乾隆 49 年）開放彰化鹿港，1788 年（乾隆 53 年）增加八里坌， 1816 年（道光 6 年）

---

[324] 陳國棟，《東亞海域一千年》，頁 272。木宮泰彥著、陳捷譯，《中日交通史》（臺北：九思出版社，1978 年），頁 336。《華夷變態》（東京：東洋文庫，1958），上冊，頁 491-501。

[325] 林玉茹，《清代臺灣港口的空間結構》（臺北：知書房出版社，1996），頁 174-179。

[326] 陳國棟，《東亞海域一千年》，頁 283。

[327] 陳國棟，《東亞海域一千年》，頁 274-280。

增加彰化海豐港及宜蘭烏石港。乾隆年間漳州、泉州的商船，由臺灣出發後所到之地南起漳州、泉州、興化、福州、建寧、寧波、蘇州、山東、東北（關東）。此時期與臺灣貿易的航線最近者為福州閩安口與淡水，次為泉州蚶江與鹿港，再其次為鹿耳門至廈門。以對渡航線集中的福建各港口而言，其航線距離大多在二百海浬以內，在正常風候下，每小時五至七浬航速，一晝夜即可抵達目的。[328]

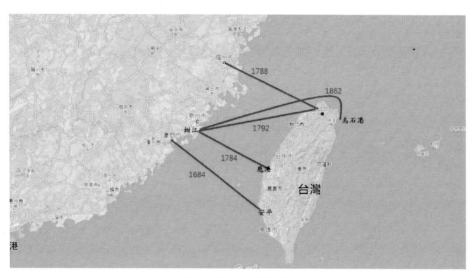

圖 5-5 清朝港口對渡圖

　　另外曾經風光一時的馬尼拉大帆船貿易，在 1785 年以後也開始式微，[329] 因此從馬尼拉往其他東亞海域的西班牙船也減少許多。而往來中國和馬尼拉的船由雙向開始變為單向，以中國船隻為主要。從中國往馬尼拉的航線除了福建經澎湖到馬尼拉以外，另一航線則由廣東經東沙周邊海域至菲律賓。雖然馬尼拉貿易式微，但臺灣的走私船仍會到馬尼拉進

---

[328] 戴寶村，《近代台灣海運發展 - 戎克船到長榮巨舶》（台北：玉山社出版事業股份有限公司，2000），頁 54。

[329] W. E. Cheong, "Canton and Manila in the Eighteenth Century," in Jerome Ch'en and Nicholas Tarling eds., Studies in the Social History of China and South-East Asia （Cambridge: Cambridge University Press, 1970）, p.242.

行貿易，[330] 因此臺菲航線並沒有因此而中斷。

外國商船為了開闢臺灣航線，也由這些外國洋商向清國政府申請航權。香港英國得忌利士洋行（Douglas Lapraik & Co）於 1863 年（同治 2 年）首航臺灣線。日本佔領臺灣之後於 1899 年（明治 32 年）由大阪商船至淡水，香港線開始衰退。爾後於 1936 年（昭和 11 年）再經營香港、福州、香港及汕頭線。因此臺灣開港之後往來臺灣的船舶更多，但大多集中在臺灣北部和南部的國際港口。

伍、日本時期航線

日本治臺之初，臺灣幾乎沒有任何對日本以外的國際聯繫，即便臺人享有兩年內遷出臺灣的措施，也僅限於單向返回中國東南沿海各省。[331]1890 年以後，日本陸上交通完善更為便利，但對國內海運業者造成衝擊，因此日本統治臺灣之後，臺灣的航運市場視為航運業者的契機。[332]1896 年，大阪商船會社向臺灣總督府申請，開設臺灣航路。首先開設神戶到基隆，但因其船舶噸位小，無法負荷過多的運量，1897 年總督府決定將此航線交由日本郵輪會社經營，大阪商船會社則經營臺灣航線。[333]

---

[330] 李毓中，〈菲律賓近代經濟的肇始：荷西‧巴斯克總督及其經濟發展計畫（1778-）〉收於蕭新煌主編，《東南亞的變貌》（台北：南港，2000），頁 130。

[331] 黃信彰，《臺灣新文化運動的第一類接觸海運的立體新世界》（臺北：臺北市文獻委員會，2007），頁 77。

[332] 蔡采秀，〈日本的海上經略與台灣的對外貿易（1874-1895）〉《臺灣商業傳統論文集》（南港：中央研究院台灣史研究所籌備處，1999），頁 198。

[333] 游智勝，〈日治時期臺灣沿岸命令航線（1897-1943）〉，國立台灣師範大學台灣史研究所碩士論文，2008，頁 23-27。

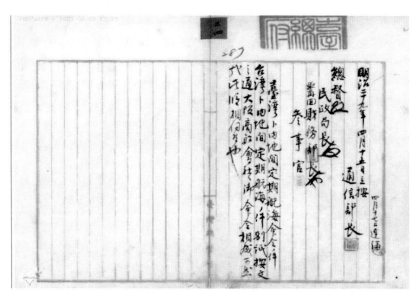

圖 5-6 臺灣航線命令

臺灣總督府公文類纂，〈臺灣、內地間定期航海大阪商船會社へ命令〉，卷名，明治二十九年臺灣總督府公文類纂乙種永久保存第三十一卷交通土木工事，1896 年 4 月 1 日，國史館臺灣文獻館典藏。

當時輪船航路可以區分為兩類，一類稱之為「自由航路」，另一類稱「命令航路[334]」。[335] 日本統治臺灣的前期，臺灣總督府為鼓勵及活絡交通網絡，所補助的命令航路，希望透過命令航線發展海上交通，這些航線有臺灣沿海航路、臺灣內地航路（臺灣至日本）、臺灣對岸航路（華南航路）亦即是臺灣至大陸的航路。這個補助措施讓海上船舶的航行數量更多，停泊的港口也比以前更多。命令航線是臺日間的重要航線，非所謂的社外船、自由航路等非定期的航線所能比擬，這也是臺日最重要的航運線，而基隆是最主要的進出港口。[336]

---

[334] 自由航路即船公司自行開發經營的航線。命令航路是由日本政府補助，經營臺灣沿岸及臺灣與境外港口之間的定期航班。

[335] 陳國棟，《臺灣的山海經驗》，頁 89。

[336] 戴寶村，《近代台灣海運發展 - 戎克船到長榮巨舶》，148。

　　臺灣沿海的航線於 1895 年前主要由大阪商船公司經營大阪到臺灣的航線。為了活絡海上交通，1896 年日本政府發布造船獎勵法和航海獎勵法，對領臺後積極投入臺灣海運市場的業者極為有利。[337]1896 年日本郵船株式會社旗下近江丸、小倉丸、小樽丸，受軍務局命令，開放日本、臺灣間之神戶和基隆定期航海使用。[338]之後將命令航線擴大，從命令書中可以看到臺灣總統府詳細的列出十八條要項，目的都是提升運輸能力和航海效益。[339]1900 年，臺灣總督府命令大阪商船開闢但水至香港航線，經過廈門和汕頭，使用舞鶴丸和隅田川丸行駛。[340]1904 年為因應日俄戰爭，又對於航海命令進行規劃，臺灣內地航路，分別有基隆 —— 神戶、打狗 —— 橫濱、沿岸線、淡水 —— 香港、安平 —— 香港、福州 —— 香港、福州 —— 三都澳、福州 —— 興化、廈門 —— 內灣，通常航班時間依照各地需求不同，有一個月兩次至五次不等。[341]

　　至 1910 年，航線的規劃也經過一段時間，航線營運狀況有高有低，因此總督府針對高低狀況再進行部分變更。[342]1911 年也針對這些新航路訂定新的船資費用，[343]這時期也增加了打狗到上海線，並維持本島原來的淡水至香港，打狗至廣東線。[344]隔年又針對航線進行改正，如增加打狗到天津線。[345]因此，可以觀察到這段時期的航運路線隨時皆有增減，因此每年船舶航行數量也會有變化。

　　經過 20 年的規劃和開展，以臺灣為中心的航線更為多元，除了臺灣本島東西南北縱橫所串起的網路之外，臺灣對外海運網路更是四通八達。

---

[337] 戴寶村，《近代台灣海運發展 - 戎克船到長榮巨舶》，130。

[338] 淺香貞次郎，《臺灣海運史》（臺北州：社團法人臺灣海務協會，1941），頁 108。

[339] 〈航線命令〉《臺灣日日新報》，1897 年 7 月 17 日，第 4 版。

[340] 淺香貞次郎，《臺灣海運史》，頁 267-268。

[341] 〈臺灣航海命令〉《臺灣日日新報》，1904 年 4 月 1 日，第 2 版。

[342] 〈變更命令行陸〉《漢文臺灣日日新報》，1910 年 12 月 4 日，第 2 版。

[343] 〈新航路船資〉《漢文臺灣日日新報》，1911 年 4 月 3 日，第 2 版。

[344] 曾汪洋，《臺灣交通史》（台北：台灣銀行經濟研究室，1955），頁 20-21。

[345] 〈改正命令航線〉《臺灣日日新報》，1912 年 4 月 3 日，第 2 版。

1923 年之後，基隆至香港、基隆至神戶、基隆至海防、基隆至福州、基隆至新嘉坡、高雄至廣東、高雄至天津等線皆陸續健全。[346] 因此臺灣對外交通往北可以到日本、天津等地。往西可以到福建、上海和廣東等地。往南亦可到達馬尼拉、雅加達、新嘉坡等地。

　　日本統治臺灣之後，海上交通的發展達到高峰，為了使交通網絡更為方便。設計以臺灣為中心，開發相當多的航線。此時期的船舶為動力船，因此船舶的航行路線更為明確，與以往藉由季風或洋流航行的路線有所不同，因為此時是以停泊港口為主的航線設計，但這樣的航線與早期的主要航線還是一致的，基本上船舶順著洋流和風向航行還是較為穩固的。

表 5-1 1923 年臺灣航運路線

運輸航線	行駛船舶	航線	船運公司
基隆至神戶	亞米利加丸、香港丸、笠戶丸	基隆、門司、神戶	大阪商船
基隆至香港	開城丸、天草丸	基隆、廈門、汕頭、香港	大阪商船
基隆至海防	無固定船舶	基隆、廈門、汕頭、香港、海口、海防	山下汽船
基隆至福州	無固定船舶	基隆、福州	大阪商船
基隆至那霸	無固定船舶	基隆、西表、八重山、宮古、那霸	大阪商船
基隆至新嘉坡	貴州丸、武昌丸	基隆、高雄、香港、西貢、盤谷、新嘉坡	大阪商船
高雄至廣東	蘇州丸	基隆、廈門、汕頭、香港、廣東河（珠江）	大阪商船
高雄天津	湖北丸、福建丸、盛京丸	高雄、福州、上海、青島、天津、大連	大阪商船
高雄橫濱	無固定船舶	橫濱、神戶、宇品、門司、長崎、基隆、澎湖、高雄	大阪商船近海郵船

---

[346] 〈臺灣及び臺灣中心の航路 東西南北縱橫の航路／南支那の航路 基隆香港線〉《臺灣日日新報》，1923 年 7 月 16 日，第 5 版。

運輸航線	行駛船舶	航線	船運公司
南洋線	桃園丸、スラバヤ丸、バタビセ丸	馬尼拉、爪哇	大阪商船
臺灣沿岸	撫順丸、長春丸、奉天丸	基隆、蘇澳、花蓮港、新港、臺東、火燒島、紅頭嶼、大板埒（墾丁南灣）、	大阪商船

資料來源：〈臺灣及び臺灣中心の航路 東西南北縱橫の航路／南支那の航路 基隆香港線〉
《臺灣日日新報》，1923 年 7 月 16 日，第 5 版。

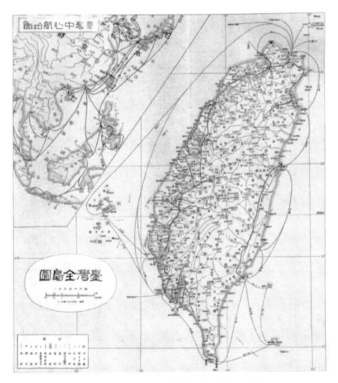

圖 5-7 大阪商船株式會社航線圖（1934 年）
圖片來源：大阪商船株式會社

陸、中華國時期航線

　　中華民國時期，海上交通設備已經進入現代化階段，船舶的結構改變和航海設備的健全、航海知識的完善，和以前皆有所不同，航線與過往也大相徑庭。除了依循以前舊有之航線，也增加更多不受季風與洋流影響的新航線，過往船隻依海圖航行，當代則更仰賴衛星導航，加上對周圍海域地形與海洋學的認識，臺灣四周，到處都是船舶運行的航跡。

　　此外，在臺灣各地區亦陸續增設不少港口，船舶往來頻繁，使得航線的綿密度更勝以往。如屬於國際港口的蘇澳港、安平港、臺中港、臺北港；屬於工業港的桃園觀音觀塘工業專用港、麥寮工業港、花蓮和平工業港；屬於遊艇港的龍洞南口遊艇港、墾丁後壁湖遊艇港，屬於軍港的左營軍港；屬於漁港的桃園永安漁港、臺中梧棲漁港、屏東東港漁港、基隆八斗子漁港，還有其他區域性的小漁港等，而澎湖地區的漁港密集度更高居全臺之冠。這些屬性不同的港口每天皆有往返各地的船隻，其數量難以估計。

　　現今雖然是動力船舶時代，但國際海洋法和各國海洋法皆已經逐漸建立起來。所以船隻在海上航行，除了公海以外，如果進入它國海域還是要知會該領海國，以避免發生不必要之爭議。倘若遇到相關的海難事件，可依照國際海難救助之原則處理。

　　從現在最新的船舶航照圖中，可以看到臺灣周邊海域的船舶往來相當頻繁，在領海內航行，還是有固定的航線，進入公海，就沒有固定標準航線，以安全迅速為優先航行考量了。

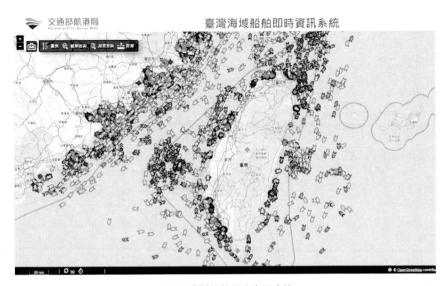

圖 5-8 臺灣船舶即時資訊系統
圖片來源：交通部航港局
https://mpbais.motcmpb.gov.tw/ 2021 年 7 月檢索

柒、結語

　　每個時期的航線是依照當時的人們對於海洋地理位置和海洋環境的理解逐漸改變，而這個改變原因主要是讓航行的過程更為順利，包含減少航行時間，讓安全性提高，以及變於通商和休息等面向。而隨著地理知識的提高，以及造船技術的穩固，如使用新材料造船，皆讓整個海上交通航線產生重大變化。從早期的固定航線，至現今已沒有所謂的固定航線了，大部分的時間，船舶皆可已依照其狀況進行航線的變更，因此沉船熱區也逐漸消失。不過港口周邊以及各個海峽與運河周邊的船舶較多，碰撞沉沒的機會還是會提高一些。

第六章
臺灣海域的日軍沉船事件

壹、前言

　　日本於 1853 年因「黑船來航」事件開港，之後為了健全海上武力遂發行海軍公債興建「三景艦」，[347] 松島、嚴島和橋立三艘軍艦成為日本當時現代化也是最強的軍艦，此後日本在海上的發展更為快速。1874 年日本為加強帝國地位已經開始發動對外戰爭，也就是日本明治天皇（1852-1912）治國以來，首次出兵臺灣，[348] 雖然最後沒有占領臺灣，但此舉卻受到國際的矚目。1884 年清法戰爭期間，日軍派天城軍艦進行清法戰爭的觀戰，了解新式戰爭的方法。[349]1894 年更於甲午戰爭擊敗清國北洋水師躍升亞洲海軍強權，之後便開始進入殖民亞洲國家的時代。

　　成為殖民帝國的日本政府不斷的發展海軍，製造的船舶越來越多。1895 年日本統治臺灣之後，日本海軍軍艦也活躍於臺灣周邊海域，日本相關的商船公司更在臺灣總督府的支持下開闢臺灣本島和其他地方的航線，使得往來臺灣的船舶更多。二次大戰時期，日本為了掌控西太平洋

---

[347] 日本興建的三艘松島型軍艦，分別為松島、橋立和嚴島，是以日本三個名勝古蹟命名。

[348] 纈纈厚，〈萬國公法秩序的加入和日本軍國主義化的起點〉收於《一八七四年那一役牡丹社事件：真假野蠻與文明的對決》（臺北：五南圖書出版股份有限公司，2015）頁20。

[349] 參見日本國立公文書館檔案資料，有關「仏清事件」，明治十五年至明治十八年的相關文件。

的海權，製造的船舶更難以細數。當時的臺灣屬於日本統治，臺灣又位於東亞海域的中段位置，故往來周邊海域的船隻相當頻繁。但隨著美軍加入戰局，日本船舶的損耗隨之提高。許多日本軍艦或是商船改造的船舶，因為參與戰爭，遂於作戰過程中遭難沉沒。

因為美國參加太平洋戰爭，使得日本在二次大戰期間的船舶沉沒於臺灣海域者難以細數，大部分的船舶亦未被發掘。我國近幾年來，因積極對水下文資展開探勘，獲得許多成果。數艘日本船舶陸續被發掘，讓我們對於日本船舶在臺灣海域的遭難事件進行更深入的探索，得到許多船舶資訊，提供研究參考。本章將論述淺香丸、山藤丸、廣丙艦、滿星丸、松島艦等五艘軍艦的遭難始末，了解她們在臺灣周邊海域的過程。

這些沉船部分已經被文化部文化資產局列為水下文化遺產，主要是這些水下遺址遍布在廣大的水域，全靠政府監管有一定的難度，水下文化資產應由全民一起保護，也就是要民眾一起參與，共盡保護之責。[350]

貳、淺香丸

一、淺香丸造艦始末

1860 年代中葉日本邁入明治維新時期，自此時開始日本逐步邁向帝國主義的道路蛻變為亞洲新興的帝國主義國家。1871 年（明治 4 年），原成立於幕府時期的長崎鎔鐵所，更名為長崎造船所。之後，三菱的創始者岩崎彌太郎（1835-1885）向明治政府租借土地及設備接手經營該所，即三菱長崎造船所，爾後，陸續建造多艘船艦。

日俄戰爭（1904-1905）期間，日本打算建造 6 千噸級船隻 6 艘，除常

---

[350] 董盈穎，〈探討我國水下文化資產教育推廣現況與未來展望〉《文化資產保存學刊》第 53 期，2020 年 9 月，頁 10。

睦丸之外，其餘 5 艘皆向英國訂購，當時英方認為日本並無能力製作大型
船艦，頗有奚落之意。因日本屬後來崛起的帝國主義國家，無論造船、
航海技術，以及對世界海洋航權的控制上，皆須向老牌的帝國主義國家
求教。此後，日本一方面因本國與歐美列強在造船技術、海事及航路掌
控等面向尚無法獲得全面優勢，另一方面又為了與列強維持和平，長時
間維持競合關係，儘量保持平衡。然而，自 1931 年（昭和六年）滿州事
變以來，日本對外侵略的野心，招致列強的不滿，為確保日本帝國國策
不受列強干預，1933 年（昭和 8 年）日本退出國際聯盟。另一方面，1937
年（昭和 12 年）發生七七蘆溝橋事變後，日本在海事方面才有更積極行
動，其所屬船艦陸續退出英國倫敦船級協會（Classification Societies）[351]，
決定走自己的路。

　　1930 年代日本的路線走向產生變化，如國際關係、國策方向及海事
問題皆出現轉折之際，對於造船（艦）政策也出現既定方針。一般來說，
為了制霸大西洋，出於各國的虛榮心，歐美各國無不以建造豪華巨艦為
互相競爭的重點；但對日本而言，鑒於本國資源不足及考慮時局進展，
建造豪華巨艦非其主要目標，務實一點來說，造船設計的方針應是以國
情及貿易狀態而定。

---

[351] 為加強船舶航行的安全性，戰前全球的海洋大國已各自成立了多個船級協會，英國倫
敦協會即屬之。所謂的船級是對船舶品質的一種認定，在國際港口航運時，須經過某
驗船協會派遣驗船師到船廠進行監造，包括設計圖的審核、船舶設備之認可、吃水標
誌與性能等項目進行檢驗，方可發給船級證書，而獲得驗船協會認可的船隻，也較能
保障船舶航行安全，對該船舶也是一種認證。國立海洋科技博物館，http://ship.nmmst.
gov.tw/ship/faqdet/158/746，2015 年 1 月 7 日徵引。

圖 6-1　1860 年代的長崎造船所（原長崎鎔鐵所）
圖片來源：和仁正文，〈三菱重工業株式會社長崎造船所 150 年の歩み〉，
《ながさき経済》，2007 年 11 月，頁 2。

　　如擁有全世界最多殖民地的英國，建造船艦應以具有長距離續航力
為首要考量；義大利船艦主要航行於地中海，無須搭載過多燃料，以建
造輕快船艦為主；美國則受到國民性格的影響，需要建造適合世界旅遊、
內裝舒適豪華的船艦；西班牙、荷蘭等國以海上武力大不如前，故無法
再繼續發展跨洋航行的船舶。至於日本，由海運貿易的國策出發，目標
是將國內及殖民地的貨物快速向全世界輸出，為達成此目的，其船艦製
造則以商船為主，且在性能上須具有高速且貨物搭載量高的特性。於此
考量下，船速 20 節、1 萬噸級的貨物船即為國策船，成為日本造船界研
究的重心及目標，而淺香丸（あさかまる）正是在這樣的國策背景下建造
出廠。[352]

---

[352] 〈英で舐められた仇 昭和の長崎で討つ 涙の種の今昔物語〉，《大阪朝日新聞》，1939
　　年 6 月 3 日。

二、日本郵船株式會社

　　日本郵船株式會社於 1870 年（明治 3 年）由九十九商會設立。至 1875 年（明治 8 年），在三菱財閥創立者岩崎彌太郎的主導之下，三菱商會合併國有企業「日本國郵便蒸氣船會社」，易名為「郵便汽船三菱會社」。1885 年（明治 18 年），郵便汽船三菱會社與另一家大型航運企業「共同運輸會社」合併，日本郵船會社成立。1893 年（明治 26 年）改制為株式會社，日本郵船株式會社遂而誕生。

　　1926 年（大正 15 年），日本郵船株式會社與日本第二東洋汽船株式會社合併。1945 年（昭和 20 年），第二次世界大戰結束前，其所屬船舶「阿波丸」在臺灣海峽遭遇美國海軍潛水艇擊沉。1949 年（昭和 24 年），其股票於東京、大阪、名古屋等證券交易所上市，1950 年（昭和 25 年）再於札幌證券交易所上市。1960 年（昭和 35 年），第二次世界大戰後，少數免於遭受戰火波及的日本商船之一的冰川丸除役，日本郵船全部退出客輪事業。

　　1964 年（昭和 39 年），合併三菱海運株式會社。1969 年（昭和 44 年），將近海及國內航線部門分割，並委託近海郵船株式會社經營。1973 年（昭和 48 年），山城丸在敘利亞拉塔基亞港（Latakia）停泊時，遭受以阿衝突戰火波及而損毀。1998 年（平成 10 年），合併昭和海運株式會社。2003 年（平成 15 年），成立日本郵船歷史博物館[353] 並開館啟用。2005 年（平成 17 年），收購日本全日空持有的日本貨物航空股份。2006 年（平成 18 年），與大和控股（ヤマトホールディングス）發表合作關係，業務由海運拓展到航空產業。

三、淺香丸簡介

　　淺香丸建造於 1937 年，為日本郵船株式會社所有，船籍港為（東）

---

[353] 位於日本神奈川縣橫濱市中區海岸通 3-9。

京都，船舶號碼 44012，總噸數 7,398 噸，用途是貨船，船籍協會登記於英國倫敦協會。1940 年被日本海軍徵調入籍，並擔任運輸艦使用。

　　該船由三菱長崎造船所在 1937 年 2 月 18 日動工興造，1937 年 7 月 7 日下水，11 月 30 日正式完工。原為改善歐洲利物浦航線而建，預計建造 A 型內燃機貨物船 5 艘，[354] 皆屬第三次船舶改善助成設備，淺香丸亦為其中之一，但當完工之後，淺香丸被安排航行於新開設的「東航世界一週」定期航路。[355]

　　第一任特務艦長為海軍大佐（上校）柳沢蔵之助，1941 年（昭和 16 年）更改為特設巡洋艦，1943 年（昭和 18 年）又再度改為運輸艦，編制為聯合艦隊雜用船。1944 年 10 月 12 日在澎湖馬公港執行任務時被美軍戰機轟炸沉沒。[356]

表 6-1 淺香丸基本資料表

項目	內容
建造船廠	三菱重工業長崎造船所
下水	1937 年 7 月 7 日
正式完工	1937 年 11 月 30 日
所屬單位	日本郵船公司
排水量	7,398 噸
馬力	9,365 匹
船長	141.02 公尺
船寬	19 公尺
最大航速	19.2 節
引擎	巴爾丹一臺

---

[354] 其餘 4 艘 A 型貨物船為赤城丸、有馬丸、粟田丸、吾妻丸。

[355] 日本郵船戰時船史編纂委員会，《日本郵船戰時船史》上冊，（東京都：日本郵船，1971）。

[356] 文化部文化資產局，《臺灣附近海域水下文化資產普查計畫報告輯第一階段報告》，（臺中市：文化部文化資產局，2016），頁 225。

項目	內容
武裝	140 口徑單管砲 4 門，雙聯 13mm 機砲 2 座、533 口徑魚雷發射管 2 具、對空機槍
遭難時間	1944 年 10 月 12 日
遭難地點	澎湖馬公港內
遭難原因	停泊馬公港期間遭受空擊，10 月 12 日早上 8 點 30 分沉沒
船上物品	鋁土約 4,800 噸及其他物品

圖 6-2　淺香丸模型（依右上角攝於 1943 年 3 月的相片所製成）
圖片來源：〈1/700 戰時輸送船模型集〉，http://ww6.enjoy.ne.jp /~iwashige/modellist.htm。
徵引日期：2015 年 1 月 7 日

圖 6-3 淺香丸
圖片來源：http://homepage2.nifty.com/imuseum/19441012asaka/asaka.htm
徵引日期：2014 年 9 月 7 日

四、淺香丸徵用歷史

依照日本郵船株式會社的規劃，淺香丸的建造原是為了改善歐洲航線，但後來配合會社營運所需，在 1937 年時投入「東航世界一週」的定期航線。1940 年 4 月受日本海軍徵調，15 日正式入籍為特設運送船，[357] 同年 7 月 1 日解除職務。期間執行作戰行動事變業務等，包括協助佐世保鎮守府的輸送任務，運送相關人員、兵器及軍需品至海南島、上海等地。[358]

1940 年 12 月底淺香丸再次被徵調，復成為特設運送船，為了此次徵調，同年 12 月 26 至 1941 年 1 月 15 日間，被送入橫須賀海軍工廠進行改裝工事。徵調後主要協助進行特別任務，1941 年 1 月受命執行與德國方面的兵器交換任務，16 日自橫須賀出港，在通過巴拿馬運河之際，美軍以防範間諜為由，堅持要讓數名武裝士兵登船隨行，雙方談判過後，為避免產生爭端，在通過運河時日方准許美軍登船同行，不過要求登船的美軍一律站在甲板、面朝陸地，以這種奇妙的方式相互妥協。[359] 而在此行中，日本方面提供最新酸素魚雷 40 枚，德國方面則交付梅塞施密特戰鬥機（Messerschmitt Me 109）以及發動機、水下音波探測器、引爆裝置等機械，同年 4 月 20 日返回橫須賀港，任務圓滿結束。[360]

---

[357] 特設運送船為特設艦船的一種，一般徵用民間船隻，如商船、貨物船及漁船等，使其成為海軍所屬艦艇。優點在於可減少建造戰鬥艦艇的支出，改裝特設艦船的時間短，加上可留用船上原有船員，對海軍在戰時的船艦調派相當有利。不過另一方面，特設艦船畢竟不是正規戰鬥艦艇，武裝少、速度慢、裝甲弱亦為缺點。維基百科，http://ja.wikipedia.org/wiki/%E7%89%B9%E8%A8%AD%E8%89%A6%E8%88%B9，徵引 2015 年 1 月 7 日徵引。

[358] 〈支那事變功績概見表：特設砲艦、掃海、驅潛隊（昭和 15 年 11 月至昭和 16 年 5 月）〉，國立公文書館アジア歷史資料センター，檔案號碼：C14121013800。

[359] 〈昭和 19 年：1944 年 10 月に喪われた商船〉，http://homepage2.nifty.com/i-museum/19441012asaka/ asaka.htm，2015 年 1 月 7 日徵引。

[360] 〈支那事變功績概見表：特設砲艦、掃海、驅潛隊（昭和 15 年 11 月至昭和 16 年 5 月）〉，國立公文書館アジア歷史資料センター，檔案號碼：C14121002800。

圖 6-4　《臺灣日日新報》1940-12-12 夕刊 第 2 版記載淺香丸從香港抵達基隆的相關報導

　　1941 年 12 月太平洋戰爭爆發後，淺香丸改裝為特設巡洋艦，至 1943 年 11 月解除軍艦籍以前，期間參與基斯卡島登陸作戰任務。解除軍艦籍後，回復為海軍特設運送船，並除拆掉甲板上的飛彈發射器，其餘武器裝備仍保留。另外，做為特設運送船，船上人員亦撤換機關科士兵，讓

三菱重工業組員登船工作，但是艦長山崎大佐及其屬下 119 人仍續留該船值勤，淺香丸也繼續懸掛軍艦旗。

　　恢復運送船身分的淺香丸，首次任務是運送建材至瓜加林島（馬紹爾群島）建造要塞，運輸途中屢遭攻擊，所幸無事，並於 1944 年 1 月下旬抵達瓜加林島。不過在島上卸貨時，因接到敵方部隊正接近中的訊息，緊急撤退至特魯克島（Truk Island），[361] 並將剩餘建材卸貨完畢後，即前往塞班島。

　　由特魯克島出港後，同年 2 月 17 至 18 日間，特魯克島接連發生 10 次大空襲事件，與淺香丸同時在附近執行任務的另三艘船舶長野丸、赤城丸及平安丸均遭難沉沒，但淺香丸再次逃過一劫，平安抵達塞班島，之後順利返回日本，此後繼續負責日本與南洋群島之間的運輸任務。

表 6-2 淺香丸各階段徵用船身分表

徵用身分	徵用時間	備考
海軍裸傭船（橫須賀鎮守府所管）	1940 年 4 月 10 日至 7 月 2 日	
海軍期間傭船	1940 年 7 月 2 日至 12 月 29 日	
海軍裸傭船（橫須賀鎮守府所管）	1940 年 12 月 29 日至 1943 年 12 月 27 日為特設運送艦	1941 年 9 月 5 日起為特設巡洋艦
海軍期間傭船	1943 年 12 月 27 日至 1944 年 10 月 12 日	

資料來源：〈大東亞戰爭時 日本郵船（株）船舶台帳（寫）〉，國立公文書館アジア歷史資料センター，檔案號碼：C08050011600。

伍、沉沒原因及過程

　　1944 年 6 月下旬，淺香丸被編入 67 船團，船上載滿彈藥、魚雷等武器，宛如彈藥庫一般從日本出港，經過泗水、雅加達，前往昭南（新加坡）。返航時，船上載滿民丹島產的鋁土，9 月 6 日與勝關丸、南海丸等

---

[361] 特魯克島位於夏威夷群島東南方，第二世界大戰期間是日本海軍聯合艦隊司令部的所在地，目前屬於密克羅尼西亞聯邦（Micronesia）。

6 艘船隻從昭南出發。9 月 11 日，從馬尼拉來的吉備津丸在南中國海上與其會合，一同返回日本，但在返國途中，勝關丸、樂洋丸等 5 艘船均受到敵方魚雷攻擊而沉沒，其他倖存船隻如淺香丸、吉備津丸、護國丸等，則立即救助遇難者，且為避免受敵方追擊，迅速轉往海南島榆林避難。因搭載沉沒船艦上的人員，故逃往榆林途中，船上搭乘人員計有 1,018人。9 月 16 日淺香丸加入 72 船團，出發返回日本。

　　1944 年 9 月 20 日凌晨 1 點 16 分，淺香丸正航向臺灣西部海面時，突然遭受空擊。船體被砲彈攻擊，船舵受損失去作用，但此時距離海軍基地馬公港尚有數十海哩，緊急製作臨時舵繼續航行，經過重重困難，5 天後終於抵達馬公。進入馬公港後，隨即進行修理工事，原定 10 月 20日完成修理，卻在 10 月 12 日遭到美軍空襲而沉沒。

　　造成淺香丸沉沒的美軍空襲行動為自 10 月 12 日開始的「臺灣航空戰」，此次任務由小威廉·海爾賽司令（William Frederick Halsey, Jr., 1882-1959）指揮發動，主要是聲東擊西的謀略，作戰方式為假裝攻擊日本，引誘在臺日本空軍前往日本支援，再出奇不意攻擊在臺防守軍隊。果然如其所料，駐守於臺北的豐田聯合艦隊司令下令臺灣第 51 航空戰隊前往關東，第三艦隊前往南九州，美軍趁此良機，派遣機動部隊攻擊臺灣地區的軍事基地。

　　1944 年 10 月 12 日，臺灣周邊上空突有 600 架艦載機出現攻擊臺灣軍事機構，僅持續一日的攻擊行動，就擊沉停泊在馬公、高雄港內的 13艘船隻。當日上午 7 點 30 分，尚未修理完成的淺香丸亦遭數 10 架格魯門機（Grumman）以低空方式攻擊。淺香丸不甘示弱，以船首、船尾各有1 臺 8 公尺高射砲及 10 座 25 厘米機關槍，隨即發射應戰。但 8 點 15、17 分，淺香丸分別受到各 1 發空中魚雷攻擊，船體受傷。8 點 20 分敵機離去後，船體右半部進入沉沒，傾斜 30 度。8 點 45 分，船長杉浦政次立即下達命令全員棄船。此役共造成該船 18 人死亡，重傷者 4 人。[362]

---

[362] 〈淺香丸機密第一號ノ一二 昭和十九年十月十二日 淺香丸被雷爆沈沒戰闘詳報〉，國立公文書館アジア歷史資料センター，檔案號碼：C08030639400。

第一波空襲結束之後，當日約莫 10 點，美軍又進行另一波空襲，淺香丸再次受到 1 發魚雷命中，船體前半部開始下沉，至 10 點 30 分上下，船首、船尾全部沉沒遭難。[363]

表 6-3 「臺灣航空戰」死亡與傷者名單

掌管工作	職級	姓名	相關記事
死亡者			
	上曹	渡邊藤三郎	10 月 12 日二號砲側戰死
	二曹	服部豐太郎	同上
普砲	水兵長	櫻庭秀廣	同上
	水兵長	佐藤吉雄	同上
普砲	水兵長	立川昌平	同上
	上水	橋本三郎	同上
	上水	佐藤進	同上
	一水	江幡傳次	同上
普砲	水兵長	武藤佐吉	10 月 12 日在一號砲側，身體遭砲彈貫通後重傷身亡
普砲	一曹	高野繁雄	10 月 13 日受陸戰隊派遣，在路上機槍側戰死
	水兵長	島田正法	同上
	上水	小関一郎	同上
	一水	鵜沼淳	同上
	一水	鈴木宣男	同上
	一水	青木垚芳	同上
船員	一等運輸士	奧野十太郎	10 月 12 日艦橋上重傷後死亡
	二等運輸員	西脇重雄	同上
重傷者			
	一水	小宮為雄	10 月 12 日在砲側受砲彈貫通左腿
普電測	一水	小野卉欣次郎	10 月 12 日在艦橋上受砲彈貫通左足

---

[363] 〈淺香丸機密第一號ノ一二 昭和十九年十月十二日 淺香丸被雷爆沈沒戰鬪詳報〉，國立公文書館アジア歷史資料センター，檔案號碼：C08030639400。

掌管工作	職級	姓名	相關記事
死亡者			
	上機	伊藤光夫	10 月 12 日在船內負傷
普砲	一水	岡本藤治	10 月 13 日受陸戰隊派遣，在機槍側負傷

資料來源：〈淺香丸機密第一號ノ一二 昭和十九年十月十二日 淺香丸被雷爆沈沒戰鬥詳報〉，國立公文書館アジア歷史資料センター，檔案號碼：C08030639400。

六、淺香丸訪談資訊

　　淺香丸原本停靠於馬公軍港前，該區域水深 18 公尺。淺香丸為長度 100 多公尺之鐵殼船，依照考古人員的觀察，目前幾乎沉埋在海床下，只有部分船體凸出在海床上。此船被發現後，曾被中山大學團隊推測為疑似著名之日本軍艦松島號。但根據國防部檔案記載，松島號甲板在光復後已被拆解，下水驗證後發現有各式軍用遺物，例如各式子彈、對空機砲、人員骨骸、軍鞋、單孔望遠鏡、雙孔望遠鏡、燃燒用石碳，以及船上各式機件等。經過口述調查並拜訪多位當年在馬公港工作部服務的老前輩得知，此艦並非松島艦，而是一艘日本海軍運輸艦「淺香丸」。[364]

　　依據黃有興《日治時期馬公要港部－臺籍從業人員口述歷史專輯》[365] 一書中訪談的當時從業人員，內容有多位詳述當年美軍空炸澎湖馬公軍港的過程。文化部文化資產局委推中央研究院歷史語言研究所考古團隊，訪問多位在日治時期於海軍馬公港工作部服務的耆老，進一步將相關資料記錄下來。

　　蔡寶生生於 1925 年（大正 14 年），於 1944 年時於馬公港海軍工作部擔任水兵，並在馬公接受潛水普通訓練。這段時間，他看到許多日本軍艦被美軍轟炸情況。如 1944 年 10 月 12 日當天，美軍飛機群是從蛇頭山

---

[364] 文化部文化資產局，《臺灣附近海域水下文化資產普查計畫報告輯第一階段報告》，（臺中市，文化部文化資產局，2016），頁 209。

[365] 黃有興，《日治時期馬公要港部－臺籍從業人員口述歷史專輯》，（澎湖：澎湖縣文化局，2004）。

方向飛來，一路向馬公港轟炸，當時軍港內有一條軍艦正進船塢修理，港外分別有陸軍徵調運輸艦御月丸、海軍徵調運輸艦淺香丸，以及栂驅逐艦，均在當天被美軍飛機炸沉；此外在牛心灣港外也有白妙丸、二六南進丸及二三南進丸等遭受空襲沉沒。[366]

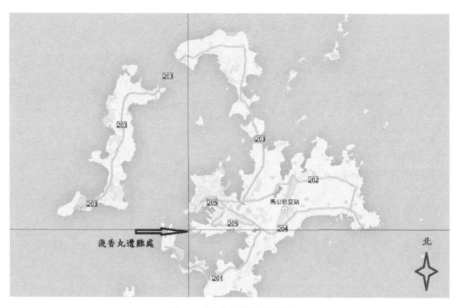

圖 6-5　淺香丸遭難地點圖

　　蔡寶生在光復後投入水下工作，曾參與澎湖地區數艘船舶的打撈工作，包括淺香丸、御月丸、栂驅逐艦、白妙丸、二三南進丸及二六南進丸及姑婆嶼博卡喇汽輪 Bokhara，同時也隨公司到達臺灣各港口執行沉船打撈作業。對於淺香丸的拆解打撈，蔡先生敘述，當時都由潛水員下水船於船上安置炸藥，一次一發，上岸後再引爆，並非使用切割器拆解，一般船隻拆解都拆至和海床平行切齊處，這就是為何淺香丸以及御月丸只剩底部船殼的原因。在拆解淺香丸的過程中，了解淺香丸共有四個大型推進器，每個推進器有四片槳葉，每一片槳葉為 3.2 公噸及 7 個螺絲，

---

[366] 文化部文化資產局，《臺灣附近海域水下文化資產普查計畫報告輯第一階段報告》，頁226-227。

每個螺心為 3 英吋。又當時打撈吊車每次只能起吊 50 噸，但安全起見所以每次只起吊 40-45 噸。[367]

　　黃通根先生於日本統治臺灣時期擔任海軍馬公港工作部小型蒸氣機與柴油機修復工作。黃先生回憶 1944 年 10 月 12 日當時由於交通車少，所以馬公地區員工赴測天島工作部上班是搭交通船前往。當天交通船到達碼頭後美軍突然空襲馬公港，於是迅速躲進防空洞，待防空警報解除時才聽到淺香丸已被空炸沉沒。他觀察到美軍轟炸的機型較小，類似艦載飛機，並非 B-24 轟炸機。另外，當時港內有一艘如月驅逐艦於船塢修理，軍港前也有御月丸運輸艦被擊沉，以及一艘運輸艦在外海遇襲，最後被拖進西嶼牛心灣搶修，之後軍部派員隨艦拖往香港整修。[368]

　　蔡苦先生於 1944 年在馬公工作部擔任員工，負責車床工作，據其敘述，1944 年 10 月 12 日美軍空炸馬公港時，當時港內御月丸、淺香丸，以及栂驅逐艦同時被美軍戰機所發射之魚雷擊沉。其中御月丸先被擊中船舷，尾部先沉，船頭翹起，過了 2 到 3 天後才完全沉沒。蔡苦先生後來參與拆解打撈的船隻尚有二六南進丸、白妙丸、草嶼明治時期萬噸鐵船、鳥嶼北方兩千噸鐵船，以及栂驅逐艦。[369]

　　許福份先生為龍門港人，與蔡苦先生一同擔任日本海軍馬公工作部，並擔任車床工作。當時美軍飛機空襲時，由於好奇並沒有躲進防空洞，因此親眼目睹空襲經過，當天有 4 架美軍偵察機投射魚雷，水面上也有日軍的水上飛機，空襲過後淺香丸等多艘軍艦被炸沉，並在 7 天後日軍才下水打撈人員遺體。遺體出水後用草蓆包裹，其中有的只剩下頭和腳，另外也從水裡撈出高射砲等彈藥。[370]

---

[367] 文化部文化資產局，《臺灣附近海域水下文化資產普查計畫報告輯第一階段報告》，頁 226-227。

[368] 文化部文化資產局，《臺灣附近海域水下文化資產普查計畫報告輯第一階段報告》，頁 230。

[369] 文化部文化資產局，《臺灣附近海域水下文化資產普查計畫報告輯第一階段報告》，頁 230。

[370] 文化部文化資產局，《臺灣附近海域水下文化資產普查計畫報告輯第一階段報告》，頁

七、出水文物及資產價值評估

（一）資產價值評估

淺香丸為二次大戰日軍徵召的運輸艦，因此船艦上有武裝，故出水遺物有各式子彈、對空機砲、人員骨骸、軍鞋、單孔望遠鏡、燃燒用石炭及船上各式機件等。[371] 依據水下考古人員於 2009 年 4 月 4 日、14 日、29 日，10 月 17、19 日所發掘出水編列在冊的遺物有：軟圓膠、鞋底、碳塊、鐵管、子彈（共 39 顆），其中長 2.5-5.1 公分，寬 1-1.2 公分 3 顆；長 7-8 公分，寬 1-2 公分 29 顆；長 12-13 公分，寬 1-3 公分 7 顆。

金屬、白釉瓷片、銅環、黑膠方盒、方形碳塊、金屬連接座、金屬片、機具、圓形金屬、雙筒望遠鏡、單筒望遠鏡、保險絲盒、石塊、金屬塊、機砲彈、機砲彈頭、黑色電線、望遠鏡（三菱鏡）、乳黃色膠鞋底、圓炭球、搪瓷碗、圓蓋、手彈（共 3 顆），長 3 公分，寬 1 公分 1 顆；長 1.5 公分，寬 0.8 公分 2 顆。彈頭（1 顆），[372] 共 88 件。

淺香丸與山藤丸、滿星丸同屬二戰期間日本政府徵召之貨輪，船上的配備價值極其有限，目前出水的遺物主要是船舶周邊零件、船舶使用配備以及一些子彈。但淺香丸是截止目前為止，這三艘二次大戰徵召貨輪中，發掘出水遺物最多者。這些出水遺物對於研究日本近代輪船史、二次大戰日本貨輪徵召史、近代日本武器技術史、海難史等相關歷史研究極具價值。

表 6-4 淺香丸出水遺物表

日期	標本類別	件數
2009/09/29	艙門鎖	1（件）

230。

[371] 臧振華，《澎湖馬公港古沉船調查、發掘及水下文研究、保存科學人才培育計畫第三年度——期末報告》，頁 414-415。

[372] 臧振華，《澎湖馬公港古沉船調查、發掘及水下文研究、保存科學人才培育計畫第三年

日期	標本類別	件數
2009/10/17	圓狀物	2（件）
2009/10/19	腳踏板	1（件）
2009/10/19	金屬蓋	1（件）
2009/10/19	子彈	7（件）
2009/10/19	手槍彈	4（件）
2009/10/19	彈頭[373]	1（件）
2009/04/03	鐵管	2（件）
2009/04/03	軟圓膠	1（件）
2009/04/04	子彈	29（件）
2009/04/04	金屬器	1（件）
2009/04/04	金屬片	1（件）
2009/04/04	白瓷片	1（件）
2009/04/04	銅鐶	1（件）
2009/04/04	黑膠方盒	1（件）
2009/04/04	炭塊	1（件）
2009/04/14	金屬連接座	2（件）
2009/04/14	金屬片	3（件）
2009/04/14	天線桿	1（件）
2009/04/14	金屬片（燈座）	1（件）
2009/04/14	雙筒望遠鏡	1（件）
2009/04/14	單筒望遠鏡	1（件）
2009/04/14	保險絲盒	1（件）
2009/04/14	金屬塊電線	1（件）
2009/04/14	石塊	1（件）
2009/04/14	金屬塊	1（件）
2009/04/14	重機砲彈	1（件）
2009/04/14	彈頭	1（件）
2009/04/14	金屬蓋	1（件）
2009/04/14	黑膠鞋（底）	2（件）
2009/04/14	疑似魚骨	1（件）

度 —— 期末報告》，頁 579-588、598-599。

[373] 文化部文化資產局，《臺灣附近海域水下文化資產普查計畫報告輯第一階段報告》，頁 323-325。

日期	標本類別	件數
2009/04/14	金屬條	1（件）
2009/04/14	木削	1（件）
2009/04/14	帆布片	1（件）
2009/04/14	電線	1（件）
2009/04/14	望遠鏡（三菱鏡）	1（件）
2009/04/14	乳黃色膠鞋底	2（件）
2009/04/14	炭球圓塊	1（件）
2009/04/29	子彈	2（件）
2009/04/29	乳黃色膠鞋	1（件）
2009/04/29	唐瓷碗[374]	2（件）

資料來源：文化部文化資產局

參、山藤丸

一、山藤丸的興建

　　山藤丸（やまふじ丸）運輸船隸屬日本山下汽船公司，總重 5,359 公噸[375]，是一艘英國 B 型戰時標準船，由考夫蘭父子公司（J. Coughlan & Sons,Ltd）的溫哥華造船廠建造，於 1919 年 11 月 14 日起工，1920 年 5 月 25 日下水，1920 年 8 月 1 日竣工。該船原為蒙特婁的加拿大進口公司（Canadian Impoter Ltd.）所有，船名即「加拿大進口號」（Canadian Importer）。1933 年出售給倫敦的光明海運公司（Bright Navigation Co.Ltd.），改名為「光明之星號」（Brightstar）。1936 年 5 月將船籍移至青島，船主為 Wan H. C.，易名「肇星號」（Chao Sing）。1937 年 12 月 8 日售予山下汽船，

---

[374] 文化部文化資產局，《臺灣附近海域水下文化資產普查計畫報告輯第一階段報告》，頁 299-311。

[375] 財團法人海上勞働協會，《日本商船隊戰時遭難史》（東京：成山堂書店，1962），頁 58-59。

更名「山藤丸」。

　　1938 年（昭和 13 年）12 月 31 日，山藤丸從長崎出港，1 月 3 日在沖繩縣都別島撞到礁石，並發出求救信號，8 日早上方進入基隆港修理。1942 年（昭和 17 年）10 月 18 日，被陸軍徵用的「山藤丸」自高雄出港後，翌日（19 日）在澎湖群島的查母嶼南方觸礁沉沒。[376]

表 6-5　山藤丸基本資料

項目	內容	備註
建造船廠	J. Coughlan & Sons, Ltd	
下水	1920 年 5 月 25 日	
排水量	5,360 噸	
馬力	2,800NHP/IHP	
船長	121.92m	
船寬	15.85m	
吃水	9.46m	
最大航速	9.5/10 節	
引擎	2 組三脹式 WAR UNICORN 型蒸汽機	
遭難時間	1942 年 10 月 19 日	
遭難地點	澎湖六呎礁	
遭難原因	撞礁擱淺沉沒	另一說被美國潛水艇 USSSS-230 Finback 長鬚鯨用魚雷擊沉

---

[376] 昭和 17 年 10 月 1 日至 10 月 31 日，《馬公警備府戰時日誌》。

圖 6-6　加拿大進口號
圖片來源：http://searcharchives.vancouver.ca/s-s-canadian-importer
徵引日期：2014 年 9 月 12 日

圖 6-7　山藤丸
圖片來源：山下汽船株式會社資料庫
徵引日期：2014 年 8 月 15 日

二、山下汽船與日本時代殖民地臺灣的海運路線發展

山下汽船（やましたきせん），係由山下龜三郎（やました かめさぶろう，1867-1944）於 1917 年（大正 6 年）成立，設立之初的本店設於神戶市。[377] 山藤丸為 1940 年代航行於臺日之間的船舶，其最後沉船前的活動軌跡，剛好與山下龜三郎之海運事業、山下汽船在臺灣―日本航線中的發展緊密關聯。

山下汽船創辦人山下龜三郎，出身日本四國愛媛縣內的村長家庭。1880 年代離家之後，先到京都擔任臨時的小學教師，再到東京進入明治法律學校（今明治大學）就讀。[378]22 歲時遭到退學，便到大倉孫兵衛紙店當店員。1894 年（明治 27 年）時曾在橫濱開設洋紙買賣的山下商店工作，但不甚順利，後又到竹內兄弟商會石炭部就職。當時石炭產業因日清戰爭（甲午戰爭）而景氣繁榮，山下認知到石炭輸送的重要性，遂獨力成立橫濱石炭商會，積攢 1 萬圓為資金、加上多方奔走借款，在 1903 年（明治 36 年）買入英國船 Benvenue 號（ベンベニニュ，2,373 噸），命名「喜佐方丸」，開始海運事業。[379]

圖 6-8　山下龜三郎
圖片來源：朝日新聞經濟記者共編，《財界樂屋新人と舊人》（日本：日本評論社，1924），頁 271。

---

[377] 商船三井の歷史 #6 山下龜三郎と山下汽船～「沈みつ浮きつ」の一代記～ | 商船三井，http://www.mol.co.jp/saiyou/kaisya/history06.html，2014 年 12 月 21 日徵引。

[378] 大日本青年教養團編，《東西名士立志伝：独力奮闘》（日本：朝日書房，1926），頁 18-22。

[379] 佐藤朝泰，《豪閥 地方豪族のネットワーク》（東京：立風書房，2001），頁 472-473。

圖 6-9　喜佐方丸

圖片來源：商船三井の歷史 #6 山下龜三郎と山下汽船〜「沈みつ浮きつ」の一代記〜｜商船三井，

http://www.mol.co.jp/saiyou/kaisya/history06.html。

徵引日期：2014 年 11 月 5 日

　　山下龜三郎的海運事業，在同鄉海軍軍人秋山真之、親戚古谷久綱（原伊藤博文首相秘書官）等政軍界友人協助下，配合日俄戰爭時勢向軍方提供徵用船，而獲得比經營一般船舶還高的利潤。日俄戰後日本陷入不景氣，山下與海軍連結的海運事業亦受影響。所幸 1909 年（明治 42年）起海外航運又見好轉，山下經逐步積累資金，於 1911 年（明治 44 年）以 10 萬圓資本金成立「山下汽船合名會社」，並因 1914 年（大正 3 年）第一次世界大戰爆發，海運業務繁忙而快速累積財富，成為當代三大「船成金」（船業暴發戶）之一。

　　山下的事業在 1910 年代有顯著的擴張。一方面，山下汽船合名會社在 1915 年（大正 4 年）底分出石炭部而成為「山下石炭株式會社」，另一方面於 1916 年（大正 5 年）和涉澤榮一等人合作，創立「扶桑海上保險」公司（今三井住友海上）。1917 年，以 1,000 萬圓資金改組「山下汽船株式會社」，就任社長。當時海運事業讓山下一年收益 2,900 萬圓，而同時期日本總理大臣年薪約 12,000 圓，可見其財力之雄厚。[380]1918 年（大正 7

---

[380] 商船三井の歷史 #6 山下龜三郎と山下汽船〜「沈みつ浮きつ」の一代記〜｜商船三井；

年），山下捐出 100 萬圓國防獻金予軍方，陸軍、海軍各分 50 萬圓，做為購買飛機、從事航空研發等用途。[381]

　　1926 年，山下龜三郎已是日本最大的雇傭船主，資產達 1 億 2 千萬圓，旗下船隻達 11 萬噸。至 1943 年更擔任內閣顧問，政經地位顯赫。他也積極興辦學校以回饋社會，1917 年在故鄉吉田町設立山下實科高等女學校（今愛媛縣立吉田高等學校），1920 年（大正 9 年）興辦第二山下實科高等女學校（今愛媛縣立三瓶高等學校），1941 年設立第一山水中學校。[382]

　　在航運方面，山下汽船更開發臺日航線，主要是臺灣四周臨海，與外國往來貿易均需以海運聯繫。1862 年臺灣開港之後，設立於香港的英商道格拉斯汽船公司（Douglas Steam Ship Co.,Ltd.）開設臺灣與清國華南沿海來往的定期航班，輸出茶葉、砂糖。日本統治臺灣之後，日本人為臺灣需要透過海運聯絡，才能更加密切，因此臺日之間的海運航路（內臺航路）也日漸蓬勃。

　　當時的內臺航路分為命令航路和自由航路，前者是政府機關與不同航運公司簽約，透過提供補助金而指定航線；[383] 後者則是航運公司自行載運貨物、旅客之航線。日本領臺之初，臺日間海運往來以陸海軍御用船為主，不允許民用船自由航行。1896 年（明治 29 年）日本在臺施行民政後，開放民用船自由航行於臺灣、日本之間，但船班不定、無法形成固

　　維基百科「山下亀三郎」，http://ja.wikipedia.org/wiki/%E5%B1%B1%E4%B8%8B%E4%BA%80%E4%B8%89%E9%83%8E，2014 年 12 月 21 日徵引。

[381] 和田秀穗，《海軍航空史話》（日本：明治書院，1944），頁 147-152。

[382] 大日本青年教養団編，《東西名士立志伝：独力奮闘》，頁 18-22；維基百科「山下亀三郎」，http://ja.wikipedia.org/wiki/%E5%B1%B1%E4%B8%8B%E4%BA%80%E4%B8%89%E9%83%8E，2014 年 12 月 21 日徵引。

[383] 劉素芬，〈日治初期大阪商船會社與臺灣海運發展（1895-1899）〉，收錄於劉序楓主編，《中國海洋發展史論文集》第九輯（臺北：中央研究院人文社會科學研究中心，2005），頁 377-378；游智勝，〈日治時期臺灣沿岸命令航線（1897-1943）〉（國立臺灣師範大學臺灣史研究所碩士論文，2008），頁 1-2。

定交通路線。同年 4 月，日本大阪商船株式會社接受臺灣總督府的 6 萬圓補助，以 3 艘 1,000 噸船隻開設基隆─神戶定期航線，兩條線路每月各兩次來回。隔年 1897 年，日本郵船株式會社亦加入基隆─神戶定期航線，總督府另因島內陸路交通不便而令大阪商船開設臺灣沿岸航線，連接西岸的基隆、澎湖、安平（臺南）、打狗（高雄），以及東岸的基隆、蘇澳、花蓮港等。

　　除了臺日、臺灣沿岸海運交通外，日本政府也積極發展臺灣與中國沿海連結的海運路線，例如 1899 年（明治 32 年）大阪商船會社開設淡水─香港線，並陸續開發臺灣淡水、安平連接清國福州、廈門等地之相互交通。到 1910 年代為止，臺灣對外定期海運交通路線計有基隆─神戶、淡水─香港、打狗─橫濱、打狗─廣東、打狗─天津、福州─香港等 6 線，以及臺灣沿岸海運路線，均由大阪商船、日本郵船兩家會社所獨佔。兩會社並憑定期航線優勢發展自由航線，載運臺灣輸出米糖等商品，其他商船會社難以與其匹敵。[384]

　　1910 年代，在西澤、三上等汽船公司打入臺灣市場未果後，臺灣對外海運基本上由大阪商船、日本郵船兩會社獨佔，另有三井會社以社船載運砂糖。握有海運運費調整權力的日本船運商社，與欲輸出米糖商品的臺灣本地商人時常在運費調漲上發生爭執。1916 年，一次大戰期間使得全世界海運業務大增，因為船隻不足，導致運費暴漲，出現了命令線基隆出發一擔（米或砂糖）5 圓、僱傭船基隆出發一擔 13 圓、安平或打狗出發一擔 16 圓的巨大差異。從臺灣出貨的商人對此大為不滿，群起向總督府陳情，才讓船公司稍降運費。另外，臺灣內部南北海運運費差異，輸入本島貨物多在基隆入港等狀況，被認為是北部商人蠶食南部商人勢力圈，因而引發南部商人多方奔走，抗議南北海運運費價差問題。[385]

　　1918 年，大阪商船、日本郵船兩會社宣布隔年（1919 年，大正 8 年）

---

[384] 淺香貞次郎，《臺灣海運史》（臺北州：社團法人臺灣海務協會，1941），頁 1-32；杉野嘉助，《臺灣商工十年史》（臺南市：著者，1919），頁 36-48。

[385] 杉野嘉助，《臺灣商工十年史》，頁 41-43。

砂糖運送費用調漲 32 錢，一擔是為 1 圓 82 錢，引發糖業聯合會強烈不滿。此際，此前未踏足臺灣市場的山下汽船可說是「突然出現」，向糖業聯合會提出 1 圓 77 錢的價格，遂得到糖業聯合會的訂約，獨力承擔當時年產量約 700 萬擔的臺灣砂糖輸出。山下汽船除了以降價競爭正式打入臺灣市場外，自 1919 年 6 月起又停靠安平港口，[386] 解決以往海運多在打狗卸貨，再從陸路運往臺南，造成臺南業者不便的問題。透過這樣的策略，山下汽船又爭取到臺南業者的部分托運業務，促使郵商兩會社往安平靠港，與山下汽船競爭。

1919-1920 年前後，臺灣對外海運市場從原來由郵商兩會社獨佔的狀態，轉變為加入山下汽船的「三雄鼎立」局面。郵商兩會社為應對變化，進行貨物運費率的改正。1920 年適逢一次大戰後的經濟不景氣，海運運費暴跌，海運市場的契約訂定主導權轉而握於臺灣業者手中。1920 年 5 月有報導指出，其時正在訂定臺灣下一期產糖運送契約，山下汽船即積極要求訂立契約，不過糖業聯合會認為當下運費暴跌，無須這麼早做決定；新聞最後指出，山下汽船會社或許應該與郵商兩會社共同展開運動。[387]

該新聞反映出臺灣的運價並不穩定，對外的海運市場價格深受國際時局影響，變化快速，而且主導權不一定一直在某個商船會社或是臺灣業者手中。對於打入臺灣市場不久的山下汽船而言，在保持一定地盤的情況下和郵商兩會社合作，才能長久維持在臺航線利益穩定。1920 年代山下汽船在臺灣的經營策略，一方面是在砂糖輸出量最多的打狗（高雄）設辦事處，並與高雄青果組合訂立契約，開設高雄—橫濱航線以輸出當地水產、芭蕉等農漁產品（1923 年起航線開始運作），而進一步穩定在臺商業運作基礎。另一方面，即如前述，與郵商兩會社保持既競爭又合作的關係。三社之間一樣在米糖運費上暗地競爭，維持協定費率，運量則有所劃分，例如在前述 1920 年產糖運輸契約中，山下汽船最終取得三分

---

[386]《讀賣新聞》，〈山下汽船計畫〉，1919.4.19 朝刊 3 版。

[387]《讀賣新聞》，〈臺糖積取交涉　山下汽船申出〉，1920.5.29 朝刊 3 版。

之一的運量。[388]

　　山下汽船進入臺灣市場後，對海運價格調整有所影響，讓臺灣外銷業者感到便利。同時，山下汽船也和郵商兩會社一樣，取得與臺灣總督府訂約的機會，開闢航行定期航線。以現有航海命令書來看，山下汽船至遲從 1923 年（大正 12 年）即開始航行基隆經廈門、汕頭、香港到海防之南洋線定期航線，1925 年（大正 14 年）更和大阪商船、近海郵船（日本郵船子公司）合作航行高雄—橫濱、基隆—海防等定期航線。[389] 此外，山下汽船在內臺航路經營上，因審視海運界局勢，在共同經營的形式下委由大阪商船負責。[390] 總而言之，經過 1920 年代前期的經營模式調整，不論是定期航線或自由航線，山下汽船在臺灣對外海運上取得一席之地。

圖 6-10　被魚雷擊中、沉沒中的日本商船　　圖 6-11　在印尼海域遭飛機空襲的日本商船

圖片來源：海上勞働協会編，《日本商船隊戰時遭難史》扉頁

---

[388] 杉野嘉助，《臺灣商工十年史》，頁 42-48；芝忠一，《新興の高雄》（高雄市：新興の高雄發行所，1930），頁 24-31。

[389] 臺灣總督府，《大正十一年度 航海命令書（寫）》（出版地不詳：臺灣總督府，出版年不詳）；臺灣總督府，《大正十四年度 航海命令書（寫）》（出版地不詳：臺灣總督府，出版年不詳）；臺灣總督府，《大正十五年度 大正十六年度 航海命令書（寫）》（出版地不詳：臺灣總督府，出版年不詳）；臺灣總督府，《昭和三年度 航海命令書（寫）》（出版地不詳：臺灣總督府，出版年不詳）。

[390] 芝忠一，《新興の高雄》，頁 31。

三、太平洋戰爭時期的「海上動員」

日本帝國在 1930 年代進入「十五年戰爭」時期，[391] 全國政治、經濟、社會資源都為戰爭做準備而加強統治，海運也不例外。日本在 1936 年（昭和 11 年）「二二六事件」後逐漸進入準戰時體制，1937 年日本海運業為避免物價、運費高漲造成海運不順，而由大阪商船、日本郵船、山下汽船等 7 家船運公司組成「海運自治聯盟」。[392] 不久日中戰爭爆發，聯盟改稱「海運自治統制委員會」，開始對運費、用船費等進行市場管制。

因為戰爭因素，日本政府在《國家總動員法》下制訂〈臨時船舶管理法〉、〈海運組合法〉、〈海運統制令〉等法令，介入原來由民間企業運作的市場機制。1942 年，更成立「船舶營運會」，由遞信部指派統整管理全國海運事務的會長，直接將海運事業納入國家管理。至此，民間船皆須做為國家使用船，海運公司幾無自主經營空間。

日本因發動戰爭，因此需要統制海運事業，這反映在商用船隊的大量徵用上。1941 年 12 月，日本是世界第三大海運國，擁有總計 630 萬噸的船隻載貨量。當時日本對外戰爭也從對中國戰爭發展成為太平洋戰爭，因為戰爭區域更為遼闊，因此海運能力是否強大，將影響運送戰力、後勤補給等軍事面向，這些部分都需要進行規劃。

中日戰爭開戰之初，日本陸海軍就制定了徵用 390 萬噸船舶之計畫，徵用船隻分稱「A 船」（陸軍）、「B 船」（海軍）以及「C 船」（民用），不過這個計畫忽略了日本的造船能力與逐年「耗損」，而後修正為三年

---

[391] 有鑑於 1931-1945 年日本國內軍部勢力抬頭、逐步掌握實權，並在「昭和恐慌」政經不振、國外 1933 年脫離國聯之孤立形勢綜合影響下，全國在 1933 年以降進入「非常時」總力戰體制，以至爾後二次大戰發生，學者鶴見俊輔遂將此期統稱為「十五年戰爭期」。蔡錦堂，〈皇民化運動前臺灣社會教化運動的展開 —— 1931~1937〉，《臺灣史國際學術研討會 —— 社會、經濟與墾拓論文集》（臺北：淡江大學歷史系，1995），頁 385。

[392] 海運自治聯盟由日本郵船、大阪商船、山下汽船、國際汽船、川崎汽船、大同海運、三井物產船舶部所組成。

180 萬噸。於此情況下，大阪商船、山下汽船等海運公司之商船，即在戰爭需求下被陸軍、海軍所徵用，配合載運士兵、油料、糧食等人力與物資，往臺灣、南洋等地出發。被徵用的商船航行於太平洋上，不時會遭到敵對國家的潛水艇發射魚雷砲擊、飛機空襲而被擊沉，或是誤觸暗礁沉沒。[393] 1942 年 10 月，除了山藤丸誤觸暗礁沉沒外，其他尚有因魚雷、空襲而喪失 29 艘徵用商船，其中 16 艘為 5,000 噸以上船隻，是當時開戰 11 個月以來的最高紀錄。[394]

四、山藤丸遭難事件說明

山藤丸遭難的原因有兩種說法，一說遭美軍魚雷擊中而沉沒，另一說在澎湖六呎礁一帶撞礁擱淺沉沒。[395] 但以在澎湖六呎礁一帶撞礁擱淺沉沒的記錄較符合歷史事實。根據美方的資料記載，美軍潛水艦「長鬚鯨號」（USS SS-230 Finback）在 1942 年 10 月 21 日的作戰紀錄中，載明山藤丸是被它的魚雷所擊沉，[396] 但長鬚鯨號當天以魚雷命中的其實是「非洲丸」（あふりか丸，Africa Maru）與「倫敦丸」，[397] 其中「非洲丸」首先被 1 枚魚雷命中第 4、5 船艙的左舷，之後第 2 船艙左舷也遭命中，在 6 分鐘

---

[393] 海上労働協会編，《日本商船隊戦時遭難史》（1962；東京都：成山堂書店，2007），頁 195-218。

[394] 海上労働協会編，《日本商船隊戦時遭難史》，頁 59。

[395] 《自日本昭和 17 年 10 月 1 日至昭和 17 年 10 月 31 日 馬公警備府戰時日誌》，國立公文書館アジア歷史資料センター，檔案號碼：C08030509800。另在《昭和 16 年～ 20 年喪失船舶一覽表》提到，山藤丸在湖湖島沖觸礁，參見《昭和 16 年～ 20 年喪失船舶一覽表》，國立公文書館アジア歷史資料センター，檔案號碼：C08050009900。

[396] The Official Chronology of the U.S. Navy in World War II Chapter IV：1942，http://www.ibiblio.org/hyperwar/USN/USN-Chron/USN-Chron-1942.html，2014 年 12 月 23 日徵引。"October 20, Tue. Submarine Finback （SS-230）, attacking Japanese convoy off west coast of Formosa, damages army passenger-cargo ship Africa Maru and cargo ship Yamafuji Maru, 24° 26'N, 120° 25'E. Both sink the next morning."

[397] 維基百科フィンバック（潛水艦），2014 年 9 月 15 日徵引。http://ja.wikipedia.org/wiki/E3%83%95%E3%82%A3%E3%83%B3%E3%83%90%E3%83%83%E3%82%AF_%28%E6%BD%9C%E6%B0%B4%E8%89%A6%29#cite_ref-23

內翻覆沉沒，造成 3 名船員死亡。[398]

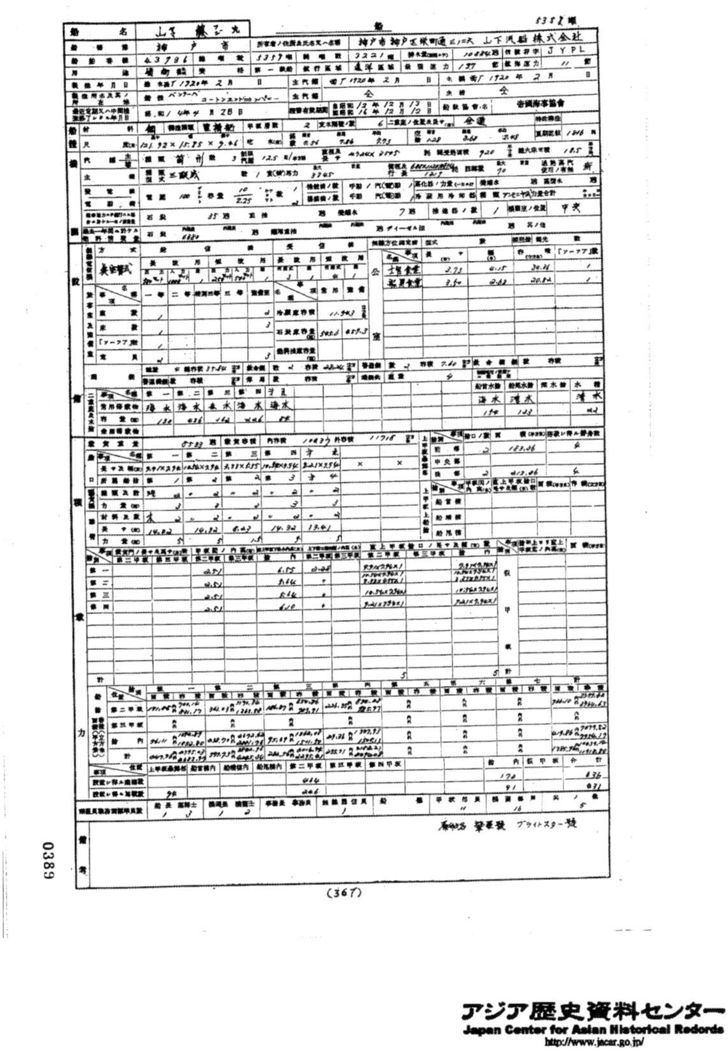

圖 6-12　日本國立公文書館記錄山藤丸基本資料

資料來源：《昭和 14 年版日本汽船名簿》，國立公文書館アジア歷史資料センター，

檔案號碼：C08050073700

---

[398] http://www22.tok2.com/home/ndb/name/a/Af/Af/Africa/Africa.html。2014 年 9 月 15 日徵引。

圖 6-13　《臺灣日日新報》記載山藤丸在 1939 年沖繩外海遭難情況
圖片來源：《臺灣日日新報》，1939 年 2 月 9 日，7 版

　　但日本方面對於山藤丸的遭難記載與美軍不同，根據《自日本昭和 17 年 10 月 1 日至昭和 17 年 10 月 31 日馬公警備府戰時日誌》在一般情勢的船舶海難關係項目中記載：「19 日 11 時 00 分，發現山藤丸於查母嶼南方的六吷礁擱淺，本府以救難隊第二部署（外加動力船住吉丸）傾全力展開救難，轉移乘員與載貨。為了盡力固定船體以轉移乘員，追加 4 處以錨固定，但因為風速超過 30 米的季風掀起風大浪，使救難作業無法順利進行，最後船體遭浪捲走流失，從此消逝蹤影」。[399]

　　在作戰經過概要項目的 19 日欄位記載：「發馬警府參謀長陸軍徵傭船山藤丸 19 日 0 時 25 分於查母嶼南方的六吷礁擱淺，11 時 00 分左右發現後，本府立刻傾全力投入救難。由於該船船體中央部屈曲浸水擱淺，因此眼前除了調查船體損傷狀況之外，也努力固定其位置。但若沒有具備強大排水能力的救難船協助，恐有翻覆破壞之虞，必須至急派遣救難

---

[399] 《自日本昭和 17 年 10 月 1 日至昭和 17 年 10 月 31 日馬公警備府戰時日誌》，國立公文書館アジア歷史資料センター，檔案號碼：C08030509800。

船」。[400]

　　在 26 日的欄目則記載：「二、發馬警府參謀長山藤丸於 10 月 22 日半夜因風速超過 30 公尺的季風連續吹襲，船體逐漸遭破壞並翻覆，原本的位置已看不見其船影，因而終止救難行動」。[401] 由相關資料顯示，山藤丸的沉沒並非遭致魚雷攻擊，而是誤觸暗礁所致。在 1962 年（昭和 37 年）日本海上勞動協會編纂之《日本商船隊戰時遭難史》記錄中，山藤丸的沉沒也被歸類為「普通海難」，而和同月因魚雷、空襲等「戰爭海難」沉沒之 29 艘船隻分開統計。[402] 這個記錄再次證明前述美軍潛水艦「長鬚鯨」號（USS SS-230 Finback） 10 月 20 日作戰紀錄「以魚雷擊沈山藤丸」的錯誤。

五、山藤丸訪談資訊與監看情況

（一）訪談資訊

　　蔡寶生描述：「山藤丸二戰末期於臺中外海被美軍潛艇魚雷擊中，之後沉沒在六呎礁附近，光復後打撈公司原本計畫拆除，但因水深湍急故無法執行打撈作業。此沉船斷裂成三截，分別在水深 9-12 公尺一截、39-42 公尺一截、48-52 公尺一截，其中在水深 9-12 公尺處為船之主體，長度約在 60 公尺左右，而最深之 48-52 公尺處應是船頭，體積不大」。[403]

　　陳進登對於藤丸遭難情況亦有印象，據其回憶：「二戰末期日運輸船山藤丸沉沒在六呎礁附近，船斷成三截，水深約在 12-50 公尺處。光復後打撈公司可能在最淺的一截拆除部份銅料，其餘較深的兩截因水深湍急故無法打撈。早年鐵價昂貴，因此有當地民眾下水撈取白鐵變賣，目前

---

[400]《自日本昭和 17 年 10 月 1 日至昭和 17 年 10 月 31 日 馬公警備府戰時日誌》，國立公文書館アジア歷史資料センター，檔案號碼：C08030509800。

[401]《自日本昭和 17 年 10 月 1 日至昭和 17 年 10 月 31 日 馬公警備府戰時日誌》，國立公文書館アジア歷史資料センター，檔案號碼：C08030509800。

[402] 海上勞働協会編，《日本商船隊戰時遭難史》，頁 58-59。

[403] 文化部文化資產局，《臺灣附近海域水下文化資產普查計畫報告輯第二階段報告（1）》（臺中市，文化部文化資產局，2018），頁 137。

龍門當地仍留有一部早年打撈上來的圓型機電組，其材質由不銹鋼白鐵鍛造」。[404]

　　陳怡銘是位淺水愛好者，其敘述：「以往在六呎礁海域潛水時，於水下 12 公尺處發現有大型鐵船，此外附近斷層水深約 20-45 公尺處也分別發現幾截殘骸，類似船頭。根據龍門當地耆老描述這艘沉船應是二戰時期的日軍運輸船，其噸位不小；另外一說為 1895 年時日軍在裡正角登陸時沉沒。六呎礁水域常有鯊魚出沒，每年 8 月間是其交配期，因此下水調查時應在此之前為宜。目前聽說已有打撈公司在此拆解船體，所以要趕緊去調查」。[405]

圖 6-14　山藤丸遭難地點

---

[404] 文化部文化資產局，《臺灣附近海域水下文化資產普查計畫報告輯第二階段報告 (1)》，頁 137。

[405] 文化部文化資產局，《臺灣附近海域水下文化資產普查計畫報告輯第二階段報告 (1)》（臺中市，文化部文化資產局，2018），頁 137-138。

　　山藤丸遭難的地點為澎湖群島東南方海域，所屬範圍為六呎礁海域一帶。[406] 該地區海域有較多的小暗礁，並非船舶的主要航線。雖然澎湖海域沉船眾多，但此處不是沉船的敏感地帶。依照水下考古團隊於 2010 年（民國 99 年）5 月 5 日的水下調查研究，在沉船遺址附近發現山藤丸已斷裂三段，分別為 9-12 公尺、39-42 公尺、48-52 公尺。[407] 遺址地之範圍東西長 50 公尺，南北寬 180 公尺，面積約有 9,000 平方公尺，散落遺骸極多，亦被海洋生物所覆蓋。[408] 六呎礁附近海域水深大約 9-52 公尺，[409] 水下調查工作有一定難度。

　　1952 年高雄慶源工程所向海軍總部申請打撈山藤丸，但因水流湍急而未執行。[410] 後於 1953 年 3 月陸續與新中國打撈公司、[411] 國際工程所[412] 簽訂打撈合約進行打撈，但因為天氣、水文等各種因素，使得打撈工作無法進行，最後皆未打撈山藤丸。[413]

（二）調查與監看

　　水下文資保存，目前已有「將軍一號」、「博卡喇汽船」、「山藤丸」、「廣丙艦」、「綠島一號」及「蘇布倫號」，共六艘船舶被列冊保存。因此

---

[406] 臧振華，《臺灣附近海域水下文化資產第二階段普查計畫（99-101 年）第三年度（101 年）計畫》，頁 446。

[407] 臧振華，《臺灣附近海域水下文化資產第二階段普查計畫（99-101 年）第二年度（100 年）計畫》，頁 354-367。

[408] 臧振華，《臺灣附近海域水下文化資產第二階段普查計畫（99-101 年）第三年度（101 年）計畫》，頁 482-483。

[409] 臧振華，《臺灣附近海域水下文化資產第二階段普查計畫（99-101 年）第三年度（101 年）計畫》，頁 371-372。

[410] 《國防部檔》，00029878/624.8/7132.2/001，（馬公港內外沉船及物資打撈案 4），1952 年 2 月 6 日。

[411] 《國防部檔》，00029878/624.8/7132.2/035，（馬公港內外沉船及物資打撈案 4），1953 年 3 月 10 日。

[412] 《國防部檔》，00049553/1141/2277/017，（山藤丸打撈案），1959 年 4 月 11 日。

[413] 劉芳瑜，〈海軍與澎湖海域的沉船打撈〉，《中華軍史學會會刊》，第 14 期，2004 年 9 月，頁 38-41。

必須時常進行監看動作，了解該文資現況，再作後續處理。此工作本來委由中央研究院水下考古團隊[414]調查，該團隊經過數次調查，紀錄相關資訊，如 2010 年 5 月 5 日第一次下水驗證、2010 年 5 月 7 日第二次下水驗證。[415]並進行海測儀器調查，使用側掃聲納探測到山藤丸船身，另外亦取得周圍六呎礁地貌影像，11 點 19 分結束海測工作返回龍門港。[416]2019 年 5 月 15 日，針對山藤丸再進行監測記錄，考古團隊設定四個監看點以浮力袋出水，由 GPS 進行四點定位。經水下目視觀察，山藤丸沉船遺址多受海洋生物附著，但船骸面積廣大，鐵質船體因常年裸露，並遭受激流衝擊影響，故時間久遠必對沉船保存帶來威脅；其次，經常有漁民及潛水員在此捕撈魚貨，故對船體保護也帶來一定程度的影響。經監看結果發現與去年差異不大。[417]同年 10 月 23 日再進行第二次監看記錄，船體殘骸及遺物分布狀態與往年發現差異不大。[418]

　　2020 年 6 月 1 日再針對山藤丸進行該年第一次監看，探查結果船體殘骸及遺物分布狀態與上次監看差異不大，相關遺物及鐵質殘骸仍遺留現場，並無遭受人為所破壞現象。[419]2020 年 7 月 17 日和 8 月 15 日再進行二次監看，狀況與 2019 年相同。[420]

---

[414] 此調查工作委由中央研究院歷史語言研究所藏振華院士團隊進行。此後藏院士至清華大學後，現今即由清華大學水下考古學暨水下文化資產研究中心進行調查。

[415] 文化部文化資產局，《臺灣附近海域水下文化資產普查計畫報告輯第二階段報告 (1)》，頁 138-140。

[416] 文化部文化資產局，《臺灣附近海域水下文化資產普查計畫報告輯第二階段報告 (1)》，頁 147。

[417] 文化部文化資產局，《臺灣附近海域水下文化資產調查、驗證、管理維護計畫 (108 年度) 成果報告》(臺中市，文化部文化資產局，2019)，頁 106。

[418] 文化部文化資產局，《臺灣附近海域水下文化資產調查、驗證、管理維護計畫 (108 年度) 成果報告》，頁 112-114。

[419] 文化部文化資產局，《水下文化資產列冊管理及水下目標物驗證計畫 (109 年度) 成果報告》(臺中市，文化部文化資產局，2021)，頁 112-113。

[420] 文化部文化資產局，《水下文化資產列冊管理及水下目標物驗證計畫 (109 年度) 成果報告》，頁 121-122。

2021 年 5 月 5 日再進行該年度第一次監看工作，結果與前兩年狀況相同，遺址狀況並沒有太大變化。[421]7 月 4 日再進行第二次監看，監看結果跟之前狀況一樣。[422] 由此顯見，山藤丸遺址處，經過三年的監看結果，船體和船舶遺留物並沒有太多變化，周邊人為擾動情況鮮少，保存情況良好。

六、出水文物及資產價值評估

（一）資產價值評估

山藤丸為二次大戰期間日本政府所徵召的貨輪之一，因此船上物品除了船上原有之料件外，亦有日軍之相關軍用品。然因船體結構已經斷裂成三段，許多遺物皆已遺失。2010 年 5 月 7 日進行水下撈掘後所出水的遺物有如圓型機電組、圓型窗框、瓷片、金屬餐叉、銅管、銅板、銅管轉接頭、橢圓形鐵框、三具鐵錨、L 型銅管、ㄇ型金屬、銅扣、圓白型白瓷絕緣體、白釉碗口殘器、金屬板、金屬接頭、銅製圓形窗框、金屬窗框。[423] 目前所撈掘的出水遺物主要是船體零件為主，船上貨品則尚未發現。

根據水下考古團隊進行口述訪談及水下探勘所得到之訊息，發現山藤丸船底板、船體骨架等皆依然可見，[424]山藤丸目前撈取的物件主要是船體零件及餐具，共 14 件。但因山藤丸是艘貨輪，又並非運送重要物品的船舶，因此船舶本身即沒有太多具有價值性之東西，遭難之後受到海水

---

[421] 文化部文化資產局，《水下文化資產列冊管理及水下目標物驗證計畫（110 年度）成果報告》（臺中市，文化部文化資產局，2021），頁 125-130。

[422] 文化部文化資產局，《水下文化資產列冊管理及水下目標物驗證計畫（110 年度）成果報告》，頁 139-140。

[423] 臧振華，《臺灣附近海域水下文化資產第二階段普查計畫（99-101 年）第二年度（100 年）計畫》，頁 354-367。

[424] 臧振華，《臺灣附近海域水下文化資產第二階段普查計畫（99-101 年）第二年度（100 年）計畫》，頁 363-367。

侵蝕及水下物撞擊，遺物保存的情況不佳可想而知。然因山藤丸為第二次世界大戰期間，日本徵召的船舶之一，對於研究日本船舶徵召史、海難史、餐具史、日本近代船舶技術史具有學術研究上的價值。

（二）出水文物表

表 6-6 山藤丸出水遺物表

日期	標本類別	件數
2019	銅質管線夾具	1（件）
2019	羅經殘件 [425]	1（件）
2010/05/07	L 形銅管	1（件）
2010/05/07	∩ 字型金屬	1（件）
2010/05/07	銅接頭	1（件）
2010/05/07	銅釦	1（件）
2010/05/07	圓型白瓷絕緣體	1（件）
2010/05/07	金屬餐叉	1（件）
2010/05/07	白釉碗口沿殘器	1（件）
2010/05/07	金屬板	1（件）
2010/05/07	金屬接頭	1（件）
2010/05/07	銅管	2（件）
2010/05/07	銅製圓形窗框	1（件）
2010/05/07	銅踏板	1（件）
2010/05/07	金屬框	1（件）
2010/05/20	玻璃瓶殘器	7（件）
2010/05/20	黑炭	1（件）
2010/05/20	紅胎陶片	3（件）
2010/05/20	黑釉瓷片	1（件）
2010/05/20	白釉瓷盤殘器	6（件）
2010/05/20	素白胎缽口沿殘器	1（件）
2010/05/20	玻璃瓶底足殘器	2（件）
2010/05/20	銅片	1（件）

---

[425] 文化部文化資產局，《臺灣附近海域水下文化資產調查、驗證、管理維護計畫（108 年度）成果報告》，頁 399。

日期	標本類別	件數
2010/05/20	鋁圈	1（件）
2010/05/20	圓形銅罩	1（件）
2010/05/20	銅條器	1（件）
2010/05/20	銅條[426]	1（件）

肆、廣丙艦

一、前言

　　廣丙艦是清朝水師於自強運動後所製造的新式戰船之一，船舶結構為鐵甲船，配置新式武器與裝載新的推進動力馬達，有別於舊式靠風力運行的中式帆船。雖然清軍水師已擁有新式戰船，但在指揮與操作上仍不熟稔的情況下，作戰時無法發揮最大效益。廣丙艦於 1894 年（清光緒 20 年）9 月 17 日中日甲午戰爭開戰前被編入北洋水師參加黃海海戰，於 1895 年（清光緒 21 年）2 月 17 日和被困威海衛的其他軍艦向日軍投降成為日軍俘虜，被編制為日本海軍，船身也由原來的清朝海軍彩繪，改為全白色的日軍船艦塗裝。廣丙艦於 1895 年 12 月 21 日在澎湖島南岸因遭遇風暴而座礁沉沒，並在 1896 年 2 月 18 日除籍。

　　廣丙艦於清光緒年間於福州馬尾造船廠建造，1891 年（清光緒 17 年）4 月 11 日下水，1892 年（清光緒 18 年）4 月 25 日竣工，歸屬清代廣東水師巡洋艦，為福州船政局所興建的第 32 艘船，造價 20 萬兩，船長 71.36 公尺，船寬 8.23 公尺，吃水 3.96 公尺。配置 12 發快砲 1 門，兩旁配 47 毫米口徑哈乞開司砲 4 門，魚雷發射器 4 具、新式鍋爐 3 座、康邦臥機 2 副，每副馬力 1,200 匹，可裝置煤燃料 150 噸；排水量為 1,030 噸，

---

[426] 文化部文化資產局，《臺灣附近海域水下文化資產普查計畫報告輯第二階段報告（1）》，頁 267-285。

馬力 2,400 匹，最高航速達 17 節。甲午海戰時所搭載的人員為 138 名，[427]
武器配備機砲 8 門，47 公釐機砲 4 門，4 門十八吋魚雷發射器，管帶為
游擊 [428]，也是船艦指揮官。[429]

二、福建船政局的設置

鴉片戰爭清朝戰敗之後，便開始檢討水師政策，然而官員各有堅
持，無法在短暫時間內獲得共識，加以道光、咸豐以降內憂外患，故在
水師政策上無法擬定方針。同治朝以後，這股改變水師方略的思潮再也
無法抵擋，清廷決定由左宗棠來佐理船政事宜，試造輪船，[430]1866 年
（清同治 5 年）福建船政局船廠開工興建。[431] 然新疆地區告急，非左宗棠
前去平亂不可，左宗棠遂推薦沈葆楨擔任船政大臣一職。[432] 福建船政局
在沈葆楨主持之下，任用法國人日意格（Prosper Marie Giquel）、德克碑
（Paul-Alexandre Neveue d'Aiguebelle）為正副監督，負責所有的船政事務。

福州船政局因設置於馬尾，亦稱馬尾船政局，福建船政局主要由鐵
廠、船廠和船政學堂三部分組成，屬於清政府所經營規模最大的新式造
船廠。船政學堂設製造、航海兩班，分別要求學員達到按圖造船和擔任
船長的能力；並派員留學英、法，學習駕駛和造船技術。1869 年（清同治
8 年）6 月 10 日，福建船局製造的第一艘輪船萬年清號下水。1871 年為
了解英、法等國的現代化工藝，曾國藩、李鴻章上奏，委派刑部主事陳

---

[427] 日本國立公文書館藏，日清海戰史，山東役附表及附図，目次附圖 (1)，編號
C08040533600 之 0286。

[428] 管帶為新式水師官員之官階名稱，等同於舊式水師游擊之官階。游擊之品級為從三
品，參閱崑岡，《欽定大清會典事例》，〈兵部〉卷 542，頁 4-2。

[429] 日本國立公文書館藏，国外より得たる海洋島海戰に関する記事 (4)，編號
C08040488000 之 1306-1308。

[430] 《清實錄·穆宗毅皇帝實錄》（北京：中華書局，1986），卷二百七十八，頁 208-1。

[431] 《海防檔》，福州船廠（上），頁 59。

[432] 《清實錄·穆宗毅皇帝實錄》，卷二百十四，頁 785-1。

蘭彬、江蘇同知容閎，選派聰穎弟子出國學習相關技藝。[433]至1874年（清同治13年）2月，共造輪船15艘。爾後，法國工程師日意格等數十人依照原合同規定從船廠撤退，廠務和技術則由船政學堂所培養出來的學生接管，新造的船艦皆由清人所駕駛。

1912年（民國元年）辛亥革命後，改稱為「海軍造船所」。但至對日抗戰期間，又遭到嚴重破壞，因而生產停頓。雖然中法戰爭之後，福建船政局的造船產量已不如以往，但從1866年至1907年（清光緒33年）間，福州船政局還是建造達41艘戰船，廣丙艦為第32艘，被分派編制到廣東水師，兩廣總督李瀚章奏報閩省續造廣丙艦驗收情況。[434]

圖 6-15　被日軍俘虜、重新塗裝後的廣丙艦外部樣貌
圖片來源：http://tupian.baike.com/
徵引日期：2014 年 8 月 25 日

---

[433]《籌辦夷務始末》同治朝，卷八十二，頁 47-1。
[434]《清實錄‧德宗景皇帝實錄》（北京：中華書局，1986），卷三百十二，頁 63-1。

表 6-7 福建船政局興建水師戰船表

船名	屬性	製造時間	噸位	建造經費（兩）	所屬水師	備考
萬年青	運輸船	1869.6.10	1,370	163,000	福建水師	1887.1.20 撞沉
湄雲	運輸船	1869.12.6	578	163,000	北洋水師	1895.3.6 被日俘
福星	木質兵船	1870.5.30	515	106,000	福建水師	1884.8.23 被擊沉
伏波	木質兵船	1870.12.22	1,258	161,000	福建水師	1884.8.23 自沉
安瀾	運輸船	1871.6.18	1,258	165,000	福建水師	1874.9.29 遇風沉
鎮海	運輸船	1871.11.28	572.5	109,000	福建水師	
揚武	木質兵船	1872.4.23	1,393	254,000	福建水師	1884.8.23 被擊沉
飛雲	木質兵船	1872.6.3	1,258	163,000	福建水師	1884.8.23 被擊沉
靖遠	木質兵船	1872.8.21	572.5	110,000	南洋水師	
振威	木質兵船	1872.12.10	572.5	110,000	福建水師	1884.8.23 被擊沉
濟安	木質兵船	1873.1.2	1,258	163,000	福建水師	1884.8.23 被擊沉
永保	木質兵船	1873.8.10	1,353	167,000	福建水師	1884.8.23 被擊沉
海鏡	運輸船	1873.11.8	1,358	167,000	北洋水師	
琛航	運輸船	1874.1.6	1,391	164,000	福建水師	1884.8.23 被擊沉
大雅	運輸船	1874.5.16	1,391	164,000	福建水師	1874.9.29 遇風沉
元凱	木質兵船	1875.6.4	1,258	162,000	福建水師	1894.11 被日俘
藝新	木質兵船	1876.6.10	245	5,100	福建水師	1884.8.23 自沉
登瀛洲	木質兵船	1876.9.15	1,258	162,000	南洋水師	
泰安	木質兵船	1876.12.2	1,258	162,000	北洋水師	1937 自沉
威遠	練兵船	1877.5.15	1,258	195,000	北洋水師	1895.2.6 被擊沉

船名	屬性	製造時間	噸位	建造經費（兩）	所屬水師	備考
超武	鐵脅木殼兵船	1878.6.19	1,268	200,000	南洋水師	
康濟	練船	1879.7.21	1,310	211,000	北洋水師	
澄慶	鐵脅木殼兵船	1880.10.22	1,268	200,000	南洋水師	1885.2 自沉
開濟	鐵脅雙重快碰船	1883.1.11	2,153	386,000	南洋水師	1902.6.22 爆炸沉
橫海	鐵脅木殼兵船	1884.12.18	1,230	200,000	南洋水師	1886.2 觸礁沉
鏡清	鐵脅雙重快碰船	1885.12.23	2,200	363,00	南洋水師	
寰泰	鐵脅雙重快碰船	1886.10.15	2,200	366,000	南洋水師	1902.8.17 撞沉
廣甲	鐵脅木殼兵船	1887.8.6	1,296	220,000	廣東水師	1894.9.17 擱淺
平遠	鋼甲鋼殼兵船	1888.1.29	2,150	524,000	北洋水師	1895.2.17 被日俘
廣乙	鋼脅鋼殼魚雷快船	1889.8.28	1,110	200,000	廣東水師	1894.7.25 擱淺自焚
廣丙	鋼脅鋼殼魚雷快船	1891.4.11	1,030	200,000	廣東水師	1895.2.17 被日俘
廣庚	鋼脅木殼兵船	1889.5.30	316	60,000	廣東水師	
福靖	鋼脅鋼殼魚雷快船	1893.1.20	1,030	200,000	福建水師	1898.7 遇風沉
通濟	鋼脅鋼殼練船	1894	1900	1,100,000	中央海軍	1937 自沉
福安	運輸艦	1897.4.19	1,700	200,000	中央海軍	1938 擊沉
吉雲	拖船	1898	135	56,000	中央海軍	
建威	魚雷獵艦	1899.1.29	871	637,000	中央海軍	
建安	魚雷獵艦	1900.3.3	871	637,000	中央海軍	
建翼	魚雷艇	1902.5	50	24,000		

船名	屬性	製造時間	噸位	建造經費（兩）	所屬水師	備考
海鴻	砲艇	1917	190	85,500	中央海軍	1937 自沉
海鵠	砲艇	1918	190	85,500	中央海軍	1937 自沉

資料來源：張俠等編，《清末海軍史料》（北京：海洋出版社，1982）。

三、廣丙艦的興建

　　清廷一方面向國外購買船艦之外，也積極製造國造軍艦，發展造船技術。其中以兩廣總督張之洞最為積極。張之洞自 1886 ～ 1888 年（清光緒 12 年至 14 年）即開始著手向中央及地方募集資金，這段時間集資 42 萬兩，並在鹽商的資助下集資銀 38 萬兩，總共募得 80 萬兩，計畫於福州船政局建造 8 艘軍艦，[435] 廣丙艦即是其中一艘。

　　兩廣總督張之洞（1837-1909）向福州船廠訂造 3 艘 2,400 匹馬力級軍艦，分別為廣乙、廣丙、廣丁，隸屬於廣東水師戰船，因屬同型，皆可視為廣乙級軍艦。[436] 廣乙級軍艦可做為大型魚雷艇，亦可航行至遠洋作戰，艦體採用穹甲設計，類似驅逐艦。[437] 船艦結構所需的木料較多，福建沿海一帶已經沒有較大的木料，因此大材購自於暹羅。[438] 在武器配置上，廣丙艦配有 120 毫米口徑前主砲 2 門，120 毫米後主砲 1 門，五管 37 毫米口徑哈乞開司砲 4 門，6 磅哈乞開司砲 4 門，魚雷管 4 具。[439] 廣乙、廣丙、廣丁艦皆配置魚雷，有些史料稱其為獵艦或魚雷快船，當可屬於雷擊艦範疇。[440]

---

[435] 〈續造兵輪摺〉，《張之洞全集》，卷二十一，光緒 13 年 6 月 14 日，頁 28-32。

[436] 陳悅，《北洋海軍艦船志》（濟南：山東畫報出版社，2009），頁 258。

[437] All The World's Fighting Ships 1860-1905, Conway Maritime Press1979, p. 399.

[438] 張振佩，《左宗棠傳》（海南：海南國際新聞出版中心，1993），頁 274-276。

[439] 《洋務運動》叢刊第五冊，光緒 17 年 3 月 21 日卞寶第奏摺，頁 427。

[440] 姜鳴，《龍旗飄揚的艦隊》（北京：生活‧讀書‧新知三聯書店，2002），頁 249。

1888 年 11 月壬戌，3 艘船艦已安上龍骨。[441]4 月 11 日廣丙巡洋艦下水，[442]1892 年 6 月甲寅，廣乙及廣丙兵輪已驗收。[443] 廣丙艦完成驗收之後，準備回廣東海域巡防，擔任海疆維護工作。是時 1892 年初，北洋海軍例行性冬季南下巡弋，在福建船政局維修保養，與新造的廣乙、廣丙會同編隊開航廣東，兵船過長江口後在吳淞口下海浦一帶停留數日。[444]1893 年廣字三艦北上參加南北洋會操，原本應於 1894 年春返回廣東，但此時清、日關係緊張，主因朝鮮爆發東學黨之亂，兩國為了朝鮮主權問題，戰爭一觸即發。為了加強北洋海軍軍力，遂將這 3 艘船留在北洋水師，此舉也導致日後廣丙艦被俘。

廣東水師記名總兵余雄飛[445]督率廣甲、廣乙、廣丙三兵船，至上海停留數日後前往北洋。[446]1894 年 6 月 23 日，林曾泰（1851-1894）統帶鎮遠、超永、廣丙抵達仁川。[447]同年 7 月，北洋海軍提督丁汝昌（1836-1895）率北洋水師於東海一帶訓練，余雄飛率廣東水師廣甲、廣乙、廣丙在大沽口會合，隨同出海訓練，李鴻章對於此次操練讚譽有加。[448]9 月 18 日在大東溝之役中，廣丙艦被編為第二隊。[449] 廣丙艦之管帶為程璧光。[450]9 月 17

[441] 《清實錄・德宗景皇帝實錄》，卷二百六十一，頁 508-2。

[442] 《洋務運動》叢刊第五冊，光緒 17 年 3 月 21 日卞寶第奏摺，頁 427-429。

[443] 《清實錄・德宗景皇帝實錄》，卷三百十二，頁 63-1。

[444] 《申報》第 7284 期，第 3 版，1893 年 8 月 1 日。

[445] 余雄飛當時署理廣東瓊州鎮總兵，國立故宮博物院藏，《軍機處檔摺件》，131359 號。

[446] 《申報》第 7537 期，第 3 版，1894 年 4 月 17 日。

[447] 〈校閱海軍竣事摺寄劉公島丁軍門〉，《李鴻章全集》第二冊，光緒 20 年 5 月 15 日，頁 707。

[448] 《李鴻章全集》第二冊，光緒 20 年 5 月 15 日，頁 707。

[449] 劉體智撰，劉篤齡點校，《異辭錄》（北京：中華書局，1988），卷三，頁 131。

[450] 程璧光，字恆啟，號玉堂，廣東香山人，船政學堂駕駛第五屆，曾為廣東水師廣丙號艦管帶，參加甲午戰爭。北洋艦隊覆沒後，向日軍提交降書。戰爭結束事後被革職，轉而參加興中會。民國成立後，任北洋政府之海軍總長。孫中山發動護法運動後，更率艦隊南下廣州支持護法，後於廣州遭暗殺。沈岩，《船政學堂》（北京：科學出版社，2007），頁 169。

日下午 2 時 34 分，廣丙艦被砲擊中起火，[451]4 時 16 分負傷退出戰場，駛往近岸修理。[452]9 月 16 日午後，丁汝昌命平遠、廣丙兩艦泊於大東溝口外。[453]廣丙艦曾攻擊樺山資紀（1837-1922）所乘坐的西京丸，但未成功，西京丸得以返回基地。

圖 6-16　廣丙艦管帶程璧光
圖片來源：維基百科
徵引日期：2014 年 9 月 20 日

　　1895 年 2 月 10 日，丁汝昌、劉步蟾（1852-1895）下令用水雷將擱淺的靖遠號炸毀，於是派廣丙艦向靖遠號發射魚雷。[454]此種做法主要是避免船舶為敵方所擄獲，反為敵方所用。2 月 12 日上午，廣丙艦管帶程璧光持丁汝昌署名的投降文書，乘鎮北號砲艇向日軍接洽投降事宜。[455]

　　大戰結束之後，丁汝昌眼看大勢已去，深知此次北洋海軍全軍覆沒，自己必須負擔最大責任，在交代程璧光投降事宜後，仰藥自殺。2 月 16 日，程璧光來到松島艦，繳出投降名冊，並宣示不再對日作戰。投降

---

[451]《李鴻章全集》，卷七十八，頁 7-8。

[452] 姜鳴，《龍旗飄揚的艦隊》，頁 373。

[453] 姜鳴，《龍旗飄揚的艦隊》，頁 367。

[454] 姜鳴，《龍旗飄揚的艦隊》，頁 413。

[455]《中日戰爭》叢刊第一冊，頁 72。

人員共 5,124 人，其中陸軍 2,040 人、海軍 3,014 人。[456]

表 6-8　廣丙艦基本資料

項目	內容	備註
建造船廠	福建船政局馬尾造船廠	
下水	1891 年 4 月 11 日	
竣工	1892 年 4 月 25 日	
編入日本海軍	1895 年 3 月	
排水量	1,030 噸	
馬力	2,400 匹	
船長	71.63 公尺	
船寬	8.23 公尺	
吃水	3.96 公尺	
最大航速	17 節	
引擎	燃煤鍋爐 1 座、康邦臥機兩副（Compound steam engine），每副馬力 1,200 匹，裝煤 150 噸	
搭載人員	138 人（160 人）	
武器配備	原來配備 150 釐米克虜伯砲一門，120 釐米克虜伯砲二門，47 釐米哈乞開司砲四門，14 吋魚雷發射器四具。40 釐米砲三門、47 釐米單裝砲四門、15 釐米機關槍四門、18 吋魚雷發射器四具。	清日武器配備不同
遭難	1895 年 12 月 21 日	123 人獲救，37 人失蹤。
遭難地點	澎湖將軍海域東面	

資料來源：《洋務運動》叢刊第五冊，光緒 17 年 3 月 21 日，卞寶第奏摺，頁 427。

　　廣丙艦的首任艦長為林承謨（馬尾船政學堂後學堂駕駛班第一屆），任職期間為 1891 年 4 月 26 日至 1892 年秋，第二任艦長為程璧光，任職

---

[456]《甲午中日海戰史》，頁 213。

時間為 1892 年至 1895 年 2 月 17 日，最後被日軍補獲後任命的艦長為藤田幸右衛門少佐。廣丙艦屬於魚雷獵艦（即魚雷巡洋艦），鋼肋木質，為福州船政局之第卅二號艦；造價 20 萬兩，艦身長 262.5 呎，寬 30.5 呎，艙深 18.8 呎，吃水 13.5 呎；排水量 1,030 噸，有三座鍋爐，兩部往復式蒸汽主機，馬力 2,400 匹，雙軸推進，航速 17 節；乘員 110 人，管帶為守備階，裝備三門 12 公分砲，四門三磅（47 公釐）砲，四支 18 吋魚雷發射管。該艦為中日甲午戰爭時廣東艦隊支援北洋之艦艇，1895 年 2 月 17 日上午 10 時，北洋海軍的鎮遠、濟遠、平遠、廣丙、鎮東、鎮西、鎮南、鎮北、鎮中、鎮邊等 10 艘軍艦向日軍投降，當時奉命代表北洋艦隊持降書向日軍統帥伊東祐亨請降為程璧光艦長，程員於民國時官拜至海軍總長後被刺身亡。

　　廣丙艦投降加入日軍艦隊服役後，在 5 月 6 日於吳港造船部對各項軍備重新整備，如安放 57 公厘口徑速射砲、魚雷管檢修更換、艦長官印更換、艦樂譜更換等。1895 年 10 月 9 日廣丙艦奉派前往澎湖搜查隱匿的清朝敗兵途中，於 1895 年 12 月 21 日於倉島（將軍嶼）東南觸礁沉沒，隔年（1896 年）2 月 18 日除去船籍。

四、廣丙艦遭難事件說明

　　廣丙艦編入日本海軍之後，編制為一艘訓練船，派至臺灣進行人員訓練，卻沉沒於澎湖將軍海域。根據相關資料記載，澎湖島島司宮內盛高在 1895 年 12 月 21 日上午 7 時半，率領警察人員等 24 人，守備隊長、憲兵支部長率領人員 11 人，一行共 36 人，自順承門外乘坐廣丙號（艦）於 8 時 36 分出發，9 時 45 分通過漁翁島砲臺；11 時 53 分在距離八罩島將軍澳 1.4 海哩處，撞上海圖未註明的暗礁，艦隻在強大風力下，受到大浪無情的衝擊，面臨隨時翻覆的危機。艦長有秩序的下令請宮內島司一行 36 人在甲板上整隊，分搭兩艘各乘坐 24 人的小艇離艦。首批逃生的人員在下午 1 時 41 分抵將軍澳南方黑恩主廟，並徵用民船儘速通知在馬公的海門艦，立即前往救援廣丙號，但救援船抵達現場時，發現廣丙號已沉

沒。至此，不得不先設法自救，乃請島民提供稻米煮粥。隔日得悉艦長以下共 62 人安全漂流到網垵（望安）的消息，艦上剩餘之船員於是在船艦即將沉沒時，集合於甲板上高呼萬歲後跳入海中，這些船員被返回的小艇幸運救起，[457] 再由此地紳士許占魁（澎湖八罩嶼人，清代光緒 18 年由文生報捐訓導）動員戎克船及島上人力協助救上陸地。

　　為救援其他人員並解決糧食問題，12 月 24 日島司宮內冒險乘船離開網垵，欲就近到安平，卻因暗夜不知港口所在，幸虧遇到運輸船，該船係航向打狗，乃請船上軍官派員救援及速送糧食到澎湖後，改搭他船赴安平。接著到安平通信部，以艦長名義向大本營及總督府海軍局發出廣丙號沉沒電報，並以己身名義通知相關機關，又乘船到打狗，得悉飲食用品救援物資已運出始安心下來，接著交涉速送衣服及毯子給受難者使用，之後得知受難人員已在 26 日安全抵達澎湖本島。總計廣丙號艦上人員原有 160 人，艦長藤田幸右衛門等 123 人生存，海軍上等兵曹笹村英助等 37 人失蹤。[458] 日本政府也對廣丙艦失遭難展開調查工作，[459] 根據資料顯示，廣丙艦約沉沒於蠔曝淺礁周邊。[460]1896 年 7 月 15 日殉難紀念碑紀念碑落成，舉行祭典儀式，[461] 以紀念死難官兵。[462]

　　廣丙艦沉沒之後，日本與臺灣兩方積極聯繫廣丙艦後續事宜，包括人員是否送回日本及船隻打撈問題等，海難生存人員一半留在臺灣其他

---

[457] 菊地坂城，《陸海軍人奇談》（東京：大學館，1904），頁 35-37。〈軍艦廣丙遭難顛末（海軍省）〉，《官報》第 3764 號，（1896 年 1 月 18 日，國立國會圖書館デジタルコレクション，檔案號碼：000000078538。

[458] 〈軍艦「廣丙號」曲折的歷史〉，《臺灣文獻別冊》45，頁 54-55。《軍艦廣丙艦沉沒 1 件 (1)》，國立公文書館アジア歷史資料センター，檔案號碼：C06091056000。

[459] 《軍艦廣丙艦沉沒 1 件 (1)》、《軍艦廣丙艦沉沒 1 件 (2)》，國立公文書館アジア歷史資料センター，檔案號碼：C06091056000、C06091056100。

[460] 日本國立公文書館檔案，標題：軍艦廣丙艦沉沒 1 件 (1)，編號：C06091056000 之 0764-0778。

[461] 《戰袍餘薰懷舊錄》（東京：有終會，1929），頁 220。

[462] 《澎湖事情》（澎湖：澎湖廳，1926），頁 95。

則搭乘萬國丸抵達日本吳軍港。[463] 針對船隻打撈問題，海軍省於 1896 年 2 月 20 日派潛水承包民間業者山科禮藏秘密打撈，[464] 撈出之物件有魚形水雷，其中破損及全斷各 2 個、五連發砲身 4 個、六斤ホツキス（哈乞開司）砲身 1 個，艦上搭載的錨有大、中、小各 1 個、零碎物件 352 個，[465] 其餘皆沉沒於臺灣海峽之中。[466]

五、水下考古資訊

臧振華院士水下考古團隊根據日治時期廣丙號遭難紀念碑資訊，並開始搜尋廣丙艦沉沒地點，首先訪談當地耆老或是漁民、潛水員等，但都對廣丙艦訊息無所獲知，之後從日本國立公文書館查獲廣丙艦沉沒調查報告。該團隊於 2010 年 7 月開始於日方調查廣丙艦沉沒地點展開搜尋，最後在蠔曝淺礁底層接近海床處發現一處大多已被珊瑚礁以及海洋生物所覆蓋之沉船殘骸，該船殘骸散佈於水深約 15 公尺的海床斜坡處，並在海床上陸續發現沉船相關遺物有木質物、日式青花瓷片、白釉瓷盤殘器、機砲、子彈、羅徑、銅條等，相關遺物多被珊瑚礁以及海洋生物覆蓋。從水下發現的文物類型分別具有中、日特徵，對照了日方的調查報告，初步認定在蠔曝淺礁發現的殘骸應是清代的廣丙艦。往後陸續於

---

[463] 《軍艦廣丙艦沉沒 1 件（1）》，國立公文書館アジア歷史資料センター，檔案號碼：C06091056000。

[464] 〈沈没軍艦廣丙の件〉，國立公文書館アジア歷史資料センター，檔案號碼：C10125850100。〈29 年 3 月 9 日 沈没軍艦廣丙引揚願人山科禮藏より同艦構造図面及説明書写下付の件〉，國立公文書館アジア歷史資料センター，檔案號碼：C10125850200。

[465] 〈29 年 12 月 12 日 沈没軍艦廣丙引揚物件の件〉，國立公文書館アジア歷史資料センター，檔案號碼：C10125850400。

[466] 廣丙艦沉沒時，許多武器、物品、圖書等隨之沉入海中，參見〈29 年 3 月 6 日 亡失兵器調查書 軍艦廣丙（1）〉，國立公文書館アジア歷史資料センター，檔案號碼：C10125885700、〈29 年 3 月 6 日 亡失兵器調查書 軍艦廣丙（2）〉，國立公文書館アジア歷史資料センター，檔案號碼：C10125885800、〈29 年 7 月 9 日 図書亡失の件〉，國立公文書館アジア歷史資料センター，檔案號碼：C10125892200。

2010 年 9 月 7 日、8 日、9 日及 10 月 24 日等時間進行水下查探工作，並發現許多廣丙艦之遺物。

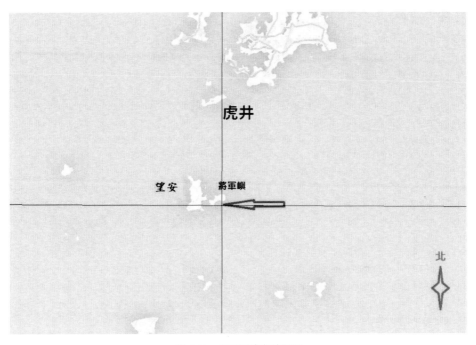

圖 6-17　廣丙艦遭難地點圖

　　廣丙艦遺址範圍東西長約 28 公尺，南北寬約 37 公尺，面積達 1,036 平方公尺，附近海域水深約 15-20 公尺。初步調查發現廣丙艦殘骸約略分佈在 40×20 平方公尺，為了進行全面而有系統的調查，將方格網調查範圍劃分為南北 40 個，東西 20 個，共 800 個格的方格網。[467]

---

[467] 文化部文化資產局，《臺灣附近海域水下文化資產普查計畫報告輯第二階段報告（1）》，頁 124-125。

圖 6-18 廣丙艦沉沒海域
說明：該海域有暗礁，水流湍急不穩
李其霖攝於 2022 年 8 月

　　2011 年持續進行廣丙艦水下驗證、辨識工作，分別於 2011 年 9 月 8 日、2011 年 9 月 9 日、2011 年 9 月 15 日，進行水下調查。陸續發現三個彈艙，彈艙為長方形，有金屬開關，同時也有少數木質及螺絲。在方格框東北邊發現兩枚粘結道光通寶，該錢幣一枚背面有滿文，一枚較小、紋飾不清；另亦發現青花花卉線紋瓷片及部分小銅件。2011 年 9 月 9 日水下調查發現鑰鎖銅串、鞋把（應掛在鎖串上），每把鎖下有橢圓形銅牌，上面刻有中文字，應是控制船隻航行使用。此外也發現 1876 年（日本明治 9 年）及 1877 年（日本明治 10 年）銅錢、寬永通寶、銅扣（有東京英文款）、模製銅獅等。並於 9 月 8 日發現的砲彈群附近重新發現兩箱砲彈。2011 年 9 月 15 日水下發現子彈、長式速射砲彈三發（每發長約 17 公分）和刻有中英文字樣的銅片。銅片經出水辨識，觀察得知一面上方由右至左刻有楷書「海底並大底艙」，底下有英文由左至右疑似「εoanSe mcr ch pollSicec」字樣；另一面上方由右至左刻有楷書「岸拾區」，下方刻有

楷書「機室污水」字樣。[468]

　　由於廣丙艦殘骸分佈範圍常是漁民捕魚作業區，因此以往的佈方作業常遭受破壞，故 2012 年重新對廣丙艦遺址進行水下調查，以及砲彈群範圍實施佈方調查。調查顯示廣丙艦殘骸範圍南北約 37 公尺，東西約 28公尺。2012 年在南側發現數箱長式速射砲彈，並劃設了南北 3 格、東西 4 格，每個方格網一公尺，共 12 格方格框進行調查。[469]

　　廣丙艦已為列冊文化資產，故進行監測記錄，2018 年 6 月 29 日第一次監看記錄，監看結果船體殘骸及遺物與往年發現差異不大，相關遺物及鐵質殘骸仍遺留現場，並未遭受水流等自然力以及人為所破壞，但因長期遭受水流影響致殘骸遭受海洋生物附著及泥沙掩埋。[470]2018 年 9 月20 日進行該年第二次監看記錄。在砲彈群北方礁石旁發現一發更大型的砲彈，經紀錄後現地保存，根據廣丙艦配備武裝，確時在艦上裝設有各式不等大小口徑的火砲，而砲彈的發現對火砲來源研究有其意義。[471]

　　2019 年 5 月 14 日進行該年度第一次監看紀錄，水下觀察廣丙艦遺址多受海洋生物附著，與往年監看結果差異不大，相關遺物及鐵質殘骸仍遺留現場，並未遭受水流等自然力以及人為所破壞，但因長期遭受水流影響致殘骸遭受海洋生物附著及泥沙掩埋。[472]2019 年第二次監看記錄，船體及遺物分布狀態與上次監看並無明顯差異，沉船遺物及船體結構仍

---

[468] 文化部文化資產局，《臺灣附近海域水下文化資產普查計畫報告輯第二階段報告（2）》（臺中市，文化部文化資產局，2018），頁 103-105。

[469] 文化部文化資產局，《臺灣附近海域水下文化資產普查計畫報告輯第二階段報告（3）》（臺中市，文化部文化資產局，2018），頁 179-183。

[470] 文化部文化資產局，《臺灣附近海域水下文化資產調查、驗證、管理維護計畫（107 年度）成果報告》，（臺中市，文化部文化資產局，2018），頁 96-97。

[471] 文化部文化資產局，《臺灣附近海域水下文化資產調查、驗證、管理維護計畫（107 年度）成果報告》，頁 105。

[472] 文化部文化資產局，《臺灣附近海域水下文化資產調查、驗證、管理維護計畫（108 年度）成果報告》，頁 65。

遺留現場，並未遭受水流等自然力或人為所破壞，已受泥沙覆蓋。[473]

2020 年 7 月 5 日和 8 月 16 日，再度分別進行二次監看，此兩次監看結果，船體殘骸及遺物分布狀態與上次監看差異不大，相關遺物、砲彈及銅質殘骸仍遺留現場，並無遭受人為所破壞現象與自然侵擾。[474]

2021 年 5 月 21 日，進行該年度二次監看工作，第一次監看結果，發現船體殘骸及遺物分布狀態與上一年度差異不大，相關遺物及鐵質殘骸仍遺留現場，並未遭受水流等自然力干擾，但由於此海域為漁民捕撈區，致遺址周邊遺留有小鐵錨及廢網，又因長期遭受水流影響，致殘骸遭受海洋生物附著及泥沙掩埋。[475]

2021 年 7 月 20 進行第二次監看結果，發現砲彈、船體結構等較難被沖刷移動或掩埋的遺物，藻類等生物附著明顯的增加，使遺物的特徵輪廓較不清晰，然而本現象應不會對遺物造成危害，因此並作未清理等動作。[476] 整體上，幾次監看結果變化不大。

六、出水文物及資產價值評估

（一）出水文物

廣丙艦的出水文物由 2019 年起開始進行，經過幾年的挑選，已陸續出水數十件遺物，這些遺物分屬性質甚廣，包含船體、船上零件、船上附屬設備，包含子彈等武器。

---

[473] 文化部文化資產局，《臺灣附近海域水下文化資產調查、驗證、管理維護計畫（108 年度）成果報告》，頁 61-62。

[474] 文化部文化資產局，《臺灣附近海域水下文化資產調查、驗證、管理維護計畫（108 年度）成果報告》，頁 74-75。

[475] 文化部文化資產局，《水下文化資產列冊管理及水下目標物驗證計畫（109 年度）成果報告》，頁 56-60。

[476] 文化部文化資產局，《臺灣附近海域水下文化資產調查、驗證、管理維護計畫（108 年度）成果報告》，頁 74-75。

表 6-9 廣丙艦出水遺物表

日期	標本類別	件數
2019	船用纜繩防鼠器	1（件）
2019	銅質船體構件	2（件）
2019	銅質掛勾	2（件）
2019	銅質螺絲釘	1（件）
2019	玻璃瓶塞 [477]	1（件）
2010/06/30	40mm 口徑子彈	1（件）
2010/06/30	銅條	1（件）
2010/06/30	圓形金屬片	1（件）
2010/06/30	船隻鐵質肋骨	1（件）
2010/06/30	碳條	1（件）
2010/06/30	淺黃色玻璃	1（件）
2010/06/30	褐色玻璃	1（件）
2010/06/30	褐色玻璃瓶口部	1（件）
2010/06/30	灰白磚	1（件）
2010/06/30	長方石	1（件）
2010/07/07	銅質 - 羅徑	1（件）
2010/07/07	銅質 - 手電筒	1（件）
2010/07/07	銅條	1（件）
2010/07/07	銅環	1（件）
2010/07/07	銅管	1（件）
2010/07/07	銅具	1（件）
2010/07/07	銅質閥門開關	1（件）
2010/07/07	金屬環	1（件）
2010/07/07	白瓷盤殘器 [478]	1（件）
2010/08/07	銅製器具	4（件）
2010/08/07	銅（木）製機件	1（件）
2010/08/07	銅製鎖具	1（件）

---

[477] 文化部文化資產局，《臺灣附近海域水下文化資產調查、驗證、管理維護計畫（108 年度）成果報告》，頁 397-398。

[478] 文化部文化資產局，《臺灣附近海域水下文化資產普查計畫報告輯第二階段報告（1）》，頁 292-301。

日期	標本類別	件數
2010/08/07	彈殼	1（件）
2010/08/07	木質器具	2（件）
2010/08/07	日本青花碗殘器	1（件）
2010/08/07	褐色玻璃	1（件）
2010/08/07	木質（黏附黑色火藥及導火索繩）[479]	1（件）
2011/05/22	藍色弧型玻璃	1（件）
2011/05/22	砲彈箱開關	1（件）
2011/05/22	銅環	3（件）
2011/05/22	白陶瓷電器用品	1（件）
2011/05/22	圓形銅質刻度	1（件）
2011/05/22	橢圓形銅質名牌	1（件）
2011/05/22	褐色弧形玻璃[480]	1（件）
2011/09/06	銅質煙桿	1（件）
2011/09/06	銅質圓栓	1（件）
2011/09/06	銅質圓環	1（件）
2011/09/06	銅質固定線環	1（件）
2011/09/06	酒瓶殘器	1（件）
2011/09/06	銅質活頁殘器	1（件）
2011/09/06	銅片	1（件）
2011/09/06	銅質活頁扣	1（件）
2011/09/06	方形鎖殘器	1（件）
2011/09/06	長方條銅件	1（件）
2011/09/06	銅質固定環	1（件）
2011/09/06	銅釘	1（件）
2011/09/06	白釉瓷盤殘器	2（件）
2011/09/06	透明玻璃殘器	4（件）
2011/09/06	褐色酒瓶殘器	2（件）
2011/09/06	黑色凝結物	1（件）
2011/09/06	木質船體構件	1（件）

---

[479] 文化部文化資產局，《臺灣附近海域水下文化資產普查計畫報告輯第二階段報告（1）》，頁 304-309。

[480] 文化部文化資產局，《臺灣附近海域水下文化資產普查計畫報告輯第二階段報告（2）》，頁 241-244。

日期	標本類別	件數
2011/09/06	方形磚	1（件）
2011/09/08	道光通寶	1（件）
2011/09/08	錢幣	1（件）
2011/09/08	圓形銅蓋（附鍊條）	1（件）
2011/09/08	金屬插銷	1（件）
2011/09/08	銅扣	1（件）
2011/09/08	金屬釘	2（件）
2011/09/08	青花瓷版	1（件）
2011/09/09	明治錢幣	2（件）
2011/09/09	道光通寶	1（件）
2011/09/09	銅質文字鑰匙串	1（件）
2011/09/09	銅質文字鑰匙	1（件）
2011/09/09	鞋把	1（件）
2011/09/09	銅質扣	1（件）
2011/09/09	獅子（金屬飾）	1（件）
2011/09/15	方形銅片	1（件）
2011/09/15	長方形銅片	1（件）
2011/09/15	銅質刻度計（內刻中文三百二十字樣）	1（件）
2011/09/15	銅質圓形插銷	1（件）
2011/09/15	方孔錢幣	1（件）
2011/09/15	銅質圓片	2（件）
2011/09/20	弧形銅片（刻有中文楷書及英文字樣）	1（件）
2011/09/20	子彈殘器	3（件）
2011/09/20	金屬活頁片	1（件）
2011/09/20	銅質殘器	2（件）
2011/09/20	銅質門栓	1（件）
2011/09/20	銅條	2（件）
2011/09/20	金屬釘	2（件）
2011/09/20	銅件	2（件）
2011/09/20	金屬銅件	1（件）
2011/09/20	銅扣	1（件）
2011/09/20	金屬度量計	1（件）
2011/09/20	黑色齒梳	1（件）

日期	標本類別	件數
2011/09/20	長方形石硯	1（件）
2011/09/20	透明玻璃	3（件）
2011/09/20	銅質開關	2（件）
2011/09/20	銅管	3（件）
2011/09/20	金屬片[481]	2（件）
2015/06/08	三角透明玻璃器殘器	1（件）
2015/06/08	長形石條殘器	1（件）
2015/06/08	金屬滑軌	1（件）
2015/06/08	圓形金屬船件	1（件）
2015/06/08	金屬墊片	1（件）
2015/06/08	金屬角形器殘件	1（件）
2015/06/08	鑰鎖牌（刻有中文「艄」字）[482]	1（件）

（二）資產價值評估

　　廣丙艦本為中國製造之船舶，甲午戰爭期間被日本軍艦俘虜，編入日本海軍。編入日本海軍後，除船身顏色有較大的改變外，船舶零件等結構變化不大。因編入日本海軍不久即沉沒，因此船艙內的物品還有許多來自清國，部分是日本製的物品，可從撈掘出水的器物得到印證。

　　依照臧振華院士水下考古團隊於 2010 年 6 月 30 日、4 月 7 日、8 月 7 日等日進行水下考古發掘工作，共發掘子彈（2 顆，40mm 口徑）、圓形金屬片（有磁性）、船隻鐵質肋骨、圓條形碳物、淺黃色玻璃、褐色玻璃、褐色玻璃瓶口部、灰白磚、長方石、英國製銅質手電筒、銅環、銅管、銅具、白瓷盤殘器、金屬板、金屬 R 接頭、銅踏板、金屬框。[483] 其他發現有一些木質物品、日式青花瓷片、白釉瓷盤殘片、機砲、子彈、

---

[481] 文化部文化資產局，《臺灣附近海域水下文化資產普查計畫報告輯第二階段報告（2）》，頁 267-306。

[482] 文化部文化資產局，《臺灣附近海域水下文化資產普查計畫報告輯第三階段報告（3）》（臺中市，文化部文化資產局，2019），頁 257-260。

[483] 臧振華，《臺灣附近海域水下文化資產第二階段普查計畫（99-101 年）第一年度 —— 期末報告》，頁 483-493。

羅徑（正面刻有「London」字樣，底部刻有中文楷書「參号」等字樣）、銅條、機砲底部刻有「二五＊造兵廠」字樣。

2011 年 9 月 7 日又發現相關物品，如黑色尺梳、速射砲三發、石質硯臺、刻有中英文的銅片（一面上方由左至右寫「海底並大底艙」，底下有外文由左至右疑似寫「εoanSe mcr ch pollSicec」字樣，另一邊上方由右至左有楷書「岸拾區」，下方刻有楷書「機室污水」字樣）。9 月 8 日發現三處彈艙（長方形，有金屬開關，同時有少數木質及螺絲）、道光通寶兩枚（背面有滿文，另一枚較小，紋飾不清）、一片青花花卉線紋瓷片、部份小銅件。9 月 9 日發現有鑰鎖銅件、鞋把、每把鎖下有橢圓形銅牌（上有中文字，應是控制船隻使用）、明治 9 年和 10 年銅錢、寬永通寶、銅扣（有東京英文款）、複製銅獅等。炮彈群 7 公尺附近發現兩箱砲彈。[484]

廣丙艦出水遺物目前共 117 件，其中有船舶零件、玻璃、銅條、瓷盤、青花瓷等，遺物涵蓋清國、日本物品，這些出水遺物部分進行出水鑑定，出水文物脫鹽處理保存中。針對廣丙艦遭難遺址，目前已現地保存、定期監控、列冊追蹤防止盜撈。廣丙艦的歷史極具意義因此其撈掘出水之遺物對於中國近代船舶研究、中日船舶技術史、戰爭史、陶瓷史等方面的研究極具歷史價值。

伍、滿星丸

一、基本資料

滿星丸運輸船隸屬日本山下汽船公司，總重 7,770 公噸，1942 年 12

---

[484] 臧振華，《臺灣附近海域水下文化資產第二階段普查計畫（99-101 年）第二年度（100 年）計畫》，頁 248-299。

月 8 日於澎湖島沖坐礁沉沒。[485] 滿星丸與之山藤丸一樣，均屬山下汽船株式會社（神戶）旗下，並在戰時沉沒，時代背景可參考山藤丸部分。滿星丸（12,136 公噸）[486] 原名あむうる丸（阿穆爾丸，Amur 也就是俄方所稱之黑龍江），大阪鐵工所櫻島工廠所造，隸屬山下汽船，為大阪商船貨物船，[487] 原定與日本郵船、米亞汽船等同盟，合航於北美航路。[488]1919 年 3 月 13 日進行下水測試，同年 4 月 25 日完工，主要航行路線為歐洲航路。[489] 由於航線增多，船隻需求增加，然造船價格過高，在海運界興起一股中古船再利用的風潮，因此 1931 年 5 月，山下汽船與郵商協議將不用的あむうる丸（阿穆爾丸）及あるたい丸（阿爾泰丸）二艘船做為「裸傭船」[490]3 年，[491] あむうる丸（阿穆爾丸）再度活躍於海上。

圖 6-19　あむうる丸

---

[485] 財團法人海上勞働協會，《日本商船隊戰時遭難史》，頁 62。

[486] 〈濠毛買付數量最高記錄を示す〉《時事新報》，1935 年 10 月 22 日。

[487] 〈近代世界船艦事典〉，http://hush.gooside.com/Text/6m/61Ma/M19aMan_.html。

[488] 〈商船復航問題 紐育へ回航す〉，《中外商業新報》，1919 年 2 月 4 日。

[489] 〈船舶更新の機運濃厚 各社各樣の計画〉，《大阪朝日新聞》，昭和 6 年 4 月 16 日。

[490] 裸傭船為船主僅提供船隻，雇用船隻者則提供船員進行航運。

[491] 〈海運 郵商と山下提携 いんだす丸も傭船〉，《大阪每日新聞》，昭和 6 年 5 月 15 日。

資料來源 http://homepage3.nifty.com/jpnships//company/osk_taishoki1.htm#alpusmaru_1
徵引日期：2014 年 10 月 2 日

表 6-10　滿星丸基本資料表

項目	內容
建造船廠	大阪鐵工所櫻島工廠
下水	1919 年 4 月 25 日
所屬單位	山下汽船公司所有
排水量	7,700 噸
馬力	5,438 匹
船長	129.54 公尺
船寬	17.15 公尺
最大航速	14.2 節
引擎	2 組三脹式蒸汽機
遭難時間	1942 年 12 月 8 日
遭難地點	澎湖島沖坐礁沉沒
遭難原因	觸礁

二、運輸工作

　　1934 年（日本昭和 9 年）5 月 15 日，山下汽船將あむうる丸（阿穆爾丸）賣給大阪滿州海陸運送株式會社，並改名為「滿星丸」（Mansei Maru），而後與神戶山下汽船株式會社的中華丸及大華丸交換航線，1936 年 8 月 10 日移籍至神戶山下汽船株式會社。除了擔任貨船，也被日本海軍徵召為輸運備船，主要運送士兵、軍需品、食物等。

表 6-11　1934 年 11-12 月滿星丸運輸任務表

出發時間	抵達時間	出發地	抵達地	載送項目		發送官衙	受領官衙
				人	物品		
11/27	12/01	廣島宇品	中國大連	第二獨立守備隊獨立傭步兵第九至十二大隊 1,546 人。鐵道第三聯隊殘餘半部 258 人	精　麥、副　食品、攜帶馬糧共 8,977 捆	陸軍糧食工廠	關東陸軍倉庫大連支庫
12/02	12/07	中國大連	廣島宇品	第一獨立守備隊 1,431 人			
12/08	12/10	廣島宇品	朝鮮馬山	步兵第二十聯隊 1,689 人	貨物 426 捆		
12/13	12/16	廣島宇品	朝鮮仁川	步兵第六聯隊 1,654 人	貨物 535 捆		
12/19	12/24	中國大連	廣島宇品	第二獨立守備隊 888 人			

資料來源：〈独立、鉄道及関軍自動車隊の船舶輸送の件〉、〈臨命 240 に基く軍需品船舶輸送の件〉、〈臨時 243 に基く船舶輸送の件〉、〈臨命第 243 号に基く第 16 師団人員交代派遣船舶輸送の件〉、〈第 2 獨立守備隊除隊兵船舶輸送の件〉，《陸満密大日記》（昭和 9 年「陸満密綴第 21、22 号合冊」自昭和 9 年 12 月 21 日至昭和 9 年 12 月 27 日）。

　　從上表來看，船隻來往大連、朝鮮頻繁，且不是僅有滿星丸做為運輸船，根據《陸満密大日記》的資料，同時間還有龍神、第三大源、玉鉾、伯利西爾、志あとる等船隻往來中國大連、朝鮮馬山、釜山及仁川。[492] 由此可知日軍已佈署作戰行動，準備與中國開戰。

　　滿星丸受日本海軍徵召擔任運輸船及貨物船，有數次事故發生。如在1939 年（日本昭和 14 年）2 月 27 日上午 10 點 50 分，從神戶港出發前往喀拉蚩時，航行於關門岸邊，與帆船はやぶさ丸（隼丸）相撞，造成隼丸

---

[492] 《陸満密大日記》（昭和 9 年「陸満密綴第 21、22 号合冊」自昭和 9 年 12 月 21 日至昭和 9 年 12 月 27 日）。

沉船，而救助隼丸船員。[493]1942 年 3 月被軍方列入解除傭船名單。[494] 同年 12 月 8 日因天氣不佳，風浪過大，在澎湖馬公港附近海上觸礁沉船，造成船員 1 人喪生。[495]

三、滿星丸的澳洲航行

山下汽船在創立新公司時即自歐洲購置 4 艘 1 萬噸級的貨船，並有計畫的擴充船隊。[496]1934 年 5 月 15 日，出售自大阪商船的「阿穆爾丸」納編滿洲海陸運送，改名為「滿星丸」。1936 年 8 月因公司合併，船籍移轉至山下汽船。

改隸山下汽船的滿星丸，在 1935 年（日本昭和 10 年）曾航行澳洲航線。當時因日本國內對澳洲羊毛的需求量屢創新高，甚至凌駕各國而成為澳洲羊毛外銷購買量首位，連帶使日本與澳洲之間的海運船隻需求上升。日本郵船、山下汽船等日本船運公司組成的「澳洲同盟」見機不可失，決定讓日本與澳洲間的臨時航線「復活」。航線運作上，由同盟的各家船公司輪流派船、每月一次前往澳洲，以應對高漲的羊毛運輸量。山下汽船派出的即是滿星丸，形式為「單程租船」（trip charter）。[497]

滿星丸在澳洲活動時，時有需要救援同國船隻。例如 1935 年 3 月 20 日，日本船「ポートランド丸」（波特蘭號）在南澳洲坎加魯島（Kangaroo Island）附近遇難，42 名船組員向滿星丸求助，請求搭船回國。在 4 月 11 日向廣田弘毅外務大臣、村井倉松澳洲總領事發出之公文中提到，滿星丸考量自己本身不具備運輸及救難的相關要件，也有契約在身，以及

---

[493] 〈滿星丸機船を沈む〉《読売新聞》昭和 14 年 2 月 28 日，第二夕刊第 2 頁；〈汽船滿星丸帆船隼丸衝突の件〉《裁決原本綴》（昭和 14 年自 10 月 -12 月）。

[494] 《上野滋大佐資料（船舶関係）昭 41．5．1》，〈昭和 17 年 3 月（1）〉（解傭候補船名表）（国立公文書館 アジア歴史資料センター資料編號 C14020215900）。

[495] 〈近代世界船艦事典〉，http://hush.gooside.com/Text/6m/61Ma/M19aMan_.html。

[496] 《大阪毎日新聞》，1933 年 1 月 22 日。

[497] 〈濠毛買付數量最高記録を示す〉，《時事新報》，1935 年 10 月 22 日。

船舶安全法施行規則第 40 條關於最大搭載人員數的規定，[498] 希望在澳洲相關官員對滿星丸在技術、保安上表示認定妥當的基礎上才採取相關行動。山下汽船與三井會社也向日本官員提出同樣的要求。[499]

四、滿星丸遭難事件說明

山下汽船在創立新公司時即由歐洲購置 4 艘 1 萬噸級的貨船，並有計畫的擴充船隊。[500]1934 年 5 月 15 日，出售自大阪商船的「阿穆爾丸」納編滿洲海陸運送，改名為「滿星丸」。1936 年 8 月因公司合併，船籍移轉至山下汽船。1942 年 12 月 8 日於澎湖馬公海域因天候惡劣觸礁沉沒，[501]造成 1 名船員死亡。

根據《昭和 17 年 12 月 1 日至昭和 17 年 12 月 31 日 馬公警備府戰時日誌》記載，馬公警備府長官於 12 月 5 日 15 時 34 分向海面防備部隊指揮官發出信電令第 49 號，內容為「海面防衛部隊指揮官待澎湖（註：敷設艇）備便後，應即刻派遣該船救援於東吉嶼 224 度 70 浬附近進水，並持續向馬公航行的滿星丸」。[502]7 日 10 時 30 分，馬公警備府長官發給海面防備部隊指揮官、港務部長、工作部長的信電令第 50 號內容為「一、滿星丸發生外殼龜裂，於大嶼西方 4 浬處下錨，逐漸瀕臨沉沒。二、艦船救援部署如左編組：指定馬公防備隊副長為指揮官，派遣艦艇及器具為港務部 5、6 號曳船及曳航要具、防備隊敷設艇江之島、工作部 300 噸

---

[498] 《參考資料 船舶安全法関係法令（昭和九年二月） 一冊》，〈船舶安全法施行規則（昭和九年二月通信省令第四号）〉（国立公文書館 アジア歴史資料センター資料編號 A03034195500）。

[499] 《本邦船舶遭難関係雑件（英国汽船南昌号遭難関係） 第三巻》，〈昭和 10 年／6・「ポートランド」丸遭難関係〉（国立公文書館 アジア歴史資料センター資料編號 B10074484400）。

[500] 《大阪每日新聞》，1933 年 1 月 22 日。

[501] 《昭和 16 年〜20 年喪失船舶一覽表》，國立公文書館アジア歷史資料センター，檔案號碼：C08050010000。

[502] 《自昭和 17 年 12 月 1 日至昭和 17 年 12 月 31 日 馬公警備府戰時日誌》，國立公文書館アジア歷史資料センター，檔案號碼：C08030510100。

救難幫浦（由江之島搭載）。三、待救難隊備便（救難隊準備妥當），立即由馬公出發，盡速對遇難船隻展開救援。四、救難隊指揮官抵達現場後，澎湖艇應接受該官指揮。五、海面防備部隊指揮官、港務部長、工作部長應與救難隊指揮官協調並協助之」。滿星丸沉沒之後，馬公警備府長官於 8 日 11 時 40 分對海面防備部隊指揮官、港務部長、工作部長發出信電令第 52 號，內容為「終止對滿星丸的救難作業，船艇及作業員應自行返航」。[503]

五、口述內容記錄

2010 年 4 月 17 日，蔡寶生接受口述訪談表示，滿星丸當時由南洋運載礦石返航，因超重且遭遇強風沉沒，地點位於七美嶼西北 3 海浬至草嶼間，沉船點向東望有東嶼坪的雙凹地型，向西北可見貓嶼及草嶼，沉船水深約 24 潯（30 公尺）。光復初期七美嶼曾有一位俗稱初伯先生帶領一私人打撈船到達沉船點進行打撈，工作時打氣幫浦有一組或兩組，通常一組為 4 人（左右各 2 人）負責打氣，由於女性工資較便宜，因此通常由女性擔任，此外船上尚有一人負責牽管、一人負責綁炸藥、一人負責牽電線以及一人負責潛水，潛水員月薪約 5000 元，另針對個案加發 100 元，以當時的薪資而言堪稱優渥。[504] 許華淵於 2010 年 10 月 1 日訪談時提到，他常在草嶼南面海域釣魚，此處水域海床多為砂質地，水深約 30 公尺，因有沉船，而有大量魚群棲息。[505] 顯見滿星丸的沉沒地點與實際發現地點相同。

---

[503] 《自昭和 17 年 12 月 1 日至昭和 17 年 12 月 31 日 馬公警備府戰時日誌》，國立公文書館アジア歷史資料センター，檔案號碼：C08030510100。

[504] 文化部文化資產局，《臺灣附近海域水下文化資產普查計畫報告輯第二階段報告（1）》，頁 164。

[505] 許華淵口述，黃漢彰報導，2010 年 10 月 01 日早上 10 點。

六、初勘紀錄

2010 年 5 月 2 日，中央研究院水下考古隊前往草嶼南方進行海測儀器調查，在上午 8 時 20 分出發，10 時 35 分抵達草嶼南滿星丸沉沒點測區。工作船先繞行作業區觀察地點，選擇安全作業區後開始作業。10 時 40 分進入測區施放側掃聲納繩長 15 公尺入水，以船速 2.5 節、採南北向進行海測工作。由於當日海況不佳，水流強勁且浪大，側掃聲納信號不佳，於 13 時整結束海測工作。分析儀器探測結果，除了有零星海底礁岩外，並無具體發現，原因在於口述目標區過大，但從海圖資料顯示在七美至草嶼間有沉船座標，可就此訊息進行資料收集，釐清是否為滿星丸沉船地點。[506] 爾後陸續進行兩次遺址調查，但皆無所獲。

2011 年 5 月 7 日工作團隊，再根據口述資料重新前往疑似地點，在水下調查驗證時發現之沉船殘骸約在水深 33-40 公尺之間，因水深且有激流，故無法長時間作業，又水下調查時發現有漁船在附近非法炸魚，潛水員回報水下有強力爆震危及人員安全，故結束調查活動，這次目測船骸長度約 150-200 公尺。並於 5 月 8 日再行前往下水驗證，發現船頭座北朝南，經測量船身長約 130-150 公尺之間，船寬度約 22.3 公尺。比對滿星丸原始船圖發現船頭及船尾及船身特徵大至吻合，另水下驗證後發現此船已無推進器，與滿星丸兩具推進器已被拆除打撈之口述訊息資料符合。7 月 1 日再次下水驗證，因沉船目標較深故採用雙氣瓶下水調查，並使用 50%混合氧減壓；水下搜索於船頭艙內發現大量日式瓷器。該瓷器上大多印有青花「⊕」紋章，從製作工藝觀察這是日本明治維新後由西方引進的新式製瓷技術，一般都採用模具製作，且通常燒製的溫度較低。由滿星丸出水的瓷器紋飾推論其年代位在大正至昭和時期，亦滿星丸沉沒時間大至吻合。2011 年 8 月 4 日再次對滿星丸實施探測調查獲取

---

[506] 文化部文化資產局，《臺灣附近海域水下文化資產普查計畫報告輯第二階段報告（1）》，頁 164。

較佳的影像資料。[507]

　　此次調查工作錄製相關影像，如甲板支架、中段側板、右前側板、右側處殘骸、龍古支架、右側舷板、尾舵、船尾、推進器軸心、船艙等，[508] 成果豐碩。根據調查研究，遭難地點水深約 3240 公尺處，遺址範圍東西長約 130-150 公尺、南北寬約 22 公尺。[509]

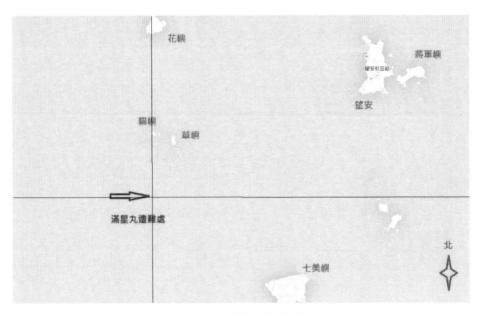

圖 6-20　滿星丸遭難地點圖

---

[507] 臧振華，《臺灣附近海域水下文化資產第二階段普查計畫（99-101 年）第三年度（100 年）計畫》，頁 273。

[508] 臧振華，《臺灣附近海域水下文化資產第二階段普查計畫（99-101 年）第三年度（100 年）計畫》，頁 280-290。

[509] 臧振華，《臺灣附近海域水下文化資產第二階段普查計畫（99-101 年）第三年度（101 年）計畫》，頁 374-375。

七、出水文物及資產價值評估

（一）資產價值評估

滿星丸原本為一艘貨輪，爾後被徵召為作戰用之運輸艦，但因不再進行一般貨物的運輸工作，因此並沒有搭載非戰爭使用之物品。依據水下考古團體所撈掘之物品以青花瓷盤、碗最多，還有一些艦上之零件。如日本瓷器（船首）、有賓士原形青花印文章、Matsu Mura（松村）、雙獅戲毯文章款。[510]2011 年 5 月 3 日水下考古隊所撈掘出水遺物品之記錄有瓷器、玻璃製品、金屬物品等，如青花雙鳳戲珠紋瓷蓋、藍釉暈彩四棱口瓷盤、青花紋章折沿瓷盤、青花雙線紋章折沿瓷盤、青花花卉瓷碗、青花瓷片、白釉折沿瓷盤、折沿瓷盤、青花山水紋瓷盤、青花紋章瓷盤、圓形金屬機件、金屬窗框、玻璃電器機件、金屬玻璃窗框等。[511] 從這些青花瓷的樣式來看，應是船舶本身所使用的器皿。

滿星丸目前撈取的遺物主要有瓷器和船舶零件為主，有些瓷器保存情況良好，價值性較高，可作為展覽及研究之用，如青花雙鳳戲珠紋瓷蓋、藍釉點彩四棱瓷盤、青花山水紋瓷盤等。另外滿星丸為二戰時期徵召船舶，對於研究日本船艦史、第二次世界大戰船舶徵召史極具意義。

（二）出水文物表

目前滿星丸出水遺物約有 20 多件，以日式瓷盤、碟、銅器為主，尚未進行船體或大型設備出水，暫時以現地保存為主。往後將依實際調查研究之需要，將再進行出水動作，讓更多遺物可以進行研究。

---

[510] 臧振華，《臺灣附近海域水下文化資產第二階段普查計畫（99-101年）第三年度（101年）計畫》，頁 371。

[511] 臧振華，《臺灣附近海域水下文化資產第二階段普查計畫（99-101年）第二年度（100年）計畫》，頁 518-522。

表 6-12 滿星丸出水遺物表

日期	標本類別	數量
2011/07/01	青花雙鳳戲珠紋瓷蓋	2（件）
2011/07/01	藍釉暈彩四棱口瓷盤	1（件）
2011/07/01	青花紋章折沿瓷盤	4（件）
2011/07/01	青花線紋花口瓷盤	1（件）
2011/07/01	青花紋章瓷蓋	3（件）
2011/07/01	青花花卉紋瓷碗	1（件）
2011/07/01	青花瓷片	1（件）
2011/07/01	白釉折沿瓷盤	1（件）
2011/07/01	青花雙線紋章折沿瓷盤	2（件）
2011/07/01	折沿瓷盤	1（件）
2011/07/01	青花雙線紋章瓷盤	1（件）
2011/07/01	青花山水紋瓷盤	2（件）
2011/07/01	圓形金屬機件	1（件）
2011/07/01	金屬窗框	1（件）
2011/07/01	玻璃電器機件	1（件）
2011/07/01	金屬玻璃窗框	1（件）

資料來源：文化部文化資產局，《臺灣附近海域水下文化資產普查計畫報告輯第二階段報告（2）》，
頁 248-259。

陸、松島艦

一、基本資訊

　　自 1853 年（日本嘉永 6 年）黑船來航起，日本正式遭受西方列強的
衝擊，1858 年（日本安政 5 年）簽訂《安政通商條約》，被迫開啟日本門
戶。在列強的強大壓力下，加劇了日本國內的緊張情勢，這些變局導致
1860 年代中葉日本邁入明治維新時期，欲通過富國強兵、殖產興業及文
明開化三大政策來實現近代化的理想。在前述的歷史背景下，對於近代

知識及技術相對落後的日本而言，欲達成近代化的目標，必須向英、法等強國取經，通過購買及交流合作等方式，求取近代化的知識、技術、器物及思想。

在擴充軍備方面，日本政府於 1886 年至 1889 年（日本明治 22 年）間，發行 1,700 萬圓海軍公債，委託法國建 3 艘二等造軍艦，松島艦（まつしまかん）就是在此時由海軍省委託法國人白勞易（Louis-Émile Bertin）設計，再由大阪八尾（ラゼーヌ）鐵工造船廠建造。製造時間為 1889 年 7 月至 1891 年 3 月，排水量為 4,278 噸。[512] 松島艦之名，則是以日本國內聞名的三大景色 [513] 而命名，與同型的軍艦嚴島號、橋立號三艦並稱三景艦。

松島艦於 1890 年（日本明治 23 年）1 月舉行下水儀式，1892 年 4 月竣工，為日本防護巡洋艦等級之船艦，排水量為 4,278 噸，航速為 16 節，艦尾裝設 32 公分（12.6 英吋）的加農砲做為主砲，另配有 12 公分的速射砲 11 門、12 斤機關砲 6 門，及其他砲種多門、4 支水雷發射管。不過，正因為是在艦尾裝設主砲，當時還有松島號是「逃命軍艦」的惡評。即使出現反對聲浪，日本海軍省方面仍信任設計者的規劃，認為應將主砲裝設於艦尾，以增加主砲操作的靈活度。該艦為日本自歐洲購得的首批軍艦，1892 年 7 月 23 日自法國啟航，途經義大利的那不勒斯航行到歐洲島國馬爾他。[514]11 月 19 日駛入日本佐世保港交艦，在日本國內引起關注，船艦駛入港內停泊之際，吸引民眾圍觀。[515]

1908 年（日本明治 41 年）4 月 30 日，海軍學校第 35 期學生實習航海途中，停泊在澎湖馬公時因彈藥庫爆炸沉沒，當時於馬公設有松島紀

---

[512] 日本海軍省編，《山本権兵衛と海軍》，頁 274。

[513] 有關日本三景的稱呼，最早的起源一般認為是日本儒學者林春齋於 1643 年著作的《日本國事跡考》，書中有一段寫道「丹後天橋立、陸奧松島、安藝嚴島為三處奇觀」，日本三景之名由此而來。詳請參照日本三景旅遊網站，http://nihonsankei.jp/zh/index.html，2014 年 11 月 12 日徵引。

[514] The Times, 1892, 8, 6.

[515] 〈松島記念碑由來記の件〉，アジア歴史資料センター，檔案號碼：C05035376700。

念館、松島紀念公園、慰靈碑，今僅存位於馬公風櫃尾的慰靈碑。另外
在長崎縣佐世保市也有一處海軍墓地立有軍艦松島殉難者之碑。[516]

　　根據當年日方對松島艦爆沉後的調查報告資料顯示，松島艦的沉沒
地點位在於蛇頭山凸礁前海域[517]。松島艦沉沒後，除了日本海軍進行過拆
解外，日本武德會臺灣分會馬公支所 在 1912 年（日本明治 45 年）也向日
方申請打撈先前海軍拆解後剩餘的殘骸，用以變賣籌資作為會館建設之
用，此外當時亦有馬公當地賢達陳柱卿先生獲准進行殘骸打撈拆解及處
理。松島艦經過日本海軍及武德會等的打撈工作，目前應只剩船底板並
被泥濘掩埋。

　　1894 年 7 月，松島艦被編入日本帝國的聯合艦隊中，在甲午戰爭中
首次出戰。在此戰局中，中國方面的艦隊司令官為丁汝昌，麾下有定遠
號、鎮遠號兩艘 7,335 噸的大型鐵甲船，航速為 14.5 節，配有 30.5 公分
（12 英吋）的大砲。而在日本方面，艦隊司令官為伊東祐亨，聯合艦隊中
除了三景艦外，另有配置 15 吋砲的快速巡洋艦吉野號等。

　　此次戰役中，松島艦與千代田、高千穗等船艦被編成第一小隊，由
松島艦擔任該隊之旗艦。海戰結果是清國海軍遭到重創，清國船艦被擊
沉 5 艘，日方勝利，松島艦亦取得殲滅北洋艦隊之武勳，青史留名。海
戰結束後，松島艦經日本海軍修復，轉而擔任日本海軍人員的運送、養
成任務。

　　1894 年 9 月 14 日下午 2 時 34 分，平遠艦擊中松島艦左舷，日本海
軍大尉志摩清宜等 28 人當場陣亡，68 人受傷。[518]至下午 4 時，松島艦失
去作戰能力，升起不管旗。[519]1895 年 2 月 16 日，廣丙艦管帶程璧光來到

---

[516] 文化部文化資產局，2018，《臺灣附近海域水下文化資產普查計畫報告輯第二階段報告
（1）》，臺中市，文化部文化資產局，頁 174-175。

[517] 日本國立公文書館，松島艦，標題：沉沒損害諸報告（2），編號：C06092008000

[518] 《李鴻章全集》卷七十八，頁 7-8。馬吉芬，《二七八年海戰史》上卷，頁 207。

[519] 姜鳴，《龍旗飄揚的艦隊》，頁 372。說明：不管旗是指揮作戰之旗艦因遭到攻擊無法指
揮，升起不管旗則是令轄下船艦得自由行動，可不受旗艦指揮。

松島艦，繳出投降名冊，及不再對日作戰書，共計投降 5,124 人，其中陸軍 2,040，海軍 3,014 人。[520] 松島號軍樂隊奏起日本國歌「君之代」。[521]

日本領臺之初，松島艦即曾運送日本軍人前往澎湖、基隆，亦配合日軍在東港、枋寮、澎湖、基隆等要地的海上砲擊行動，以掩護陸軍登陸，協助佔領港口的登陸戰役。1898 年（日本明治 31 年）8 月，美西戰爭期間，兩軍對峙的菲律賓島內同時興起獨立革命運動，在菲律賓局勢混亂之際，為避免在當地的日本國民受到波及或影響，軍艦松島艦及秋津洲號亦被派往馬尼拉沿岸，進行軍事視察任務。[522]1903 年與嚴島號、橋立號一同被編入練習艦隊中，成為海軍少尉候補生進行練習任務時使用的船艦，對育成海軍人才有相當大的貢獻。

日俄戰爭爆發後，日本海軍組成聯合艦隊，松島艦被編入第三艦隊中，艦隊司令官為片岡七郎中將，投入黃海及日本海海戰，與埔鹽艦隊相抗，並在千島海峽執行警備任務。之後再被編入第四艦隊中，奉命進行樺太佔領事務，戰功赫赫。不過，松島艦連續經歷兩次海戰戰役，受創亦重，因此當日俄戰爭結束後，其役別即由巡洋艦改為訓練艦。[523]

表 6-13　松島艦基本資料表

項目	內容
建造船廠	大阪八尾（ラゼーヌ）鐵工造船廠
製造	1888 年 2 月 17 日
下水	1890 年 1 月 22 日
所屬單位	原屬日本聯合艦隊的旗艦，後為海軍學校
排水量	4,217 噸
馬力	5,400 馬力

[520] 《甲午中日海戰史》，頁 213。

[521] 姜鳴，《龍旗飄揚的艦隊》，頁 418。

[522] 〈常備艦隊軍艦松島秋津洲在馬尼剌帝国臣民保護並ニ軍事視察ノ任務ヲ解キ帰朝ノ件〉，アジア歴史資料センター，檔案號碼：C05035376800。

[523] 〈松島記念碑由來記の件〉，アジア歴史資料センター，檔案號碼：C05035376700。

項目	內容
船長	89.9 公尺
船寬	15.6 公尺
吃水	6.4 公尺
最大航速	16 節
引擎	石炭專燒圓罐、橫式三氣筒三連成アームストロング（Armstrong）蒸氣機關 2 基 2 軸推進
搭載人員	360 名
武器配備	32cm 單裝砲 1 基 1 門 アームストロング（Armstrong）製 12cm 單裝速射砲 12 門、47mm 單裝砲 6 門、37mm5 連裝機砲 2 具、36cm 水中魚雷發射管單裝 4 具
遭難時間	1908 年 4 月 30 日
遭難地點	澎湖馬公
遭難原因	炸彈庫爆炸

二、松島艦遭難事件說明

　　1908 年 1 月 19 日，松島艦被編成為練習船艦，與嚴島號、橋立號共同組成艦隊，艦隊司令官為吉松茂太郎。1 月 25 日艦隊自橫濱港出航，預定 4 個月內沿既定航路前往南洋諸島巡航，之後再北航至樺太及其他以前未曾到過的地點。[524] 結束南方航程北返之際，4 月 27 日先駛抵澎湖島停泊。在澎湖島休憩 3 天後，4 月 30 日凌晨 4 點半左右，正當滿艦將、卒好夢正酣之際，一陣轟天巨響，艦上火藥庫突然爆發，頓時烈焰沖天，在海潮翻騰席捲之下，不久松島艦就逐漸下沉，艦體沒入海底。

　　松島艦上搭載人數多寡，依據《臺灣日日新報》所載約為 350 名左右，由於爆炸發生當時船上人員多半在睡夢之中，事發倉促，船沉速度又快，因此生還者不多，總計僅百餘名。[525] 此次松島艦搭乘者自矢代由

---

[524] 〈編成練習艦隊〉，《臺灣日日新報》，1908 年 1 月 19 日，1 版，2914 號。

[525] 關於艦上將兵死亡確切數字，據《海軍省公文備考》第 3101 號，〈松島記念碑由來記の件〉之內容所載，計有 222 名。不過在日本長崎縣佐世保海軍墓地內的軍艦松島殉難者

德艦長以下，皆為軍方人員，亦是日本海軍的人才，但在意外過後，矢代艦長身亡，副艦長、機關長、軍醫長、航海長、水雷長等艦上主要幹部幾乎傷亡殆盡，少尉候補生亦只有 22 名存活，對日本海軍而言是很大的打擊。[526] 此外，另有日本軍事界及政治界的顯貴子弟，如日本陸軍元老大山巖之子大山高，以及外務省次官之子珍田垂穗等人均喪生在此事件中，這次意外沉船事件也引發日本政界及國際上不小的討論。根據《東京日報》載：官方報導指出松島艦昨天沉船造成爆炸，而潛水夫發現爆炸後，船的旁邊有巨大的裂縫，以及後方有粉碎的現象，而船內部的殘骸較多。[527] 華盛頓郵報也刊載，羅斯福總統發出電文給日本皇室：美國人民為受難軍官及日本損失許多優秀軍官感到遺憾；總統個人表達哀意，派遣 Dougherty 指揮官赴東京致意，並對松島艦 200 名受難者表示哀悼，其中包括 23 位軍官，33 名候補軍官以及 150 名船員，愛德華路德致電 MacDonald 大使在東京傳達弔唁致哀。[528]

　　在事件發生後的 15 天之內，《臺灣日日新報》陸續刊載來自國內外的的哀悼文。[529] 除了對意外發生表示沉痛的惋惜之外，另一方面就是深入討論悲劇發生的原因，並做通盤檢討。畢竟列強均熱衷於擴充軍備，使得船艦數量越來越多，類似松島艦爆炸沉船的案件，在美、英兩國也發生過，因此如何有效管理船艦，尤其是易引發災害的機房、火藥庫，並

之碑上，則記有 207 名將兵殉職，數字稍有出入，並與《臺灣日日新報》刊載的死亡數字 360 人不符。就現有資料來看，眾說紛紜，暫無法定論。參考網址：海軍艦艇殉難史‧松島，http://www.asahi-net.or.jp/~un3k-mn/nan- matusima.htm，2014 年 11 月 12 日徵引。

[526] 〈松島艦沉沒 澎湖島媽宮灣に於て 原因は火藥庫爆發〉，《臺灣日日新報》，1908 年 5 月 1 日，2 版，2998 號；〈松島艦の遭難者〉，《臺灣日日新報》，1908 年 5 月 2 日，2 版，2999 號。

[527] 《東京日報》1908 年 5 月 1 日。

[528] Washington Post, 1908. May 1.

[529] 有關松島艦沉船悼念文，參見《臺灣日日新報》1908 年 5 月 1 日 -5 月 16 日，各版次，並出刊〈軍艦松島追悼號〉，http://0-oldnews.lib.ntnu.edu.tw.opac.lib.ntnu.edu.tw/cgi-bin2/Libo.cgi?。

確切實踐船艙溫度監控，以達到防患未然的效果，一時之間引發諸多議論。[530]

圖 6-21　松島艦沉沒的相片
圖片來源：《臺灣全島写真帖》（大正 2 年 2 月 15 日 平賀商店）

　　由於松島艦艦體沉入海中，損壞非常嚴重，已達難以修復的地步。雖然該艦在日本海軍歷史上具有重要的意義，但對於無法修復使用的松島艦，日本海軍省決定在 1908 年 7 月 31 日將該艦自帝國海軍艦籍中除名。[531] 不過，為了徹底了解爆炸及沉船原因，8 月起由馬公要港部監督，開始進行相關調查，並拆解打撈船體。[532] 打撈工作進行了兩年左右，船體大致撈起七成，剩餘殘骸限於技術、經費及氣候環境等因素，無法全數撈起，故部分船體仍留置海中。[533]

[530]〈松島變災觀察〉，《臺灣日日新報》，1908 年 5 月 2 日，2 版，2999 號。

[531]〈軍艦松島の除籍〉，《臺灣日日新報》，1908 年 5 月 2 日，2 版，2999 號。〈海軍省達第九十九號〉，《法令全書・明治 41 年》（日本東京：內閣官報局，1912），頁 153。

[532]〈軍艦松島沈沒原因調查顛末（海軍省）〉，《官報》第 7645 號，1908 年 12 月 18 日，國立國會圖書館デジタルコレクション，檔案號碼：2950994。

[533]日本海軍省於明治 42、43 年度的預算，各編列松島艦解船引揚費金 3 萬圓，參見〈第十五款 舊軍艦松島解船引揚費〉，《法令全書・明治 42 年》（日本東京：內閣官報局，

　　松島艦沉沒後，政府與民間迅速發起救難金、慰問金捐助活動，提供死難者實質補償。另一方面，為了使死難者安息，並使生者獲得精神上的安慰，1911 年 4 月由橫山虎次、足立愛藏、內田嘉吉等人共同發起成立「舊軍艦松島紀念碑」，藉此表彰松島艦不滅的功績，並對沉船意外表達遺憾之意。設立紀念碑一事獲得總督佐久間左馬太同意後，就開始向外募集建碑經費，原定徵集資金的時間至 1911 年 4 月 30 日止，但因經費募集不充足，故再延至同年 6 月 30 日。最後共募得 17,800 餘圓，其中來自臺島內的募集金共 13,810 餘圓，其餘來自島外捐款及銀行利息收入。[534] 在捐款利用方面請參見下表。

表 6-14　「舊軍艦松島紀念碑」興建經費運用情況一覽表

支出名目	金額
紀念碑鑄造費	3,253
紀念碑基礎工事費用	6,900
紀念碑周圍工事材料及搬運工費用	60
旨趣書及收據印刷費用	130
通信費	184
搬運費	13
揭幕式費用	320
謝禮支出	52
募集金結餘	6,986（含臺灣銀行給付利息 100 圓）

資料來源：〈橫山虎次外一名舊軍艦松島紀念碑建設寄附金募集許可及剩余金處分認可〉，《臺灣總督府公文類纂》，1912 年 8 月 1 日，冊號 05590，文號 33，典藏號 00005590033。
備註：金額取整數，不足 1 圓的尾數未列出。

1912），頁 52、〈第十四款 舊軍艦松島解船引揚費〉，《法令全書・明治 43 年》（日本東京：內閣官報局，1912），頁 49。

[534] 〈橫山虎次外一名舊軍艦松島紀念碑建設寄附金募集許可及剩余金處分認可〉，《臺灣總督府公文類纂》，1912 年 8 月 1 日，冊號：05590，文號：33，典藏號：00005590033。

表 6-15　剩餘募集金後續利用狀況一覽表

支出名目	預定支出金額
紀念碑維持基金	1,000
紀念館建設費預算	5,885
紀念館建設落成典禮費用	50
紀念碑建成廣告費用及雜費支出預算	51

資料來源：〈橫山虎次外一名舊軍艦松島紀念碑建設寄附金募集許可及剩余金處分認可〉，
《臺灣總督府公文類纂》，1912 年 8 月 1 日，冊號 05590，文號 33，典藏號 00005590033。
備註：金額取整數，不足 1 圓的尾數未列出。

在募齊所需經費後，紀念碑也由海軍造兵廠動工興建，為使後人勿忘松島艦，採艦上實物呈現方式，將原置於艦上的主炮做為紀念碑主體，碑體高約 5 丈，以銅製作，再由曾帶領松島艦參與甲午戰爭海戰的艦隊司令官伊東祐亨題字，書寫「松島艦忠魂紀念碑」等字，[535] 碑體上方採用德山出產的花崗石，下方則用澎湖的石材打造，碑體周圍放置 12 個砲彈，以及從松島艦上拆解下來的螺旋槳。1911 年 9 月 12 日，軍艦松島及殉難忠魂紀念碑舉行除幕式。[536]

紀念碑完成後，利用剩餘捐款，按照原先經費的規劃，1911 年年底在紀念碑旁另興建松島紀念館，隔年上半年度落成。該館佔地約 70 坪，館內及周邊存放從松島艦拆下的船內物品。松島紀念館除了是緬懷松島艦英勇過往事蹟的所在地，因該館具有特別意義，也成為官方重要的集會或儀式舉行場地；對一般民眾而言，紀念館也是一個休憩場所，可用來舉辦詩會、棋會等活動。[537]

1908 年所發生的松島艦爆炸沉沒事件，至今已事隔 100 多年，相當可惜的是，紀念碑部分碑體因太平洋戰爭時期缺乏鋼鐵材料，砲管及槳葉被拆下運用，紀念館也因戰時轟炸及後續整修道路等因素而被拆除，

---

[535] 《澎湖事情》（澎湖：澎湖廳，1929），頁 94-95。

[536] 〈松島紀念碑除幕式〉，《臺灣日日新報》，1911 年 9 月 12 日，2 版，4060 號。

[537] 顏妙幸，〈1908-1909 年澎湖馬公港日艦松島號之爆炸及處理〉，《澎湖研究：第九屆學術研討會論文輯》（澎湖縣馬公市：澎湖縣文化局，2010），頁 65-92。

現今澎湖馬公已不復見當年的紀念館，至於松島艦紀念碑，原先日本政府在松島公園（現澎湖縣馬公市民權路以東，仁愛路以北）建立紀念碑，戰後也由原址遷移至遭難地點蛇頭山上另建一個紀念碑，原址僅剩基座。[538] 不過，留在澎湖外海的松島艦遺骸至今尚未發掘完畢，其沉船遺跡仍受到注目，等待後續進一步的處理。

圖 6-22 松島紀念碑
圖片來源：洪銘偉提供

三、口述與勘查

　　根據洪瑞益先生口述內容得知事發當時是由案山地區的小船前來打撈遇難艦員的屍體，將撈取的日軍屍體送至蛇頭山火葬，並於今日的馬

---

[538] 洪瑞益先生口述，2010 年 8 月 23 日。轉引藏振華，《臺灣附近海域水下文化資產第二階段普查計畫（99-101 年）第一年度期末報告》，頁 339。

公市全聯社前至玉山銀行一帶設立松島公園，光復後已被拆除。[539] 依據相關資料得以確認，松島鑑沉沒地點在蛇頭山靠近馬公港內海一帶海域。[540] 馬公港為船舶主要的停靠區，當時松島艦處於停靠狀況，但因火藥庫爆炸而沉沒。

　　中央研究院史語所水下考古團隊於 2010 年 4 月 6 日在蛇頭山海域一帶下水搜索松島艦及枏驅逐艦殘骸，於水下約 18 公尺深處發現一隻大鐵錨，長約一公尺半、寬約半公尺，經比對鐵錨形狀發現與松島艦鐵錨類似，但是否也有可能為枏驅逐艦鐵錨將持續進行驗證。[541] 水下考古團隊最新調查認為，疑似松島艦沉船地點可能有兩處地點，應該是船艦沉沒後散落的結果。兩處遺址範圍，其一長 131 公尺、寬 20 公尺，其二長 124 公尺、寬 24 公尺。[542] 馬公內海的水深不若澎湖其他外海，這裡水深約 18 公尺，地點在馬公蛇頭山前海域。[543]

---

[539] 2010 年 8 月 23 日口述訪談馬公洪瑞益先生，澎湖馬公人，今年 75 歲，退休教師。報導人描述內容來自家中老長輩。

[540] 臧振華，《澎湖馬公港古沉船調查、發掘及水下文研究、保存科學人才培育計畫第三年度——期末報告》，頁 434-437。

[541] 文化部文化資產局，《臺灣附近海域水下文化資產普查計畫報告輯第二階段報告（1）》，（臺中市，文化部文化資產局，2018），頁 176。

[542] 臧振華，《澎湖馬公港古沉船調查、發掘及水下文研究、保存科學人才培育計畫第三年度——期末報告》，頁 414-415。

[543] 臧振華，《臺灣附近海域水下文化資產第二階段普查計畫（99-101 年）第三年度（101 年）計畫》，頁 446。

圖 6-23　停泊於日本橫須賀港的松島艦

圖片來源：http://ja.wikipedia.org

徵引日期：2014 年 8 月 1 日

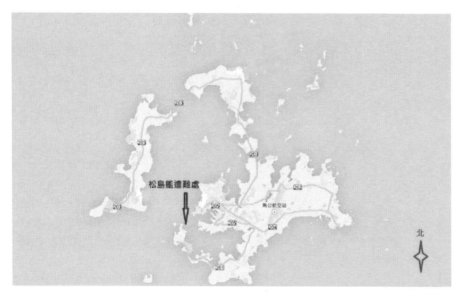

圖 6-24　松島艦遭難地點圖

圖 6-25　《漢文臺灣日日新報》1908 年 5 月 1 日第 1 版記載松島艦遭難的相關報導

圖 6-26　蛇頭山松島艦遭難紀念碑
圖片來源：李其霖攝於 2014 年 12 月 20 日

第七章
東沙海域的航路與沉船

壹、前言

　　東沙群島周邊是東亞海域南方的重要航線區之一，廣東往菲律賓航線也會經過東沙海域，但此區域由環礁地形所構成，故許多船舶在對該區域地形不甚熟悉之下很容易坐礁遭難。十六世紀以來就有許多船舶陸續在該地遭難，在國外的海圖上也會特別標記該區域情況，在中國的相關書籍中也針對東沙進行較多的描述。隨著時間遠近，人們對於東沙群島的了解也相對的提高許多，而這區域也逐漸從海上重要航道，轉向軍事重鎮，以及天然美景之地。

貳、東沙名稱沿革

　　東沙群島為我國的周邊島嶼之一，位於香港的東南方，臺灣的西南方，是海上航線的一個重要指標。但這個指標則是一個危險的指標，主要是這附近海域有許多暗礁，船舶經過此區域相當危險，如果太靠近暗礁，即可能發生撞擊引發船難事件。這個區域也是東亞海域的重要船難區。

　　東沙群島 Pratas Island 由東沙環礁、南衛灘環礁（South Vereker

Bank）、北衛灘環礁（North Vereker Bank）及東沙島（Dongsha Island 或 East Sand Island）所組成，因此被稱為大環礁，[544] 其中可以居住活動的區域為東沙島。因東沙島比較靠近廣東，在清代以前東沙島是廣東漁民時常補魚的區域之一。二次大戰之後，東沙島成為臺灣漁民捕魚的一個重要魚場，如高雄、屏東、澎湖的漁民皆會至此。[545] 因為東沙海域有石斑、龍蝦等高經濟價值的海鮮，另外鳥糞也是以往當地的重要產物。

東沙島東西長約 2,800 公尺，寬約 865 公尺，陸地面積約 1.74 平方公里，其樣貌類似螃蟹之螯，呈 ㄈ 字型。中間則為內海，面積約 0.64 平方公里。東沙島的中心位置為東經 116 度 43 分，北緯 20 度 4 分。在東沙島之南、北有二水道，南水道水深較深、航道較寬。[546] 在島上騎腳踏車，約莫 30 分鐘可以環島一圈。目前東沙目前由高雄市管轄，以前島上駐紮海軍陸戰隊一個營兵力，指揮官為上校，現在則是由海巡署駐防。島上除了駐島的海巡人員營舍之外，設置有一個飛機跑道，一間大王廟，以及漁民服務站。島上官兵的日常用品及糧食則由臺灣供應。

東沙名稱的緣由，由古至今甚多，中外之命名亦不同，主要是時人對其了解有限，故有各種不同的名稱出現。元代以後往來此區域的船舶漸多，因此開始有福建、廣東海域的相關記錄，但內容尚不明確。歐洲人進入東沙海域之前，從中文的相關資料記載，尚且看不到有關南澳氣的記錄。或許這個區域可能是附近居民常去捕魚的地點，但卻無相關記載。如《嶺外代答》、《島夷誌略》、《鄭和航海圖》、《東西洋考》等明代以前的書籍，並沒有記載南澳氣。如《嶺外代答》的三合流條中的「長砂石塘」[547]，《島夷誌略》中的「萬里石塘」[548]，《東西洋考》所載的西洋

---

[544] 湯熙勇主持，《東沙海域文史資源調查研究》（臺北：內政部營建署，2006），頁 7。

[545] 張素玢主持，《東沙海域相關人士訪談計畫》（臺北：內政部營建署，2006）。

[546] 湯熙勇主持，《東沙海域文史資源調查研究》，頁 8。或參閱邱文彥，《東沙海域古沉船遺蹟之調查研究》（臺北：內政部營建署，2005）。

[547]〔宋〕周去非，《嶺外代答》（北京：中華書局，1999），頁 36。

[548]〔元〕汪大淵，《島夷誌略》（北京：中華書局，2000），頁 318。

針路，[549] 東沙海域一帶尚不是航線之一。當時的西洋針路還是從金門、廈門出發，沿著福建、廣東海岸線行駛至中南半島等地。因此東沙群島在當時還不是航路的指標之一。《鄭和航海圖》中的石星石塘，[550] 有一說是後來的南澳氣，但卻沒有提供證據證明。因此所謂的「長砂石塘」、「萬里石塘」是否指的是東沙，或者是東沙延伸至西沙一帶則有待確認。[551]

　　從官書以外的資料來看，成書約莫明末清初的《古航海圖考釋》，應是福建一帶漁民所繪製隨身攜帶之航海圖。其圖第 69 幅，即為南澳氣區域圖。另美國美國耶魯大學史德林紀念圖書館（Sterling Memorial Library）藏之中國航海圖，所繪的圖像與《古航海圖考釋》相近，雖每一幅圖的繪製地點不見得相同，但南澳氣的樣貌極為相似。耶魯版的南澳氣附有詳細說明南澳氣地型狀況。顯見明末清初時期，福建等沿海地區的漁民對東沙島周邊海域之情況已有相當程度之了解。

---

[549]〔明〕張燮，《東西洋考》（北京：中華書局，2000），頁 171。

[550]《鄭和航海圖》第 40 幅。

[551] 湯熙勇查閱相關中文資料，與東沙有關的史料出處共 15 則，外文資料記載有 6 則，皆有詳細說明。湯熙勇，《東沙島地方志資源調查委託辦理計畫》成果報告，海洋國家管理處，2008，頁 11-15。

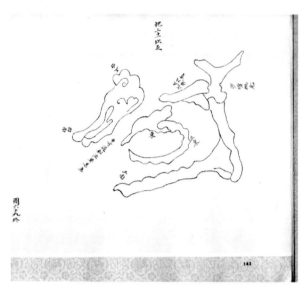

圖 7-1 南澳氣圖
圖片來源：《古航海圖考釋》

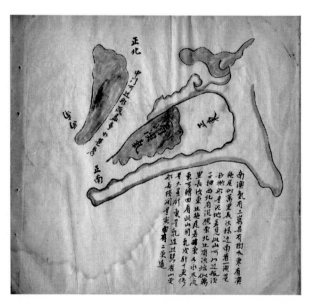

圖 7-2 南澳氣圖
圖片來源：美國耶魯大學史德林紀念圖書館（Sterling Memorial Library）藏

　　從《古航海圖考釋》與耶魯大學所藏的海圖來看，福建沿海一帶的漁民對南澳氣已相當熟悉。主要是漁船的航行路線與貿易船的路線不同，漁船的航行路線較不規則，魚群在那，船即開到那。船的航行方向有可能東西向，亦可能是南北向。東西向航行的漁船即可能經過南澳氣周邊海域，或直接在南澳氣海域捕魚。南北向捕魚的船舶就不一定經過南澳氣附近。

　　從歷史的記錄來看，中國大部分的船舶，於明代末期之前，尚未開發東西向航行。除了部分的海盜、明代戰船之外，[552]貿易船並不會走南澳氣周邊航線。然而海盜的資料流傳甚少，我們不得而知實際航行狀況。明代戰船主要航行於沿海地區，以及澎湖海域，只有幾次因追擊海盜來到臺灣北部海域，但並非是常態。至於到南澳氣的機會更為鮮少，幾乎沒有相關記載。

　　陳倫炯（？-1751）的著作《海國聞見錄》，稱東沙為南澳氣。陳倫炯與其父親陳昴，皆擔任過福建及廣東的臺灣鎮水師總兵及碣石鎮總兵，因此對東沙海域並不陌生，他們可能也都看過漁民的海圖，因此能夠清楚的標示出南澳氣的地理位置以及周邊情況。[553]

　　至於「東沙」這兩字名稱的來源，始於謝清高（1765-1821），其在《海錄》一書提及，東沙有如「海中浮沙」，且因該浮沙位於萬山之東，固稱之為東沙。至於浮沙，有一西一東，另一西則為西沙。[554]這也是中文史料稱南澳氣之外的另一個稱法，也是目前大家所熟知的東沙島。

　　中文資料對於東沙的明確記錄可能到明末清初，但從歐洲各國所出版的海圖中已經清楚的標示出東沙的位置，只是各國命名不同。歐洲船舶在東亞的航行主線為南北向，因與中國沿海貿易需要才會接近大陸沿

---

[552] 明代因在澎湖設置遊兵，因此拓展了金門至澎湖的東西向航線。但不未拓展南澳至南澳氣的航線。

[553] 〔清〕陳倫炯，《海國聞見錄》，頁 15-16。

[554] 湯熙勇主持，《東沙海域文史資源調查研究》，頁 14。

岸。明朝正德八年（1513）葡萄牙船來到廣東海面，[555] 爾後開始往中國北方海域航行，可達浙江沿海一帶。葡萄牙船經過幾次中國東南海域的航行，逐漸能夠掌握東亞海域的洋流、朝夕以及地理位置的相對狀況。初期航行的路線也是沿著海岸線進行，對海域熟悉之後才開始轉往較外海地區航行，如此藉由外海洋流將可以使船舶的航行速度加快，時間縮減。如果遠離陸地往外海航行，這個航行路線即會將過南澳氣海域。從後來到東亞海域的西班牙船、荷蘭船、英國船、法國船等國的航行路現，皆會經過南澳氣周邊海域。當時的西洋人稱東沙島為 Wales, 也有稱 Pratas Island 或 Prata Island。[556]

　　在歐洲的地圖方面，明朝天啟元年（1621）Hessel Gerritsz 在《東亞海圖》中，繪出東沙島。[557] 天啟六年（1626），西班牙的檔案《中國部分及台灣、馬尼拉描述圖》，[558] 天啟七年（1627）Abraham Goos 以 Wales 為東沙島之名。[559]1650 年的《大明國圖》亦將東沙島稱之為 Wales。[560] 法國製圖家 Nicolas Sanson（1660-1667），於 1652 年在巴黎出版的《亞洲地圖集》稱東沙為 Prat，[561]1655 年後義大利傳教士衛匡國（Martino Martini，1614-1661）根據《廣輿圖》繪製〈中華帝國十五分省圖〉，其中東沙島名稱為 Prata。[562] 由此可見，歐洲國家對於東沙島之了解大概在十七世紀初期。爾後東沙周邊海域，成為航行的必經之路。

---

[555] 張增信，《明季東南中國的海上活動》，頁 199-206。

[556] 王彥威、王亮編，《清季外交史料》，《近代中國史料叢刊》三編第二輯（臺北：文海出版社，1985），卷 216，總頁 3427、3433。

[557] 冉福立（Zandvliet, Kees; 江樹生），《十七世紀荷蘭人繪製的臺灣老地圖》（臺北：漢聲雜誌社，1997），頁 8-9。

[558] 《艾爾摩沙 - 大航海時代的臺灣與西班牙》（臺北：國立臺灣博物館，2006），頁 78。

[559] 《福爾摩沙 - 十七世紀的臺灣、荷蘭與東亞》（臺北：國立故宮博物院，2003），頁 134。

[560] 馮明珠主編，《經緯天下》（臺北：國立故宮博物院，2005），頁 29-30。

[561] 馮明珠主編，《經緯天下》，頁 48。

[562] 馮明珠主編，《經緯天下》，頁 27-28。

參、東沙是危險海域

　　為何東沙島是危險海域，從當時後的相關記載可以清楚的了解。東沙島周邊的洋流會往東沙島聚集，因此船舶航行時至此區域時如果沒有妥善的操作，即會隨著洋流進入東沙島，而進入東沙島之前船舶即會撞到暗礁，發生船難事件。因此，不管漁民的手冊或是時人的記載，最早對於東沙島的稱呼為「南澳氣」，如清雍正年間擔任臺灣鎮總兵的陳倫炯，對臺灣周邊海域甚為熟悉，著有《海國聞見錄》，〈南澳氣〉載：

　　南澳氣居南澳之東南，嶼小而平，四面掛腳皆嶁岵石，底生水草長丈餘，灣有沙洲吸四面之流，船不可到，入溜則吸擱不能返。隔南澳水程七更古為落漈，北浮沉皆沙垠，約長二百里，計水程三更餘。盡北處有兩山，名曰東獅象，與臺灣沙馬崎對峙，隔洋瀾四更，洋名沙馬崎頭門…[563]

　　《海國聞見錄》除了記載南澳氣周邊環境外，也載到，雍正四年（1726），曾經有閩船在南澳氣補魚，因桅杆斷裂而搭舢板船回臺灣，20 人中只有 5 人存活，其餘皆餓死。廣東地區的漁船也常到此地補魚，因誤闖南澳氣而不得離開。有關於廣東船舶至南澳氣補魚之事，主要是陳倫炯父親陳昂，曾經擔任過廣東碣石鎮總兵。廣東碣石距離南澳氣較近，碣石水師外洋巡防時，亦會來到周邊，因此陳倫炯對於南澳氣多有了解。今中共宣稱，南澳氣歸屬於他們廣轄，隸屬於廣東碣石鎮。

　　爾後有關南澳氣的記載皆來自《海國聞見錄》的內容，其說明並沒有太大之改變，如《瀛寰志略》載：

　　南澳氣島，南洋為閩粵商船數至之地，海道有數險，舟師皆謹識之。最險者為南澳氣，古稱落漈，在南澳之東南，隔水程七更。嶼小而平，四面掛腳皆亂石，生草長丈餘，氣吸四面之流，船不可到，到則隨

---

[563] 〔清〕陳倫炯，《海國聞見錄》，頁 15-16。

溜則吸閣不能返，氣之北浮沈皆沙垠，約長二百里，盡北處有兩山，名曰東獅象與臺灣沙馬崎對峙，隔洋面水程四更，名沙馬崎頭門，氣之南續沙垠，至粵海爲萬里長沙。[564]

《道光廣東通志》、《海國圖志》、《時務通考》等相關著作，亦皆以《海國聞見錄》對南澳氣的說明爲參考，互有增減。

另外亦有稱東沙爲「落漈」，但落漈應爲形容詞，東沙島附近稱之，琉球群島附近亦有稱落漈者。落漈是海洋之水入地，非一處也。明鄭和奉使至潘山國，知西洋有落漈[565]，日本東去水向東流，知東洋有落漈，就其近者言之，在臺灣西南五百里，去南灣水程七更，有一沙島名南灣氣，吸四面海水以入沙中并入地腹，海舶懼入不能出。[566] 從這些相關的記載可以得知，南澳氣一帶海域有其危險性，船舶進入此區域確實應小心。

圖 7-3 美國國會圖書館藏南澳氣圖

---

[564] 〔清〕徐繼畬撰，《瀛寰志略》，卷二，清道光二十八年福建撫署刻本。

[565] 接近現今琉球之區域亦稱之，如《明史》載，琉球在中國東南，自福建梅花所，開洋順颺利舶七晝夜可至，由黿鼊嶼、高華嶼至彭湖島水勢漸低，近琉球謂之落漈。見〔清〕張廷玉，《明史》卷四百十三，外蕃傳。

[566] 〔清〕鄭光祖撰，《一斑錄》，卷一，清道光舟車所至叢書本。

圖片來源：美國國會圖書館藏，大清萬年一統天下全圖，局部，地圖繪製時間約 18 世紀中。

　　東沙海域航線可以分成南北向以及東西向。南北向的航運路線主要在東沙島的西側區域。東西向則在東沙島的北側與南側皆可。但無論是南北向或東西向的航線，都必須遠離東沙環礁，避免撞到暗礁。大型船舶在航行時至少必需遠離一海哩以上，依船舶大小距離有所不同。如對東沙海域各區域之水深無法掌握，即可能撞到暗礁而沉沒。因此，在此區域累積不少的船舶遭難事件，尚需進一步進行調查。

　　2003 年國內研究人員發現「東沙五號」在礁盤上留有大量建築石材，經過調查之後，在周邊地區亦發現醬釉陶罐、紅磚、黑磚、船鐵釘等。[567]2012 年中央研究院水下考古隊初勘調查發現多處沉船遺址，水下除了鐵、木質沉船遺跡外，遺物分別有鐵灶、陶瓷、磚瓦、玻璃、花崗石、子彈等，經調查後選擇了部份遺物出水共計 81 件，其中「東沙二號」60 件、「東沙三號」4 件、「東沙四號」11 件以及單一遺物分佈 6 件。

　　由「東沙二號」、「東沙四號」沉船遺物內涵顯示，其年代為清代中晚期，約在 19 世紀中葉之後，陶瓷燒造地點推論大致來自廣東等地窯口，另有少數來自閩南及景德鎮窯等。出水遺物以陶瓷占多數，分別有醬釉器、素陶、青花瓷、單色釉瓷等。此外，在東南內環礁調查時發現宋代茶盞，從器型推論年代約在宋代時期，這是東沙環礁考古發現最早的遺物，對進一步研究東沙文史有重要的幫助。

　　「東沙一號」位於東沙島潟湖口外，鐵殼船，水深滿潮時 7 米，退潮時約 5 米，能見度 5 米，殘骸分佈範圍達兩百米。從海軍檔案資料顯示，光復初期該水域並無此沉船，故推論為 50 年前沉沒的英國船。

　　「東沙二號」位於東沙島東南方，水深 3-5 米處。遺物周邊發現木質船板，初步推論為木質沉船。遺物分布範圍東西寬 200 米，南北長 220 米，經調查後選擇部份遺物出水 60 件。遺物分別有醬釉陶、單色瓷、

---

[567] 臧振華、薛憲文主編，《臺灣附近海域水下文化資產》普查計畫報告輯 - 第三階段報告
　　（4），文化部文化資產局，2019，頁 165。

青花瓷、單色瓷、磚，器型有罐、壺、碗、盤、杯、湯匙、碟、方型磚等，推論來自廣東以及閩南沿海一帶窯口生產，年代為清代中晚期。

「東沙四號」位於東沙島東南方約 400 米處（「東沙二號」向外約 200米處），水深 4-9 米，沙底海床，遺物分佈範圍南北長 150 米，東西寬100 米。經調查後選擇部份遺物出水共 11 件陶器，有單柄素面陶壺、醬釉折沿陶缽、圓形醬釉蓋罐、研磨缽、青花碗等，從遺物內涵推論為一艘清代中晚期木質沉船。[568]

表 7-1 東沙環礁海域之沉船 共 29 筆

沉沒時間	船籍船名	航　線	海難發生地	備　註	資料來源
1609 年（明萬曆 36 年）	東印度貿易船（葡萄牙籍）	澳門和馬尼拉間	東沙環礁	船上貨品傳說有琥珀、珍珠、麝香和寶石等。	1：頁 133
1652 年（清順治 9 年）	DELFT 號（荷蘭籍）	由巴達維亞出發	東沙環礁	不明	2：頁 3-8
1652 年（清順治 9 年）	LOURSIER 號（美國籍）	不明	東沙環礁	不明	2：頁 3-8
1654 年 6 月 22 日（清順治 11 年）	UTRECHT 號（荷蘭籍）	巴達維亞前往中國	東沙環礁	保留 1 箱白銀。	1：頁 134 3：頁 364 -5
1761 年 9 月 4 日（清乾隆 26 年）	FREDERIC ALDOPHUS 號（瑞典籍）	前往中國	東沙環礁	船上載有 200,000 個銀幣，所有貨品均獲救。	1：頁 134
1785 年 8 月 25 日（清乾隆 50 年）	SAN JOSE SAN TA ROSA 號（西班牙籍）	不明	東沙環礁	不明	2：頁 3-8
1790 年（清乾隆 55 年）	船名不明（葡萄牙籍）	馬尼拉前往澳門	東沙環礁	不明	2：頁 3-8

---

[568] 黃漢彰，《東沙環礁新近發現的沉船遺址初探》，2015 年 11 月。

沉沒時間	船籍船名	航　線	海難發生地	備　註	資料來源
1800 年（清嘉慶 5 年）	船名不明（中國籍）	來自爪哇	東沙環礁	不明	2：頁 3-8
1800 年（清嘉慶 5 年）	EARL TALBOT 號（英國籍）	前往中國	可能在東沙環礁	不明	1：頁 134
1842 年（清道光 21 年）	SINGULAR 號（西班牙籍）	馬尼拉前往中國	東沙環礁	船上據稱有價值 50,000 美元的黃金。	1：頁 134 4：頁 191
1845 年（清道光 24 年）	CITY OF SHUREZ 號（船籍不明）	中國黃浦（Huang-Pu）到印度孟買	東沙環礁	船上載有硬幣，1846 年間曾經試圖打撈，但結果未知。	1：頁 134 4：頁 191
1851 年（清咸豐元年）	VELOCIPEDE 號（船籍不明）	不明		不明	未查到資料
1852 年 9 月 17 日（清咸豐 2 年）	CHARLOTTE 號（美國籍）	印度馬德拉斯前往廣東	東沙環礁	船上載有棉花。船員獲救。	1：頁 134
1852 年（清咸豐 2 年）（一說 1851 年）	REYNARD 號（船籍不明）	不明	東沙環礁	不明	1：頁 134
1854 年 5 月 21 日（清咸豐 4 年）	COUNTESS OF SEAFIELD 號（英國籍）	上海到倫敦	東沙環礁	載有 750 噸的茶、絲和羊毛。船員倖存。	1：頁 134
1854 年（清咸豐 4 年）	THOMAS CHADWICH 號（船籍不明）	不明		不明	5：頁 3-11
1854 年 12 月 31 日（清咸豐 4 年）	LIVING AGE 號（美國籍）	上海到紐約	東沙環礁	船上載滿茶和絲。船員獲救。	1：頁 134

沉沒時間	船籍船名	航　線	海難發生地	備　註	資料來源
1855 年 1 月（清咸豐 5 年）	TOM BOW-LINE 號（英國籍）	由 Chowfou 出發	東沙環礁	船上載有茶葉。二副和 3 個男人在小船上被海盜殺死。	1：頁 134
1855 年 11 月 6 日（清咸豐 5 年）	JOHANNE 號（荷蘭籍）	馬尼拉前往上海	東沙環礁	1855 年 10 月 19 日自馬尼拉出發，11 月 6 日在東沙東北方發生船難，船員分別搭上 3 艘小船，24 小時後，他們被 1 艘英國船 ABBOTSFORD 所救，11 月 26 日安全抵達新加坡。	1：頁 134
1856 年 3 月 2 日（清咸豐 6 年）	MERMAID 號（美國籍）	由孟買出發	東沙環礁	船上載有棉花。當船員試圖拯救貨物時，海盜在船上放火，並告知他們，在他們之前不久有 1 艘祕魯籍船和 1 艘荷蘭籍船在此失事。	1：頁 134
1856 年 1 月（清咸豐 6 年）	JOVEN IDHAP 號（葡萄牙籍）	馬尼拉到澳門	東沙環礁	船上載有米。2 個人死於小船上。	1：頁 135
1858 年以前（清咸豐 8 年）	H.M. Screw Sloop Reynard 號（英國籍）	不明	東沙島東南方轉彎處	1858 年時，島上留有船隻之鍋爐、鐵製信號燈和機器零件等。	6：頁 66
1858 年 4 月 4 日（清咸豐 8 年）	COURSER 號（美國籍）	不明	東沙環礁	船長和工作人員倖存。	1：頁 135
1860 年（清咸豐 10 年）	NORTH STAR 號（船籍不明）	不明	東沙環礁	不明	1：頁 135

沉沒時間	船籍船名	航　線	海難發生地	備　註	資料來源
1862 年 7 月 14 日（清同治元年）	PHANTOM 號（美國籍）	舊金山前往香港	東沙環礁北邊	船上載有價值 2,000,000 英鎊的黃金。PRUTH 號救了船上一些人及船上價值 55,000 英鎊（或 US 50,576）的財寶，其餘貨品均留在沉船上，在 7 月 22 日抵達香港。	1：頁 135 4：頁 192
1862 年（清同治元年）	MALACCA 號（德國籍）	往紐約途中	東沙環礁	船員為德國人 SUSANNAH 號所救。	1：頁 135
1863 年（清同治 2 年）	G E O R G E S A N D 號（德國漢堡籍）	舊金山前往香港	東沙環礁	船上據說載有價值 2,600,000 英鎊的黃金，但實際數量可能沒那麼多。船員及乘客搭乘 KEN-NING-TON 號於 7 月 27 日抵達香港。	1：頁 135 4：頁 192
1869 年（清同治 8 年）	CHIEFTAIN 號（船籍不明）	上海到倫敦	東沙環礁	船員獲救，船貨被中國海盜洗劫。	1：頁 135
1883 年（清光緒 9 年）	遇風破損（荷蘭籍）	不明	廣東所屬海面東沙地方	中國漁船上之 30 多人搶劫船貨及衣服等，荷蘭駐華公使要求清朝政府處理。	7：頁 71

資料來源：

1. Tony Wells, 1995, Shipwrecks and Sunken Treasure in Southeast Asia.

2. Frank Goddio 提供，〈List of Some Ships Lost on Prata〉，轉引自邱文彥，「東沙海域古沉船遺蹟之調整研究」，內政部營建署委託辦理報告，2005 年 8 月。

3. 江樹生譯註,《熱蘭遮城日誌III -E》,臺南:臺南市政府,民國92年12月,頁364-389。

4. Nigel Pickford, 1994, The Atlas Of Shipwrecks & Treasure, London: Dorling Kindersley.

5. Jeremy Green 提供,轉引自邱文彥,「東沙海域古沉船遺蹟之調整研究」,內政部營建署委託辦理報告,2005年8月。

6. William Blakeney,R.N., 1902, ON THE COASTS OF CATHAY AND CIPANGO FORTY YEARS AGO-A Record of Surveying Service in the China Yellow and Japan Seas and on the Seabord of Korea and Manchuria, London:Elliot Stock.

7. 山下太郎,〈東沙島の沿革〉,《臺灣時報》,昭和14年 (1939) 11月號。

第八章
十九世紀淡水洋面遭難船舶的沉船地點

壹、前言

　　清代在臺澎海域遭難船舶甚多，遭難船舶發生之因不外乎遭風、戰爭、遇礁、其他等。這些船舶遭難漂流或直接沉沒，皆會受到洋流的影響而改變沉船地點。洋流的走向除了影響船舶的行駛之外，也影響遭難後之情況。因此通曉洋流的走向有助於了解實際上船舶沉沒地點的搜羅，然需再配合水下環境之狀況。

　　澎湖海域因島礁多，自然也成為遭難船舶發生的熱區。再者，澎湖是東亞海域中段的重要航海地標，往來船舶甚多，因此發生船難事件的機率當比其他區域顯而易見。鄭清澎湖海戰、二戰期間，亦有不少船舶於此遭難。而澎湖至臺灣的澎湖水道，因洋流湍急，在船舶操作不甚的情況下亦容易發生船難，此段也成為黑水溝海域最危險的部份。

　　臺灣西部海域，向來是船舶往來的必經之路，安平、鹿港、淡水是清代三大港口，港口周邊往來船舶亦多，發生船難的機會增加。再者，這幾個港口與廈門、蚶江和福州對渡，船舶往北可至日本，往南至東南亞，所以臺灣西部海域也成為了船舶遭難的重要區域之一了。

　　淡水海域在康熙晚期之後，往來的船隻越來越多，起初，船舶對這

裡的了解相當有限，熟不知此區域水文並不平靜，稍有不甚，將葬身海底。因此北海岸周邊常有船舶遭難的相關記載，更有許多遭難船舶上的軀體漂流到北海岸各地，尤以石門海域最多。因此，船舶遭難之後若能配合洋流的方向探討，將對於水下船舶的搜羅有莫大幫助，如能再運用新的找尋工具，將發崛更多的沉船資訊。

　　十六世紀時期的殖民時代或稱為航海時代，臺灣亦參與其中，但臺灣是被殖民的區域之一，屬於被動的參與。因此，臺灣之有常態性對外交通，大概只能從十六世紀算起。[569] 十六世紀以來，東亞區域對於船舶的遭難記錄越來越多，主要也是因為航行於此區域的船舶增加，但這個時間鮮少有文獻資料詳細記錄。十七世紀以後對於船難的記錄較多，也有較詳細之記載，[570] 航行於淡水洋面的船舶主要來自中國、荷蘭與西班牙為多，然而這些遭難船舶的記錄也只是冰山一角，更多發生船難的船舶無記錄可言。

　　中國沿海居民在十六世紀以後，往來淡水洋面的船隻越顯頻繁，這裡時常是海盜遊弋的區域之一。如嘉靖末，倭寇騷擾福建期間，戚繼光（1528-1588）擊潰倭寇，部分倭寇遁居雞籠及淡水洋面，當時東南沿海最大的海寇林道乾也曾經來此地。[571] 至萬曆年間（1573-1620）提督兩廣凌雲翼（1547 年丁未科進士）奏稱，海賊林鳳被廣福總兵胡守仁（1544-1599）追至淡水洋面，並衝沉賊船二十多艘。[572] 雖然當時明代並沒有統治臺灣，但官軍對於淡水洋面並不陌生。除了官軍以外，福建漁民至此區域亦近，因此時常至此活動，成為常態。[573] 所以這個區域便成為中國沿海居民、海盜及官軍熟知的區域了。

---

[569] 陳國棟，《臺灣的山海經驗》，頁 86。

[570] 如果是官船或戰船則較有詳細的記錄，但漁船、商船等民船，部分雖有記錄但並不完整，更多遭難船舶恐皆無記錄。

[571] 張廷玉，《明史》，卷三百二十三，列傳第二百十一，頁 8376。

[572] 《明實錄‧神宗實錄》，卷四十五，萬曆三年十二月己卯，頁 1014。

[573] 張燮，《東西洋考》，頁 106。

　　葡萄牙是最早到達東方的歐洲國家，他們為了不讓其他國家了解中國沿海狀況，在 1504 年就禁止出版任何與東方航線有關的書籍和地圖，過往出版的書籍也全部被追回銷毀，以防止秘密被洩漏。1592 年，長期擔任印度果阿（Goa）大主教秘書的葡萄牙人林思喬坦（Linschoten，1563-1611）回到荷蘭，在 1595 和 1596 年出版《葡萄牙在東方航行的旅程記述》以及《林思喬坦到東方和葡屬印度的航海志》兩書，大大的填補了歐洲人對東方航線的認識。[574] 雖然葡萄牙最早來到亞洲，但與臺灣的聯結相當有限，不過往來中國東南沿海區域都需要經過臺灣海域，所以葡萄牙船經過臺灣海域的機會亦是常有之事。

　　西班牙佔領菲律賓之後，在 1596 至 1597 年間，菲律賓內部不斷地有提議佔領臺灣的聲音。[575] 爾後，佛郎西斯哥總督（Francisco de Tello de Guzmán）於 1597 年 5 月 19 日、1597 年 6 月 19 日二次上書國王，論及維護明代與菲律賓之間的貿易，但上書的時間都不是航海風汛期間，因而未採取措施。[576] 雖然西班牙對於臺灣北部海域並不陌生，但並未積極採取行動，反而讓荷蘭人捷足先登，佔領臺灣。爾後西班牙人為了保護航行的安全性，在兩年後佔領臺灣北部，與荷蘭互別苗頭。

　　荷蘭人來亞洲的時間比起葡萄牙和西班牙將近晚了百年。1600 年（萬曆 28 年），由範‧納克（J. van Neck，1564-1638）所率領的 6 艘船來到遠東，荷蘭人因為幫助班達島人民反抗葡萄牙人，所以獲得該島嶼的香料收購權。[577] 同年荷蘭準備航向中國沿海進行貿易，幾經波折之後進入澳門附近，並派遣人員上岸與澳門官員溝通，但都被拘禁，在無法援救的情況之下只好先行離開。[578] 離開後的荷蘭船舶進入廣州，明朝官員並沒有

---

[574] 梁志明主編，《殖民主義史‧東南亞卷》，頁 99-100。

[575] 方真真，《明末清初臺灣與馬尼拉的帆船貿易（1664-1684）》（臺北：稻香出版社，2006），頁 73。

[576] 曹永和，《臺灣早期歷史研究》（臺北：聯經出版事業公司，1997），頁 27。

[577] 梁英明，《東南亞史》，頁 79。

[578] Leonard Blussé 著，莊國土、程紹剛譯，《中荷交往史 1601－1989》（荷蘭：路口店出版社，1989），頁 34。

像葡萄牙人一樣以兵驅逐，相反的，這些官員對開放貿易所帶來的利益有充分認識，然而他們不敢承擔政治責任，所以打發荷人離去。[579] 但另外一艘名為 de Liefde 的荷蘭船隻到達了日本九州，開啟了日本與荷蘭的交流。[580]

1602 年（萬曆 30 年），荷蘭聯合東印度公司（Vereenigde Oost-Indische Compagnie）成立，爾後派遣第一支艦隊到遠東，其中兩艘航向中國，由指揮官韋麻郎（Wijbrant van Warwijck, 1566-1615）負責執行到中國的任務。[581] 韋麻郎來到東方之後，佔領了澎湖，在澎湖停留四個多月。當時澎湖為明朝領土，時任浯嶼欽依把總[582]沈有容（1557-1628）帶兵至澎湖，希望荷蘭人離開澎湖；荷蘭人在評估雙方軍力之後，認為目前力量難以跟明朝軍隊抗衡。在雙方溝通之下，達成協議，荷蘭人願意撤離。離開之前，明朝官員建議荷蘭人可以去淡水，[583]韋麻郎也贈送沈有容銅銃及銃彈，然而沈有容只接受了銃彈。[584] 之後的淡水行也讓荷蘭了解淡水洋之情況，這個區域也是前往荷蘭日本商館的航線之一，不過當時的荷蘭人並未進入淡水。但從十七世紀以後，淡水洋區域已成為荷蘭船舶的航線區域了。

1723 年（雍正元年）淡水設廳，往後，人口漸漸增加起來，甚至開放與福州五虎門對渡。乾隆晚期，陝甘總督福康安（1753-1796）即建議

---

[579] 鄭永常，《來自海洋的挑戰：明代海貿政策研究》（臺北：稻鄉出版社，2004），頁 246-247。

[580] 張淑勤，《荷蘭史》，頁 122。

[581] Leonard Blussé 著，莊國土、程紹剛譯，《中荷交往史 1601 － 1989》，頁 37。

[582] 「欽依把總」：嘉靖 42 年，各水寨指揮照都指揮行事，名為欽依把總；各衛歲輪指揮一員領衛所軍，往聽節制。[清] 周凱，《廈門志》，卷 3，頁 80。有關欽依把總問題可參見何孟興，《浯嶼水寨：一個明代閩海水師重鎮的觀察》（臺北：蘭臺出版社，2002），頁 100。

[583] 中村孝志著，許粵華譯，《荷蘭時代台灣史研究》上卷（臺北：稻鄉出版社，1997），頁 176。[明] 沈有容，《閩海贈言》，卷 2，〈卻西番記〉，頁 38。

[584] [明] 沈有容，《閩海贈言》，卷 2，〈卻西番記〉，頁 38；《明神宗顯皇帝實錄》，卷 440，萬曆 35 年 11 月戊午，頁 8361-8362。

兩岸之對渡，淡水八里岔，距五虎門水程約六七百里，港道寬闊，可容大船載運。[585] 兩年後，五虎門與八里岔即可對渡。欽命覆准如下，「臺灣府屬淡水八里岔對渡五虎門，設口開渡。所有渡往臺灣商民在福建省置貨貿易，不能赴原籍領照者，令行保查明具結，報福防同知就近給照」。[586]1862 年（同治元年）淡水開港，各國船舶皆來到淡水，淡水成為北臺灣的國際港，因此除了中式帆船之外，外國船舶也經常至淡水。乃至清代晚期，淡水還是臺灣北部地區的最大進出港口，往來船舶難以細數。

1895 年日本統治臺灣以後，因淡水出海口泥沙淤積以及遭難船舶阻塞之關係，影響到了大型船舶進入淡水河流域，淡水港的船舶數量頓時減少許多，不過這些船舶雖然沒有進入淡水，但還是必須經過淡水洋面。時至今日，北臺灣人口漸多，雖然淡水港已經逐漸沒落無法停靠大型船隻，但基隆港與臺北港取代了淡水港，因此淡水洋面還是有一定數量的船舶往來。於此情況下，這區域是航行熱區的地位並未改變，所以遭難沉船之事時有所聞。但除了是航線熱區以外，也需要了解洋流及風汛狀況，才能完全掌握沉船地點。這些部分皆必需進行研究討論。

以往有關於船舶遭難事件之研究資訊並不多，主要是這些資料較為繁多，並沒有人進行整理。在 90 年代，中央研究院人文社會科學研究中心海洋史專題研究中心進行船難的資料收集。內容涵蓋東亞地區的中國、日本、琉球、朝鮮和臺灣，闡述之內容相當多樣，如船難政策制度和改變、原因、處理方式等。除了出版數篇與海難相關的論文之外，也編輯清代船難的相關史料。[587]

---

[585] 《清實錄·高宗純皇帝實錄》，卷一千三百七，乾隆五十三年六月甲寅，頁 601-2。

[586] 《大清會典事例·嘉慶朝》，戶部，卷一百九十一，頁 35-2。

[587] 湯熙勇、陳怡君主編，未出版，《16-18 世紀台灣附近海域沉船資料集》，共 300 頁，台北：行政院文化建設委員會文化資產總管理處籌備處。湯熙勇、劉序楓、松浦章主編，《「近世環中國海的海難資料集成：以中國、日本、朝鮮、琉球為中心」》，共 23 冊，台北：蔣經國國際學術交流基金會，1999。

　　近幾年除了文化部文化資產局針對水下沉船進行研究計畫案以外，業有陳國棟[588]、湯熙勇、[589]劉序楓[590]、盧正恒[591]、戴寶村[592]、顏妙幸、吳思萱、李玉芬、楊麗祝、劉靜貞、趙榆生、劉芳瑜、盧公宇等人，[593]對臺

[588] 陳國棟，〈關於所謂「的惺號」及其出水文物的一些意見〉，《水下考古學研究》（北京：科學出版社）2，2016 年，頁 21-44。〈遣使、貿易、漂流與被擄：豐臣秀吉征韓前後華人海外網絡的構成〉，《季風亞洲研究》，2.1，2016 年，頁 1-38。

[589] 湯熙勇，〈船難與海外歷險經驗：以蔡廷蘭漂流越南為中心〉，《人文及社會科學集刊》，第 21 卷第 3 期，2009，頁 411-439。湯熙勇，〈清代中國におけるベトナム海難船の救助方法について〉，《南島史學》，第 60 號，2002，頁 36-56。湯熙勇，〈清代前期中國における朝鮮國の海難船と漂流民救助について〉，《南島史學》，第 59 號，2002，頁 18-43。湯熙勇，〈清代時期臺灣澎湖海域的沉船數量〉，上海中國航海博物館編，《中央航海文化之地位與使命》（上海：上海書店出版社，2011），頁 201-219。湯熙勇，〈清順治至乾隆時期中國救助朝鮮海難船及漂流民的方法〉，朱德蘭編，《中國海洋發展史論文集・第八輯》，臺北：中研院社科所，2002，頁 105-172。湯熙勇，〈清代台灣的外籍船難與救助〉，湯熙勇編，《中國海洋發展史論文集・第七輯》，臺北：中研院社科所，1999，頁 547-583。

[590] 劉序楓，〈漂泊異域 —— 清代中國船的海難紀錄〉，《故宮文物月刊》，365 期，2013，頁 16-23。劉序楓，〈中國現存的漂海記錄及其特徵〉，《島嶼文化》（韓國：國立木浦大學校島嶼文化研究院），40 輯，2012，頁 41-68。劉序楓，〈近世東亞海域的偽裝漂流事件：以道光年間朝鮮高閑祿的漂流中國事例為中心〉，《韓國學論集》（漢陽大學校韓國學研究所），第 45 輯，2009，頁 103-154。劉序楓，〈清代檔案與環東亞海域的海難事件研究 —— 兼論海難民遣返網絡的形成〉，《故宮學術季刊》，第 23 卷第 2 期，2006，頁 91-126。劉序楓，〈清代中國對外國遭風難民的救助及遣返制度 —— 以朝鮮、琉球、日本難民為例〉，琉球中國關係國際學術會議編，《第八回琉中歷史關係國際學術會議論文集》，2001，頁 1-37。

[591] 盧正恒，〈難番、鑽石、鎮臣與帝國：施廷專與乾隆十八年西班牙船難事件〉，《季風亞洲研究》，第 8 期（2019），頁 119-157。

[592] 戴寶村，〈高千穗丸與太平輪：船難、影像與歷史記憶〉《臺灣史料研究》，45，2015 年 6 月，頁 2-17。戴寶村，〈船難與救難：日治初期臺灣海難史研究（1895-1912）〉《臺灣文獻》，61:3，2010 年 9 月，頁 191-242。

[593] 顏妙幸〈1908-1909 年澎湖馬公港日艦松島號之爆炸及處理〉，《澎湖研究：第九屆學術研討會論文輯》（澎湖 縣馬公市：澎湖縣文化局，2010），頁 65-92。吳思萱，〈國內外撈救營運現況之探討及發展臺灣打撈救業之策略分析〉，基隆：國立臺灣海洋大學商船研究所碩士論文，2005。李玉芬，《臺灣日日新報》「胡佛號火燒島觸礁事件」幾則報導試譯〉，《東臺灣研究》，臺東：東臺灣研究會，1999 年 4 期，頁 193-197。楊麗祝、劉靜貞，〈清代澎湖海難事件之探討〉，《澎湖開拓史：西臺古堡建堡暨媽宮建城一百

灣周邊海域的船舶遭難事件，或單一船舶遭難論題或者臺灣海域的沉船
及打撈議題進行探討、資料的整理與分析。

　　根據這些研究成果及相關資料所獲得的訊息，這些遭難船舶之所以
被記錄下來，可能有四種情況，第一是船舶沉沒時有他船發現，第二是
在海上漂流被發現，第三是已經漂流至岸邊被發現，第四是船舶未到達
指定之地點，也會被列為失事。當然，會有更多沒有記錄或記錄不詳細
的船舶，就這樣葬身於大海中。

　　近幾年以來臺灣積極從事水下船舶調查研究，2014 年 12 月 9 日，政
府公布「水下文化資產保存法」，共七章，四十四條款。[594] 確立了水下資
產的施行細則，這對於水下調查工作更有法律依據。本文主要探討遭難
船舶地點與實際沉船地點之差距狀況，再以洋流及水下環境來預估船舶
遭難後的狀況。

貳、洋流與水下環境

　　一般的海難是指船舶在航海及停泊中，船隻、船員、乘客及船貨遭
到災害及損失等事故，包括天候、海象、觸礁、擱淺等自然災害，和兵
災、海盜、火災等人為災害。因此，船舶的沉沒原因大致可分成自然與
人為兩大部分，自然方面包括觸礁及強風，人為則是戰爭、火藥庫、鍋
爐爆炸等人為所肇始之因素。然而，如果再依照時間遠近，其沉沒的情

週年學術研討會實錄》，澎湖：澎湖縣立文化中心，1989。趙榆生，〈胡佛總統輪綠島
擱淺記〉，《中華海員月刊》673（2009 年 11 月）。劉芳瑜，〈海軍與臺灣沉船打撈事
業（1945-1972）〉，臺北：國立政治大學台灣史研究所碩士論文，2009。盧公宇，〈臺
灣海域擱淺船舶海難救助作業研究〉，基隆：國立臺灣海洋大學商船研究所碩士論文，
2005。

[594] 文化部文化資產局編，《水下文化資產保存法規彙編》（臺中：文化部文化資產局，
2017，第二版），頁 1-16。

況亦不同。如近代以前遭到強風而沉沒的船舶較多，近代以後因科技發達，此類情況較少。戰爭時期，因戰爭原因而沉沒的船舶最多。另外，依照所屬海域不同、航行時間不同，也會產生不同的沉沒原因，在暗礁較多的海域，如東沙海域、澎湖海域等，因誤觸暗礁而沉沒的船舶較多。

　　船舶在海上因自然或人為因素失去動力之後，如船舶已破損即可能隨時沉沒，如未破損將隨著洋流或風汛方向漂流。即便船舶失事後馬上沉沒，其記載的遭難處地點不見的可以找到船舶結構，必須要配合當時後的洋流走向和風汛情況進行推測，才能完整的判斷沉沒的可能位置。再者，如船舶已經沉沒，亦可能隨著洋流的波動使得船體結構遠離原來的沉沒地點。

　　臺灣西部海面主要有親潮與黑潮兩個大的洋流，黑潮由南海海域往北流進日本洋面，但一年四季情洋流的流向皆不盡相同，尤其東北季風來臨後其流向會有部分改變，尤以臺灣西北、東北、東部及東南部的變化較大。親潮則是由日本洋面往南流，進入南海，其四季的流向皆不盡相同。此外在大陸及臺灣本島周邊亦有許多沿岸流影響陸地周邊海流之流向。[595] 這些洋流主要受到季風之影響，因此，季風威力之大小也會影響洋流的走向及洋流速度。總而言之，洋流往北至臺灣北部區域再循著臺灣北部海岸線流往東南，冬季時匯入大陸沿岸大陸棚。另一部分洋流往西北偏，再轉北及東北向。[596]

　　在每一個區域一年四季的洋流狀況不同，因此會影響到遭難船舶的漂流方向。所以了解遭難船舶的時間點就顯得更為重要，因為隨著失事[597]時間不同，船舶漂流的距離和方向也會不同。再者也必須了解當時的海

---

[595] 大陸沿岸流自 10 月至翌年 3 月東北季風期，以 0.25 至 1.5 節之速率流向南南西方通過海峽。另外，5 月至 9 月間受西南季風影響以 0.25 至 2 節之速率通過海峽，流向北北東。《大氣海洋局航行指南》（高雄：海軍大氣海洋局，2010），頁 80。

[596] Wu, C.-R., S.-Y. Chao, and C. Hsu （2007）: Transient, seasonal and interannual variability of the Taiwan Strait Current. Journal of Oceanography, 63, pp. 821-833.

[597] 失事，指船舶失去動力，無法自由操作，稱之。漂流，船舶失去動力後，由自然的力量，如洋流和季風帶動船舶。遭難，船舶失事後沉沒的地點。

流及風速情況，才能判斷這艘遭難船或已沉沒之船可能會被洋流帶往那各地方。如此在進行水下考古調查時，較能夠掌握時效性，而不是大海撈針漫無目的進行發掘。這樣的研究論述亦是較科學的研究法，也能夠達到事半功倍之效。

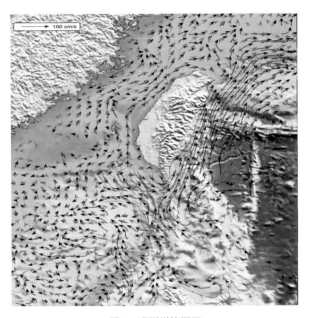

圖 8-1 臺灣洋流概況
臺灣周圍海域水深 30 m（1991-2008 年）西南季風（5-10 月，紫紅色）與
東北季風（11-4 月，黑色）平均流場
科技部海洋學門資料庫，http://www.odb.ntu.edu.tw/，檢索日期：2018 年 9 月 2 日。

　　洋流的強度大小影響了船舶漂流的距離，而沿岸流也影響了漂流方向，但只要能夠掌握住要點，就能進行精確的判斷。換言之，一艘船舶在洋流區域遭難或在沿岸流區域遭難，其漂流的方向有很大的不同。通常在沿岸流區域遭難的船舶比較容易判斷其最後的沉沒區域，因為船舶已經靠近岸邊，如是在洋流行經處遭難，則難以判斷其沉船地點，而且可能距離其遭難地點很遠。如荷蘭統治臺灣時期所記載的遭難船隻，在洋流處遭難者，皆只能簡要記錄，1623 年 7 月 19 日的《荷蘭亞洲航運檔

案》資料記載，一艘船舶 Valk 號 [598] 在福爾摩沙海域一帶失事，[599] 依據資料顯示，這失事的地點應是在澎湖水道，亦是俗稱的黑水溝海域中的小洋。[600] 如在夏天於此處失事漂流，其漂流至臺灣西北部洋面的機會甚大，甚至於有可能往琉球方面去。因此在荷蘭的檔案資料記載在福爾摩沙的西北海域遭難，但真正的沉船地點即難以判斷。

另外在 2000 年，一艘鳳凰七號於石門十八王公廟外海失事坐礁，經勘查後船身受損不嚴重，被海事工程公司拖往基隆。[601] 這艘船原本在淡水洋海域失去動力在海上漂流，後來被洋流及大陸沿岸流帶來至石門外海，最後在十八王公廟前擱淺。而石門的十八王公廟海域就是一個沿岸流流向的重要依據。因此往往在此海域外洋失事的船都會被洋流帶到這個區域。十八王公廟本身的船難故事也就是一個典型的例子。

船舶如確定遭難沉沒了，就必需去了解沉沒處的海底狀況如何，才能判斷船舶可能面臨到的情形。臺灣海域的自然環境各有不同，東部岩岸多，西部沙岸多，東部水深較深，西部則較為平緩。如在淡水洋區域多礁石，部分地區是沙岸。[602] 淡水洋南端的新竹及桃園外海域有大型礫石分布的現象，直徑達 30 cm 以上的石頭，愈接近林口臺地外海區域這現象愈明顯。桃園蘆竹區到新屋區、觀音區，全長約 40 km，沿岸的地形與地貌有明顯變化，由北而南分別由卵礫石海床、變成沙質海床、藻礁質海床，且外海會有中型的沙丘出現。接近觀音區之海域，會有大型沙丘出現在近岸約 30 m 深的海床上。

外島地區如澎湖、馬祖、臺灣島南端七星礁等地多礁石，東沙群島

---

[598] Valk 號載重量 120 噸，屬於 Jacht 船型，由 Amsterdam 商會於 Amsterdam 船廠製造。

[599] J. R. Bruijn, F.S. Gaastra and I. Schöffer. Dutch － Asiatic shipping in the 17th and 18th centuries; The Hague: Nijhoff, 1979, 269.1.

[600] 李其霖，《清代黑水溝的島鏈防衛》（新北市：淡江大學出版中心，2018 年），頁 3。

[601] 該船被高雄拆船公司，南豐海事工程股份有限公司之拖船，拖往基隆。

[602] 從基隆至八里間之海域，沙、礁海岸線穿插其中，比較大的沙灘有，淡水沙崙海灘、白沙灣、淺水灣、洲子灣及翡翠灣等，其他地區則以礁石為多。

則是遍佈珊瑚礁，稱之為東沙環礁。臺灣西部海岸的構造，其物質來源多自臺灣海峽古地塊，而形成漸新世及中新世之循環沉積，成為細緻之泥岩及粉砂岩沉積。[603] 這個水域的水深大約由沿岸至近海 20 km，平均最深約 50 m。高雄、安平、白沙屯、新竹及桃園外海，部分區域深度達 60-120 m，但以 20-30 m 為多。臺灣東部海岸，因面臨太平洋，因此水深皆在 100m 以上，（圖 8-3）因此要在這些礁石區或深海區發現遭難船舶則有其困難性。

圖 8-2 新北石門富貴角燈塔海域
說明：石門海域海象不佳，時常有三角浪，航行較為危險
李其霖攝於 2022 年 7 月

---

[603] 劉寧顏總纂，《重修臺灣省通志》，卷二，土地志地質篇（臺北，臺灣省文獻委員會，1992），頁 206。

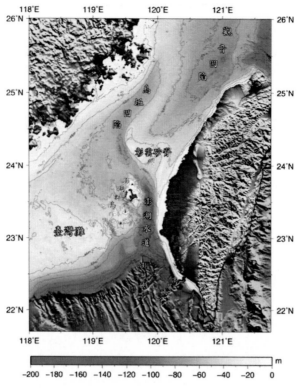

圖 8-3：臺灣海峽陸棚的地形地貌
科技部海洋學門資料庫，http://www.odb.ntu.edu.tw/
檢索日期：2018 年 9 月 2 日。

　　潮汐的漲退之間亦會影響船舶的沉沒地之移動。在潮汐方面，臺灣
的西部海岸線之潮汐高低由南北兩側漸往臺灣中部增加，因此在臺中及
苗栗一帶，為臺灣西部沿岸潮差落差最大之區域。基隆與臺北的潮差平
均不超過 2 m，屏東、高雄及臺南之潮差亦是如此，但從新竹以南至嘉義
之間的潮差變化大。此區域潮差通常可達到 3-4 m，如是大潮時，最大潮
差將可達 5 m。臺中港周邊一帶變化最大，一般時間可達 4 m 左右，大潮
時甚至可達 6 m。

　　在水文的調查方面，英國曾經在臺灣周邊進行海域的水文調查，但
這個時間要到十八世紀以後，英國東印度公司甚至於成立了第一個專門

負責水文的部門，專門收集亞洲水文資訊。[604] 曾經統治過臺灣的荷蘭[605]、日本及我國皆曾經調查該地區之水文狀況。[606] 從荷蘭時期至今，這區域的水深變化不大。如荷蘭時期所測得此區域之水深約 10 噚至 15 噚（27 公尺）之間。而新竹與中國泉州之位置接近，因此直接測量新竹至泉州的航線水深，從圖中可以清楚看出在臺灣海峽的水深狀況。2014 年出版的海軍大氣海洋局的海圖中，亦可清楚的看到此海域深度為 30 公尺上下，與 400 年前荷蘭所測得之水深幾近相同，也表示這區域的水深變化不大。在這個區域至少也探勘到有 13 艘沉船以上資料，比較接近風場區的約有 3 艘上下。但這些船舶是屬於那個時代，屬於那一種船型，則必須進行調查才能了解狀況。另外除了地圖所顯示的沉船以外，可能會有其他未記錄完全的沉船資料。

參、港口及航線

有港口自然會有航線，這都是船舶往來的頻繁區。船舶往來頻繁，自然發生失事的情況會增加。臺灣四面環海，早期的港口以自然港為主，日本時代之後開始有較多的人工港口之建立。從荷蘭統治臺灣以來，臺灣各地皆有國際港口及其他功能性的停泊港，因此臺灣海域四周的航線相當綿密。元代在澎湖設巡檢司，對於澎湖已有相當程度的了解，如《島夷誌略》載：「島分三十有六，巨細相間，坡隴相望，乃有七

---

[604] 有關英國調查亞洲水文的情況可參閱游博清，〈豪斯伯格（James Horsburgh）與英國對華及周邊海域水文認知〉，於劉序楓主編，《亞洲海域間的信息傳遞與相互認識》，（台北：中央研究院，2017），頁 441-474。

[605] 有關荷蘭在臺灣的水文調查可參見鄭維中，〈荷蘭東印度公司在台海兩岸間的水文探測活動 1622-1636〉，於劉序楓主編，《亞洲海域間的信息傳遞與相互認識》，（台北：中央研究院，2017），頁 179-233。

[606] 日本方面的資料可參見日本海軍省檔案資料，中華民國時期則可參閱海軍大氣局出版之相關資料與地圖。

澳居其間」。[607] 往後歷朝各代逐漸對澎湖及臺灣之狀況有更清楚的認識，如明代已在澎湖駐軍，因此廈門至馬公的航線已屬正常化了。1604 年，荷蘭海軍指揮官韋麻郎‧范‧瓦爾維克（Wijbrand van Warwijck）藉由明朝在澎湖換防的時機佔領澎湖，要求與明朝通商，但遭到拒絕。[608] 但西方國家除了葡萄牙及西班牙之外，荷蘭亦能掌握澎湖周邊的地理環境。於此情況下，澎湖也成為往來福建及臺灣間的重要據點，馬公內海也成為荷蘭船舶灣舶的重要港口區域之一。

1622 年（天啟 2 年），駐巴達維亞總督柯恩（Jan Pieterszoon Coen，1587-1629）派船隊到中國，由雷爾生（Cornelis Reijersz）擔任艦隊司令。1622 年 4 月，荷蘭聯合英國（派遣兩艘大帆船），準備前往中國，如情勢有利可能準備攻打澳門。[609] 荷蘭人最初目的是想要佔領澳門，或在澳門、漳州一帶找尋港口進行貿易，也可以這此區域截擊中國商船，[610] 但最終事與願違，除了澳門無法佔領之外，也沒能在漳州外海一帶找到停留地點，其於 7 月 10 日短暫停留漁夫島（Pescadores Island，今澎湖群島），7 月 11 日到達大員（今臺灣安平），停留了 8 天之後，其中的兩艘船再度前往漳州。[611] 此次中國行到達了漳州、廈門一帶，雖然重創許多當地沿海的中國帆船，也俘虜了 1,400 多名中國人，[612] 但最終還是無法打開中國的貿易之門。

1622 年荷蘭人在澎湖風櫃尾蛇頭山建城，城堡大小為 180 呎（55 公尺）四方，四個角皆為稜堡樣，[613] 成為東亞貿易之據點。此後明朝軍隊與

---

[607] [元] 汪大淵著，蘇繼廎校譯，《島夷誌略》（北京：中華書局，2000），頁 13。

[608] 張淑勤，《荷蘭史》（臺北：三民書局，2012），頁 119-120。

[609] 邦特庫（Willem Ysbrantsz Bontekoe），姚楠譯，《東印度航海記》（Memorable description of the East Indian voyage， 1618-1625）（北京：中華書局，2001），頁 68。

[610] 程紹剛譯註，《荷蘭人在福爾摩莎》（臺北：聯經出版公司，2000），頁 6-9。1622 年 3 月 26 日〈東印度事務報告〉。

[611] 邦特庫著，姚楠譯，《東印度航海記》，頁 75-76。

[612] 邦特庫著，姚楠譯，《東印度航海記》，頁 96。

[613] 江樹生譯注，《荷蘭聯合東印度公司臺灣長官致巴達維亞總督書信集》I（南投：國史

荷軍對峙，福建副總兵俞咨皋不斷的運送軍隊至澎湖，荷蘭無法與明軍對抗，1624 年 8 月 23 日，宋克決定拆毀城堡離開澎湖，退往臺灣。[614]1624 年，荷蘭人佔領臺灣，並以安平為港口，開始為期 38 年之統治。[615]

荷蘭統治臺灣之後，開闢了巴達維亞往臺灣熱蘭遮城的航線，這條航線亦是依照季風及洋流狀況設計而成。1636 年，荷蘭在麻六甲海戰戰勝葡萄牙，[616]更一步掌握該海域的制海權。同年在日本出島建立據點，建立蘭館與日本進行貿易。[617]1650 年，與亞齊訂立條約，取得霹靂錫礦的專利權並設立商館。[618]於此情況之下，荷蘭開闢了東南亞經臺灣至日本出島的航運路線。

雖然荷蘭開闢了臺灣周邊航線，但早在荷蘭人來臺灣之前，西班牙人已覬覦臺灣甚久，主要是西班牙的中國貿易無論船舶是從中國沿海的港口來，或者由菲律賓馬尼拉去，皆需經過臺灣海域周邊，因此必須維持此間航線之暢通。[619]當時西班牙駐菲律賓總督路易士（Luis Pérez Dasmariñas）上書西班牙國王，欲先佔領臺灣，但未實際行動。乃至在 1596 至 1597 年間，菲律賓內部不斷地有提議佔領臺灣的聲音。[620]爾後，佛郎西斯哥總督（Don Francisco Tello de Guzmán）[621]於 1597 年 5 月 19 日、

館臺灣文獻館，2010），頁 5。

[614] 鄭維中，《海上傭兵；十七世紀東亞海域的戰爭，貿易和海上劫掠》，頁 81-86。

[615] Nationaal Archief, Land in zicht, Beeldrecht Amsterdan, 2007, p.135.

[616] 荷蘭艦隊因為在這場麻六甲附近海戰中獲得勝利，得以控制麻六甲海峽的制海權。梁志明主編，《殖民主義史・東南亞卷》，頁 73。

[617] Jan J. B. Kuipers, De VOC, Uitgeversmaatschappij Walburg pers，Zutphen, 2014, pp.132-135.

[618] 梁英明，《東南亞史》，頁 91。

[619] 西班牙佔領馬尼拉期間，時常進行大員、廈門、日本等地之貿易，亦有許多船隻於臺灣周邊發生船難之記錄。見方真真，《華人與呂宋貿易（1657-1687）》（新竹：國立清華大學出版社，2012），頁 24-25。

[620] 方真真，《明末清初臺灣與馬尼拉的帆船貿易（1664-1684）》（臺北：稻鄉出版社，2006），頁 73。

[621] David Prescott Barrows, A History of the Philippines, Library of Alexandria, 1926, P. Appen-

1597 年 6 月 19 日，再二次上書國王，信中論及如何維護中菲間之貿易，但上書的時間都不是航海風汛期間，因而未採取措施。[622] 但之後西班牙人確實準備了船隻出航，但不幸的在馬里威列斯（Mariveles）時，遭到暴風襲擊，受阻於馬尼拉海域。[623] 顯見洋流之風汛對當時候航行的重要性。荷蘭人於 1624 年佔領大員後，取其地利之便，時常攔劫前往馬尼拉貿易的中國船隻，這令馬尼拉的西班牙人備感威脅，所以臺灣北部很快就成為西班牙人的下一個攻擊目標。1626 年 5 月 10 日，西班牙佔領臺灣北部的雞籠，[624] 藉此來保障他們的利益。

1662 年（康熙元年）鄭成功（1624-1662）將南臺灣的荷蘭人驅趕，荷蘭人離開臺灣，淡水也就歸鄭氏治理。鄭氏統治臺灣期間，其重心主要在臺灣南部，但在北部地區的唭里岸（北投）、國姓埔（金山區）設里。[625] 淡水因與大陸距離相近，淡水港又為一貿易良港，「滬尾庄」遂由漁村漸漸成為港埠。清領臺灣之後，初期於淡水設防汛，屬諸羅縣管轄，但這個時期的淡水港充其量只是一孤立港口，[626] 與他港的往來並不熱絡。

1723 年（雍正元年）北臺灣設置淡水廳，清廷更加強在此地的開墾，湧入的移民者越來越多。雍正二年，淡水同知修築淡水紅毛城，增建城牆及四座城門，並可能派兵駐防。[627] 為了解決交通問題，遂於 1733 年（雍正 11 年），將桃園與臺北間的龜崙嶺開通，此後，臺北之墾民增加快速，[628] 這也促進了雞籠、淡水與臺北間之發展，使得淡水洋面的船舶越來

---

dix.

[622] 曹永和，《臺灣早期歷史研究》（臺北：聯經出版事業公司，1997），頁 27。

[623] 荷西馬利亞阿瓦列斯著，李毓中、吳孟真譯著，《西班牙人在臺灣（1626-1642）》（臺北：國史館臺灣文獻館，2006）頁 28。

[624] 方真真，《明末清初臺灣與馬尼拉的帆船貿易（1664-1684）》，頁 74。

[625] 許雪姬，《清代臺灣的綠營》（臺北：中央研究院近代史研究所，1987），頁 12。

[626] 林玉茹，《清代臺灣港口的空間結構》（臺北：知書房，1996），頁 177-178。

[627] 周宗賢，〈淡水的班兵與會館〉，《淡水：輝煌的歲月》，頁 143。

[628] 姜道章，〈臺灣淡水之歷史與貿易〉，《臺灣銀行季刊》（臺北：臺灣銀行經濟研究室，1963 年 9 月），14 卷 3 期，頁 260-261。

越多。1790 年（乾隆 55 年）清廷正式開放八里坌與大陸對口貿易，[629] 這也是兩岸貿易最近的距離，[630] 之後因淡水南岸河口泥沙淤積嚴重，清廷並未處理，迨十八世紀中葉後港埠遂逐漸移至淡水河北岸，即今之淡水。

康熙年間因海盜鄭盡心肆虐北臺灣問題，導致清廷於事件結束之後於淡水設置水師營，這也表示往來淡水港周邊的船舶越來越多。而淡水水師也必須依照規定進行巡洋會哨，亦即是水師戰船將巡洋至基隆和鹿港海面。巡洋到基隆就得航行北海岸航線，這個航線也是一個危險海域，因為要經過一卯二鹿三龜海域。[631]

鴉片戰爭前後，淡水逐漸為列強所注意，各國船隻私下到淡水港貿易，被視為具有潛力的市場。清廷在北臺灣地區除了增設參將之外，在海防方面亦積極布署，[632] 嚴防外國勢力進逼。因此，當時除了往來的商船之外，清代水師戰船也成為淡水洋面的主要船舶之一。淡水開港之後，成為國際通商口岸。清廷在淡水港設置洋關收取稅務，外國船舶也就自然的進出淡水港，此時的英國為了擴大在此區域之貿易，也在淡水設置領事館。

肆、遭難船舶分析

於淡水洋面遭難的船舶數量之統計近幾年已有相關的統計，但尚在

---

[629] 廖風德，〈海盜與海難：清代閩臺交通問題初探〉，《中國海洋發展史論文集（三）》（南港：中山人文社會科學研究所，2002，四版），頁 194。

[630] 松浦章著，卞鳳奎譯，《清代臺灣海運發展史》（臺北：博揚文化事業有限公司，2002），頁 17。

[631] 北海岸航線有幾個危險海域，也成為當地航海者的順口溜，一卯、二龜、三鼻頭、四尖仔鹿，指的是卯澳、龜洪、鼻頭角、尖仔鹿。

[632] 李其霖，〈鴉片戰爭前後臺灣水師布署之轉變〉，《臺灣文獻》第 61 卷，第 3 期（南投：國史館臺灣文獻館，2010 年 9 月），頁 84-88。

陸續增補之中。[633] 有些遭難船舶的事件被記錄下來,但更多遭難船舶沒有記錄在文獻之中,因此我們難以針對所有的資料進行分析比對。不過能夠收集已經出版的文獻資料再進行整理,亦能從中了解遭難船的原因以及相關的歷史意義。這對於我們了解船舶的失事原因及遭難地點有相當大之幫助。

從表 8-1 之內容可以看到,大部分船舶的沉沒原因皆是以遭風為多。只有一艘英國船 England 號,因駕駛不慎而失事遭難。遭風除了是颱風之外,也有可能是熱帶氣壓或者是季風因素,但通常我們可以從船舶的遭難時間來推測其所遇到的是那種風面。如雍正二年五月初七日一艘琉球船經過淡水洋遭風失事,這個風應是颱風,後來船舶漂流至淡水河口附近沉沒,但船員並未全數罹難。

表 8-1 的資料可以讓我們得到一個訊息是這些失事船隻最後都漂流至沿海地區被發現,而其船體本身可被沿海居民發現,最後因停留時間太長而沉沒。但我們可以了解,如果這些失事船舶沒有漂流到沿海地區,那這些船舶的沉沒地點,船舶狀況以及船員存活情形,我們皆不得而知。

這些被記錄的失事遭難船隻分別來自民間的商船、漁船、海盜船,以及官方的水師戰船及一般官船。甚至於除了中國船以外,也有琉球船、英國船以及未著錄與本表格的荷蘭船。顯見此情況與本研究之推論不謀而合。這些遭難船舶的時間亦即平均分配,並沒有集中在某個時間點。

伍、結語

十九世紀以前,臺灣與其他地方往來皆只能透過船舶,因此航運路線成為往來船舶的要道。以臺灣來說,淡水洋周邊的歷史記錄早於臺灣南部,雖然荷蘭於第一時間沒有佔領淡水洋區域,但兩年之後西班牙佔

---

[633] 李其霖主持,「臺灣附近海域水下文化遺產歷史研究計畫」,文化部文化資產局,2021 年 11 月。

領臺灣北部，開啟了在臺灣北部的發展，此時往來此間的船舶除了中式帆船之外，西班牙船也是重要的船型之一。

1642 年西班牙人被荷蘭人擊退離開臺灣，臺灣的所有航線由荷蘭掌控，荷蘭船也成為往來臺灣周邊的主要船隻。但西班牙人雖然離開臺灣，不過亦與臺灣及中國繼續進行貿易，因此中式帆船、荷蘭船及西班牙船皆是航行於淡水洋之船舶。但之中，主要以荷蘭船舶的記錄最多，於此情況下，因遭難沉沒的船舶也就被記錄起來。中式帆船因屬於私人所有為多，因此即便失事遭難，也鮮少有相關記錄。

水下沉船研究有別於陸上考古，水下沉船的判斷如有歷史文獻及海洋史知識的運用，則在找尋沉船上得以事半功倍，至少可以縮小蒐羅遭難船舶的範圍，而不是大海撈針。畢竟木船與鐵船的蒐羅狀況不同，木船的蒐羅更為困難，因此如能熟知洋流、季風及航運的知識，將對水下船舶調查研究有極大幫助。

表 8-1　清代沉船資料（依沉船時間排列）

沉船名稱	國籍	船隻性質	載運貨物	載運人數	航線	沉船地點	
	琉球	民間船 / 雙桅船		28 人		八里坌長豆坑	
	清國	民間船				臺灣鳳山及北路淡水各處	
楢葉船	日本			船員勝兵衛等 5 人		漂流至臺灣淡水廳	
臺灣北路淡水營波字四號	清國	水師船 / 哨船		兵 17 人	八里坌—	淡水外海	
	琉球	漁船		船員 3 人	絲滿—	漂流至臺灣北路海面	
艋舺營波字六號	清國	水師船 / 哨船		水兵 33 人	滬尾—	芝巴里海面（新北市金山區洋面）	
福建海壇鎮標右營固字三號及左營勝字八號	清國	水師船 / 哨船			八里坌—	六塊厝及打鞭外海（新北市淡水區屯山里洋面）	
	琉球	貨船		船員 8 人	太平山—多良間	漂流至臺灣淡水海面	
Escape (official No. 43,847)	英國	雙桅橫帆船 (brig)	華商的船貨		遼寧牛庄（Newchwang, 今為營口）—香港	淡水港西南方 30 哩的 Pak-sa Point	

	沉沒時間 （中曆）	沉沒 原因	物品打撈 /損失	人員生存 /死亡	資料來源
	雍正2年 5月初7 日	遭風		雍正2年6月 下旬全數送 至廈門	《十六到十八世紀台灣附近海域沉 船資料集》3 檔案篇：清宮宮中檔 臺灣史料 清宮月摺檔臺灣史料， 頁1-3
	乾隆19年 9月初2 初3日	遭風			《十六到十八世紀台灣附近海域沉 船資料集》3 檔案篇：清宮宮中檔 臺灣史料 清宮月摺檔臺灣史料， 頁41-42
	乾隆40年 1月	遭風		船員5人於 1776年1月 由乍浦送返 長崎	犯科帳3
	嘉慶6年 3月18日	遭風		兵4人死亡， 13人為漁船 所救。	2：頁204-206、215-223、248-251 7：頁640
	嘉慶13年 4月15日	遭風		全數獲救， 送至淡水。	《十六到十八世紀台灣附近海域沉 船資料集》3 檔案篇：清宮宮中檔 臺灣史料 清宮月摺檔臺灣史料。 頁112-113
	嘉慶24年 2月11日	遭風	軍械沉失	水兵1人失 蹤；其餘為漁 船所救	《十六到十八世紀台灣附近海域沉 船資料集》2 檔案篇：內閣大庫檔 案（上、下兩集），頁409-411
	道光5年 5月21日	遭風	撈獲大砲3 門	3人失蹤	《十六到十八世紀台灣附近海域沉 船資料集》2 檔案篇：內閣大庫檔 案（上、下兩集），頁441-442
	咸豐10年 閏3月22 日	遭風		全數獲救， 咸豐10年4 月26日送抵 福建。	《十六到十八世紀台灣附近海域沉 船資料集》3 檔案篇：清宮宮中檔 臺灣史料 清宮月摺檔臺灣史料。 頁149-150
	同治9年 9月8日		船隻遭原住 民搶劫和焚 毀；搶救了 一些船貨和 文件	船員越過 Channel至廈 門	Irish University Press area studies series, British parliamentary papers: China,（Shannon：Irish University Press, 1971）. 第10冊頁96。

沉船名稱	國籍	船隻性質	載運貨物	載運人數	航線	沉船地點	
Virgilia（official No.55,287）	英國	帆船	華商的船貨 - 木材		福州—上海	淡水港東北方 70 哩處	
Loch Naw	英國	帆船				淡水港口	
Polar Star	英國					臺灣西北岸南崁（Namkan）南方 2 哩處 / 淡水附近	
England	英國	帆船	木材		新加坡—上海	臺灣西岸淡水南方 80 哩處之大安（Ta-gan/Taan）附近沙洲	
第六號米船	清國		米 900 石			八里坌長道坑海口	
清字三號	清國	水師船 / 哨船	軍裝、火藥		福建—臺灣	淡水中港口擱淺	

沉沒時間 （中曆）	沉沒 原因	物品打撈 / 損失	人員生存 / 死亡	資料來源
同治 9 年 10 月 20 日	天氣惡劣	搶救了大部 分船貨		Irish University Press area studies series, British parliamentary papers: China,（Shannon：Irish University Press, 1971）. 第 10 冊頁 96。
同治 10 年 6 月 23 日	颱風			Davidson, James Wheeler, 1872-1933, The island of Formosa, past and present: history, people, resources, and commercial prospects: tea, camphor, sugar, gold, coal, sulphur, economical plants, and other productions. Taipei, Taiwan, R.O.C.: Ch'emg Wen Publishing Company: SMC Publishing Inc.; London: Macmillan, 1972, c1988, c1903, c1988. 頁 207、217
同治 11 年 2 月		儘管有士兵 在場，船隻 仍被原住民 解體。		Davidson, James Wheeler, 1872-1933, The island of Formosa, past and present: history, people, resources, and commercial prospects: tea, camphor, sugar, gold, coal, sulphur, economical plants, and other productions. Taipei, Taiwan, R.O.C.: Ch'emg Wen Publishing Company: SMC Publishing Inc.; London: Macmillan, 1972, c1988, c1903, c1988. 頁 217
光緒元年 9 月	駕駛不 慎		全數獲救	Irish University Press area studies series, British parliamentary papers: China,（Shannon：Irish University Press, 1971），第 11 冊，頁 591。
	遭風觸 礁	米 900 石沉 失	6 人死亡	《十六到十八世紀台灣附近海域沉船資料集》2 檔案篇：內閣大庫檔案（上、下兩集），頁 101-102
		遭風	將軍械交善 字十二號、 二十七號載 運		中央研究院歷史語言研究所編輯，《明清史料》戊編，（臺北：中央研究院歷史語言研究所，1972年再版），頁 667

第九章
海神信仰與船難：以清代嘉義地區為例

壹、前言

　　清代臺灣是一個移墾社會，許多移民選擇此時渡海來臺，落地生根，頃刻間，往來黑水溝之間的移民者數量達到最高峰。以往在十七世紀前，亦即是荷蘭、西班牙統治臺灣時期的漢人移民數量極為有限，鄭氏王朝時期是第一波移墾臺灣或者說是移防臺灣的熱期，這時期以泉州與漳州人為多。而移民的區域為臺南、嘉義地區最多，這些區域皆屬於臺灣的南部區域。但要跨越海洋並不容易，必須具備相關的知識，如瞭解海流、危險區域、天文、氣象、地理等，[634]如果這些知識不健全，危險性就會提高。

　　然而當時的船舶結構較差，也沒有較健全的海洋知識，因此船難發生時有耳聞，乃至於來到臺灣之前皆需祈求海神保佑航程平安。如不巧遇到船難危機，更需要海神的救助，因此海神即成為移民者的守護神。這些守護神隨著移民熱潮的增減，受到景仰的狀況多有不同，有的沒落，有的則是繼續發揚光大，當中的過程值得探索。

　　中式船舶的發展，從明朝至清朝有些變化，但這些變化並不是影響

---

[634] 羽田正編、張雅婷譯，《從海洋看歷史》（新北：廣場出版，2017），頁40。

船舶遭難的主要原因。船舶遭難的原因甚多，有天然、人為等因素，但在移民潮時期的木帆船一旦遇到湍急的洋流，在操縱不當的情況下，即可能遭難。因此如何穩定船舶的操駕，即是減少船難的重要原因之一。另外，有關於海洋知識的理解，雖然有經驗的老船長可以掌握這些訊息，但大部分的人對海洋皆是陌生的，因此在海上遭遇到問題，就只能求助於神明，而無法運用自己的知識力量來解決。

從中國沿海來到臺灣的移民者，在康熙朝晚期之後，才有較多的移民者陸續往臺灣南部以外的地方移動，如漸漸逐步轉往臺灣中部和北部進入。在這之前主要是 1685 年（康熙 24 年）以後，清朝規定，船隻往來，在內地惟廈門一口，與鹿耳門一口對渡。之後才增加更多的對渡口岸，如 1784 年（乾隆 49 年），鹿仔港口，與泉州蚶江對渡。1788 年（乾隆 53 年），淡水廳轄之八里坌口，對渡五虎門、斜渡蚶江，[635] 因航運路線的開通，這幾個航線依對渡時間不同，必然成為船舶遭難熱區。

臺灣移民主要為福建人，又以漳州和泉州地區人員最多，此外閩粵地區的客家人、廣東地區的潮汕人也是移民到臺灣的主要區域。如果以福建地區的移民來觀察，福建的海神信仰為水僊（仙）和媽祖信仰為多，部分信奉玄天上帝，因此航海者祭拜的神祇以這三位為主。這三位神祇的信仰模式是不同的。如在船上會設置媽祖龕而不是水仙龕。然而遇到海難並不是找媽祖而是找水仙王。而玄天上帝的海神形象並不用於航海，至臺灣之後，被擴大為降妖、伏魔、戰神等多元化信仰，水神的概念已逐漸式微。

在相關的研究方面，水仙信仰在過去有比較多的研究成果，但近年來探討者逐漸減少。最早針對水仙信仰進行探討的為林衡道，其討論水仙信仰之來源，針對信仰層進行討論及分析。[636] 卓克華以處理郊商聞名，針對水仙與郊商之關係，也進行詳細的論述，認為水仙信仰與郊商的關

---

[635] 周凱，《廈門志》（南投：台灣省文獻委員會，1993），頁 186。

[636] 林衡道，〈水仙尊王〉《臺灣地區神明的由來》（南投：臺灣省文獻委員會，1979），頁 248-253。

係密切，[637]相關水仙廟宇的修護，各地郊商皆會捐款籌設。余光弘長期關
注澎湖研究，專論澎湖水仙的特色與信仰，[638]范勝雄對於臺南的信仰神祇
多有研究，針對臺南水仙宮的歷史沿革有詳實的說明；[639]同時間朱鋒[640]亦
探討臺南的水仙信仰，對於水仙宮的建立進行了探究。這些相關的研究
成果對於我們了解臺灣各地的水仙信仰有極大幫助。

　　臺灣各地皆有水仙宮，但很多水仙宮因年代久遠信徒減少而不復
見，清朝在臺灣地區設有水仙宮，如澎湖、臺南、嘉義等地。[641]嘉義地區
的水仙信仰發展亦相當久遠，雖然此地水仙宮的興建要遲至 1739 年（乾
隆 4 年）才興建新港水仙宮，然而水仙信仰在嘉義落地深根早已許久，成
為當地重要的信仰之一。有關嘉義地區的水仙信仰研究則有林天人、[642]蔡
相輝。[643]他們從貿易的角度來看嘉義水仙信仰的發展，較近期以來的研究
成果，李泰翰針對臺灣的水仙信仰進行了較完整的論述，[644]亦進行相關資
料的整理，讓水仙信仰的脈絡更為清楚，可以提供研究者參考。

　　媽祖信仰在臺灣的熱衷程度一直高於水仙信仰，清代臺灣的府、
州、廳，幾乎都有官方所興建的天后宮，如臺南大天后宮、澎湖天后
宮、鹿港天后宮，後期的臺北天后宮等。官方如此重視媽祖信仰，亦會
影響民間，官方與民間可謂相輔相成，同樣地，水仙信仰對官方來說顯
得不是那麼受歡迎，雖然民間亦是如此，但我們都能理解，清代官員搭
船來臺灣的機會比起移民定居的人還多，應該會對水仙信仰多一些熱

---

[637] 卓克華，《清代臺灣的商戰集團》（臺北：臺原出版社，1990）。

[638] 余光弘，《媽宮的寺廟》（臺北：中央研究院民族學研究所，1998）。

[639] 范勝雄，〈水仙尊王〉《府城的寺廟信仰》（臺南：臺南市政府，1995），頁 59-61。

[640] 朱鋒，〈臺南的水仙宮〉《臺灣宗教》（臺北：眾文圖書股份有限公司，1995），頁 305-309。

[641] ［清］王必昌，《重修臺灣縣志》（台北：台灣經濟研究室編，19861），頁 178。

[642] 林天人，《嘉義笨南港水仙宮修護計畫》（嘉義：大佳出版社，1989），頁 10-29。

[643] 蔡相輝，〈清代北港的閩臺貿易〉《空大人文學報》10，2001 年，頁 109-122。

[644] 李泰翰，〈清代臺灣水仙尊王信仰之探討〉《民俗曲藝》143，2004 年 3 月，頁 272-302。

情，但事實上並非如此。反而官方直接倡導媽祖信仰的重要性，從施琅來臺灣之後，奏請天后宮興建，以及暢論媽祖的功績，興起一股媽祖信仰的熱潮，臺灣各地的媽祖信仰逐漸發展熱絡。

媽祖的研究成果相當豐富，張珣，楊玉君，曾於 2016 年出版《媽祖研究書目》，整理收錄 18 種有關媽祖的研究分類，如媽祖的歷史、事蹟與傳說、祭典儀式、觀光、建築、藝術等，其中專書 203 筆、期刊論文 654 筆、會議論文 403 筆、碩博士論文 182 筆，總計 1442 筆研究資料。[645] 這本專書已經收錄了所有的媽祖研究論文，而這樣的研究能量，顯見媽祖研究的重視。

貳、移民與海神信仰

海神信仰依各地社會發展狀況不同，信仰也不同，如福建沿海地區以媽祖、水仙尊王和玄天上帝為多。廣東則以龍王信仰為多，部分沿海居民則是信奉印度海神摩利支天菩薩。[646] 移民者通常將帶著他的宗教信仰一起前往移居地，而航海則是移民者的最大難關，因此，海神的雕像、畫像成為移民者必備之一，才能保佑安然抵達移民地點，亦即是民間所說的「船仔媽」、「船仔婆」的媽祖，[647] 以及其他船仔頭的海神信仰。

人類對海洋的認識至今都還相當有限，在十六、十七世紀的黑水溝移民潮，對海洋的了解就更是牛之皮毛了。於此情況下，人類對海洋是恐懼的，因此無論是早期的鄭和下西洋，或者哥倫布（1451-1506）抵達美洲，亦是達伽馬（1460-1524）來亞洲，他們大部分也都是沿著海岸線

---

[645] 張珣，楊玉君，《媽祖研究書目》（嘉義：國立中正大學，2016）。

[646] 1635 年鄭芝龍擊敗劉香，《明清史料乙編》，第八本，兵部題行「兵科抄出浙江巡撫熊奮渭題」，頁 793-1。爾後兩廣總督熊文燦得知摩利支天菩薩助戰，故捐錢重建廣東水月宮，鑄造摩利支天菩薩於正殿，成為另一個海神信仰，日本亦有摩利支天菩薩信仰。

[647] 戴寶村，《台灣的海洋歷史文化》（台北：玉山社，2011），頁 172。

航行，遠離海岸線就有可能增加船難風險。當時候的船舶雖說已相當堅固，但在航海技術上並未完全熟稔，因此船難發生的機會較高，這時候的信仰就發揮了相當大的價值。

為了祈求航行平安，大部分的船舶都會在船艙內設置媽祖龕，無論官方或民間，皆在船上設置神龕。[648] 供奉媽祖神像或者貼上照片及書寫天上聖母，藉由神明來撫慰搭船者的心靈，這也是為自己的航行求個心安。這可以視為保護航海者的第一道保險，然而在海上遇到船難，航海者會啟動第二道保險，就是划水仙，召來水仙尊王來保護他們的安全。但大部分的讀書人，尊崇孔孟理論，故子不語：「怪、力、亂、神」[649] 常掛嘴邊，但是一旦遇到船舶發生危險，還是得乖乖的划水仙。郁永河來臺灣之前，曾有舟師告曰：「惟有划水仙，求登岸免死耳」！划水仙者，眾口齊作鉦鼓聲，人各挾一匕箸，虛作棹船勢，如午日競渡狀；凡洋中危急，不得近岸，則為之。[650] 當時他認為這種說法好笑，但他搭船真的遇到船難，只好乖乖的跟著一起划水仙。

然而航海者真正在海上遇到船難時為何不尋求媽祖來救助而是請水仙來幫忙，這是一個有趣的課題，但也不得而知，為何如此，也許水仙人數比較多，而媽祖只有一個，難以救助眾人，所以人多處理事情能夠事半功倍。如此一來，水仙尊王就被定位成遇到船難時的救助者，而媽祖則只是成為與海有關的神，慢慢的專長轉換成能處理世俗大小事。也因此，臺灣的媽祖廟宇越來越多，而水仙信仰隨著移民者落地生根而逐漸被遺忘，另外越往近代，人類對海洋的熟悉度提高，船舶的結構更完善，人們對海神信仰的依賴度就會下降。

水仙尊王原為河神，爾後亦與龍王、媽祖、玄天上帝等諸神被民間奉以海神尊稱。水仙尊王又稱為水仙王，是中國東南沿海之民眾、船夫

---

[648] 福建省官方船舶，每艘船皆設置媽祖龕，如媽祖龕用杉木板二十五丈，尾樓番仔板。見《欽定福建省外海戰船則例》卷十一（南投：台灣省文獻委員會，1997），頁351。

[649] ［漢］司馬遷，《史記》世家，頁1940。

[650] ［清］郁永河，〈海上紀略〉，《裨海紀遊》（南投：台灣省文獻委員會，1996），頁21。

所供奉的神祇。臺灣於 1696 年（康熙 35 年），在現今澎湖媽宮澳內的渡船頭，創建水仙宮，供奉水仙尊王，這也是臺灣最早的水仙尊王廟。廈門的軍工戰船廠旁也同樣有水仙宮的設置，但現今已廢。

軍工戰船廠，前在廈門水仙宮右、至媽祖宮後止，泉州府承修時所設。後改歸汀漳道，遂廢；居民私蓋屋寮。乾隆五年，復設於媽祖宮之東，南臨海、北臨港；東西四十丈、南北十五丈，蓋造官廳三間、護房六間、廠屋四間、廚房一間，左右前後圍以籬笆。泉廠遂移設廈門。[651]

廈門的水仙宮與媽祖廟就近在咫尺，在澎湖水仙宮與媽祖廟也都互為鄰居。在嘉義地區，笨港水仙宮與北港朝天宮、新港水仙宮的位置都相當接近，狀況與廈門地區相同。可見在港口地區，兩個海神同時並存的情況相當普遍。

澎湖水仙宮內所祀奉的水仙尊王，計有大禹、伍員（伍子胥）、屈原、項羽、魯班。[652] 這座水仙廟是由駐紮在澎湖的水師右營游擊薛奎所建。[653] 另外，三級古蹟臺南水仙宮建於 1715 年（康熙 57 年），主祀大禹，配以伍員、屈原、王勃、李白，合稱五水仙。[654]《重修臺灣縣志》中如此載道：

按鴟夷之浮，汨羅之沈，忠魂千古；王勃省親交趾，溺於南海，歿而為神；雖李白表墓謝山，前人經訂采石之訛，第騎鯨仙去，其說習傳久矣。今海舶或遭狂颶，危不可保，時有划水仙一法，靈感不可思議。其法：在船諸人，各披髮蹲舷間，執食箸作撥棹勢，假口為鉦鼓聲，如五日競渡狀。雖檣傾柁折，亦可破浪穿風，疾飛倚岸，屢有徵驗；非甚危急，

---

[651] [清] 周凱，《廈門志》，頁 154。

[652] 魏淑貞編，《台灣廟宇文化大系》（一）天地諸神卷（臺北：自立晚報社文化出版部，1994），頁 144。

[653] [清] 陳文達，《臺灣縣志》（南投：台灣省文獻委員會，1993），頁 216；王必昌，《重修臺灣縣志》（南投：台灣省文獻委員會，1993），頁 178。

[654] 周宗賢，《臺閩地區古蹟價值之研究》（臺北：內政部印行，1998），頁 404。

不敢輕試云。[655]

　　笨港水仙宮[656]供奉水仙王（大禹、伍員、屈原、項羽、魯班），與澎湖水仙宮所供奉的水仙相同。從這三座水仙廟中可看出此三座廟所供俸的水神不盡然相同，但基本上大禹、伍員、屈原是水仙廟常祭祀的主神。如郁永河在〈海上紀略〉中提及：「……水仙王者，洋中之神，莫詳姓氏。或曰：帝禹、伍相、三閭大夫；划水仙者，洋中危急不得近岸之所為也……」。[657]由此可見，大禹、伍員及屈原是一般大眾所祭祀的水仙尊王，如果水仙以陪祀的神祇出現，通常是指大禹，而不是其他人員。

　　移民者雖然已經順利抵達移民地點，但因水仙在航行途中給予幫忙，因此移民者會在移民地點興建水仙宮，以表彰水仙對它們的幫忙與照顧，故興建廟宇供奉是很正常的事，在那個時代，也會時常回到家鄉，勢必會再搭船，因此水仙尊王的供奉就無可避免。這樣的宗教信仰比較難以在短時間之內消失殆盡，充其量只能說信仰圈縮小。

參、海神信仰的轉變

　　海神信仰的轉變主要有兩個情況。其一，移民者進入移民地之後，落地生根，再航行至海外的機會降低，因此需要藉由海神幫忙的情況亦減少，而水仙尊王主要以海上救助為主，因此許多居民不再借助其幫忙，時間一久，將慢慢的退出其信仰圈。第二，移民者進入移民地之後，遇到的問題與海洋不同，水仙信仰無法給予他們更多的幫忙，因此將由新的神祇來取代。

---

[655] ［清］王必昌，《重修臺灣縣志》，頁178。

[656] 〈笨港水仙宮沿革志〉。

[657] ［清］郁永河，〈海上紀略〉，《裨海紀遊》（南投：台灣省文獻委員會，1996），頁60-61。

　　媽祖雖然最早以海神的形象出現，但媽祖信仰在中國社會中由來已久，也是中國沿海地區民眾最重要的信仰神祇之一，在這之中又以福建沿海之閩南各地，從海神信仰逐漸轉變為在地信仰。臺灣地區的信徒最為熱絡，因為這些地方的居民，大部份賴以海洋為生，而媽祖又出生於福建地區，因此媽祖信仰亦即在福建地區及臺灣地區成為重要的信仰神祇，在臺灣每年農曆三月二十三日，各地皆有各種祭祀媽祖誕辰的活動，其中又以大甲媽祖的繞境活動最具規模。

　　媽祖除了是民間的海神信仰，也是許多官方單位的信仰之神。如清代軍工匠的工作因為是製造水師戰船，因此與海洋亦有間接的關係，所有的軍工匠之中，又以軍工造船匠與媽祖最具有直接的關係，因為他們有兵勇的身份，所以有時候也必須擔任巡防海洋的任務，因此，媽祖是他們不可或缺的信仰神祇。這可從福建所屬的每艘戰船上都設有媽祖龕[658]的情況來看[659]，軍工匠與媽祖的關係是相當密切的。再清代的相關文獻中，有關於媽祖的生平事跡各有所紀錄，如在《重修鳳山縣志》[660]中載：

　　天后（媽祖），莆田湄洲嶼人，宋都巡檢林愿女，建隆元年三月二十三日誕。從幼能知休咎，布席海上濟人；人稱神女。雍熙四年九月九日昇化（或云二月十九日），年二十有八。厥後人常見其衣朱衣，飛騰海上：因建廟祀之，且並祀於其鄉之地名紅螺者……

　　其他有關近人對媽祖之研究亦非常的豐富，[661]也都有詳細的討論。

---

[658] 媽祖龕為供奉媽祖神像的櫥櫃，在福建所屬的戰船上，都有媽祖龕的設置。在《欽定福建省外海戰船則例》上之製造每艘戰船的材料上，都有媽祖龕用材的名目。

[659] 見臺灣銀行經濟研究室編輯，《欽定福建省外海戰船則例》（南投：臺灣省文獻委員會，1997），頁 47、80、110、140 等。

[660] 王瑛曾，《重修鳳山縣志》（南投：臺灣省文獻委員會，1993），頁 150-151。

[661] 近人對媽祖的研究作品有石萬壽，《台灣的媽祖信仰》（臺北：臺原出版社，2000）；石萬壽，〈明清以前媽祖信仰的演變〉，《臺灣文獻》，40：2（臺北，1989.06），頁 16；蔡相輝，《台灣的王爺與媽祖》（臺北：臺原出版社，1989），頁 120-124、〈近百年來媽祖研究概況〉，《臺北文獻》，直字第 152 期（臺北，2005.06）；另外有關媽祖的褒封、詔誥、神蹟等事跡，可參見臺灣銀行經濟研究室編，《天妃顯聖錄》（南投：台灣省文獻委員會，1996）。

媽祖信仰從宋朝至今，一直在中國東南沿海流傳著，歷朝各代也不斷的對媽祖加以冊封。

　　1123 年（北宋徽宗宣和 5 年），給事中路允迪出使高麗，船舶行駛中遇到颱風，在千鈞一髮之際，神降臨於檣，眾人才能安然無恙。路允迪回京後奏報媽祖恩澤，因此皇帝賜匾「順濟」，這也是官方最早對媽祖的正式褒揚。1155 年（南宋高宗紹興 25 年）封「崇福夫人」；1190 年（南宋光宗紹熙元年）封「靈惠妃」；[662]1281 年（元世祖至元 18 年）封「護國明普天妃」；1409 年（明成祖永樂 7 年）封「護國庇民妙靈昭應弘仁普濟天妃」；1683 年（清康熙 22 年），清廷平定臺灣，媽祖受為為封「天后」，此後媽祖即以天后尊稱；1726 年（雍正 4 年）賜「神昭海表」匾額，並封媽祖為「天上聖母」，這個稱號即成為民間對媽祖的稱呼了；1733 年（雍正 11 年）又賜「錫福安瀾」匾額，並下令江海各省皆需建廟奉祀；1757 年（乾隆 2 年）加封「福佑群生」；1757 年（乾隆 22 年）將封號天妃改為天后，並再加封「誠孚」。至此，媽祖的全封號為「護國庇民妙靈昭應宏仁普濟福佑群生誠孚天后」。[663] 這使得媽祖的地位更加崇高。一直到清朝末年，各個皇帝還是不斷的加封媽祖稱號。據陳國棟老師的研究，其整理自《續琉球國志略》、《高宗純皇帝實錄》、「內閣大庫檔案」、《宮中檔雍正朝奏摺》等資料發現，媽祖之稱「天后」，早於乾隆二年若干年，說不定在康熙二十三時真的就已經核准，只是不知何故，此一稱謂並未普遍地為臣民所知曉、所採用。[664]

　　歷代各朝皇帝不斷的加封媽祖，使得媽祖的威望更上一層，每次的加封都有相關的事跡做為後盾，因此人們對媽祖的印象，已逐漸跳脫出海神的形象，而是包括海神以外的形象。這種情況才使得海神媽祖信仰

---

[662] 林煌達，〈從夫人到天妃〉，收於張家綸主編《2022 關渡宮媽祖信仰與東亞交流國際學術研討會論文集》，頁 39-62。

[663] 關於對媽祖的冊封可參閱增田福太郎，《台灣の宗教》（臺北：南天出版社，1996），頁 164-167。

[664] 陳國棟，〈談齊鯤、費錫章《續琉球國志略》的寫本與擺印本〉，收錄於中琉歷史關係國際學術研討會會議論文，2005 年 12 月。

得以流傳至今而無法憾動，褒揚確實也是神祇轉變的重要一環。

而媽祖的信仰又以福建最為熱絡，這與其出生地在福建亦有很大的關係。根據道光《福建省通志》所載，福建省的媽祖廟共有八十一座。[665]但這也只是官方的統計資料，確切的媽祖廟數目應該是遠超過這個數量的。而媽祖隨著移民者渡海來臺之後，在臺灣的媽祖信仰及廟宇，則更遍佈了大小村落，崇拜程度則更勝於福建內地。

肆、船難的發生

船難的發生當然與海神信仰沒有直接關係，但海神信仰會隨著船難的減少而式微。水仙信仰大概就在這樣的情況下逐漸弱化中，而媽祖因為轉變成功，得以繼續廣為流傳。

一般的海難是指船舶在航海及停泊中，船隻、船員、乘客及船貨遭到災害及損失等事故，包括天候、海象、觸礁、擱淺等自然災害，和兵災、海盜、火災等人為災害。因此，船舶的沉沒原因大致可分成自然與人為兩大部分，自然方面包括觸礁及強風，人為則是戰爭、火藥庫、鍋爐爆炸等人為所肇始之因素。然而，如果再依照時間遠近，其沉沒的情況亦不同。如近代以前遭到強風而沉沒的船舶較多，近代以後因科技發達，此類情況較少。戰爭時期，因戰爭原因而沉沒的船舶最多。

依照所屬海域不同、航行時間不同，也會產生不同的沉沒原因，在

---

[665] 《福建省通志》載：天后廟在興化府有五座，泉州府、漳州府各有九座，福州府有十座，福寧府、汀州府各有八座，建寧府七座，延平府六座，邵武府四座，永春州、龍巖州各三座，福建省內地共有八十一座，散佈於清代福建內地五十八縣中的五十六縣，而省志所未載奉祀媽祖的縣份，只有漳州府的平和縣，以及福寧府的壽寧縣。見石萬壽，〈明清以前媽祖信仰的演變〉，頁16。另在昭和九年（1934），日本官方的調查，台灣的媽祖廟共有335座。見增田福太郎，《台灣の宗教》，頁14。1959年台灣文獻委員會的調查，媽祖廟已增加至383座。見林衡道，《臺灣歷史民俗》（臺北：黎明文化出版社，2001），頁114。

暗礁較多的海域，如東沙海域、澎湖海域等，因誤觸暗礁而沉沒的船舶較多。

第一、觸礁臺灣周邊有許多的暗礁較多的區域，如東沙海域、澎湖海域、臺灣本島南端海域、臺灣東南海域，如綠島、蘭嶼一帶，這些區域大致上是船舶容易遭遇暗礁而發生海難的危險區域。帆船時代，因控制船舶較不容易，一旦有強風來襲，帆船很容易被強風帶至暗礁多的地方，因此觸礁而沉沒的機率就會提高。

第二、強風所造成的船難事件，主要是受颱風影響，帆船時代尤其害怕強風襲擊。最有名的例子是 1800 年（清代嘉慶 5 年）的神風蕩寇事件，[666] 讓當時到沿海劫掠的海盜船全遭颱風擊沉，造就了後來大海盜蔡牽的崛起。颱風襲船事件主要發生於夏、秋兩季，範圍涵蓋臺灣周邊海域，船舶種類則包括木船、鐵船。但近 50 年以來，因為通訊系統和氣象預告的發達，船舶往往能夠事前防範，故因颱風而遭難的情況普遍減少。

第三、戰爭因戰爭而沉沒的船舶主要發生在幾個時間點。第一個點是鄭成功與荷蘭海戰，主要在臺江內海一帶。第二個點為鄭氏與清代敵對時期，以金門周邊、澎湖群島周邊最多，尤其是 1683 年（清代康熙 22 年）的澎湖海戰，馬公內海因戰爭而沉沒的帆船超過百艘。[667] 第三個點為第二次世界大戰期間，美軍轟炸日艦的情況相當普遍，臺灣周邊海域及港口更是日本軍艦被攻擊的主要區域之一，因此許多沉船是在戰爭之下沉沒，這些沉船也以軍事用途的船舶為多。四、其他火藥庫爆炸、空爆等沉船原因，主要發生於近代。雖然帆船時代亦有船舶因火藥庫爆炸而沉沒，然而船舶屬於木質，很難留下遺跡。遂此，這部分的船隻以近代為多。

清代統治臺灣期間，據湯熙勇統計，有 182 件外籍船難事件。[668] 期

---

[666] [清] 焦循，〈神風蕩寇事件〉，中央研究院傅斯年圖書館藏。

[667] 李其霖，《清代黑水溝的島鍊防衛》（新北：淡江大學出版中心，2018），頁 61-107。

[668] 湯熙勇編，《中國海洋發展史論文集‧第七輯》，臺北：中研院社科所，1999，頁 551。

間同治時期的船難最多，次為光緒朝。以琉球船最多，次為英國船，德國第三。康熙時期，國際觀加強，康熙皇帝針對海難者，給予更好的照顧，這顯示清代對國際事務的關心。雖然對這些外國漂流民是否給予遣返，康熙並沒有明確規定，但給予他們應有的照顧則是康熙皇帝的旨意。雖然清代禁止外國人入境，但還是以寬鬆的方式來處理海難事件。對於清國人漂流到他處，他的想法卻完全相反，如漂流到朝鮮者，他則對朝鮮政府講，不要因為他們是清國子民就給予優厚對待，而是希望朝鮮政府依照他們的法律來處理即可。到了雍正皇帝，他還是宣示救助難民的態度。並囑咐地方官悉心照顧，動支公項，給予口糧、修補船隻、讓他們安全回國。

　　乾隆年間承繼雍正政策，但處理的方式更為具體，可以動用存公銀兩，使官員更方便處理相關事宜。並規定相關措施，如福建給鹽菜銀六厘，米一升，衣物及棉背費四兩，如要離開當地，至遣返處時還給予挑夫一名，如生病者給挑夫兩名。對船難者的處理程序，分成人跟物兩個部分，以人為主體，對生還的漂流民提供必要的生活必需品及衣物，對生病者請醫治療，往生者則給予棺木，並予以安葬，對於小孩亦給予妥善照顧。在物的方面，修護船隻及歸還貨物。

　　清廷對於搶奪船難的規定若搶劫遭風擱淺的船隻，傷人者斬，從犯亦有程度不同的懲罰（臉上刺字），被追回相關物品。但如果居民或官兵落實船難救助則是給予獎勵，政府會給予獎勵，船旗國甚至會登報表達謝意。

　　從表 9-1 可以看到嘉義地區的沉船資料記載，當然這些資料並不全面，主要是沉船消息的掌握不太容易，大部分的沉船資料都無法如實記錄。不過從這些資料可以看出，嘉義地區在鄭氏王朝時期即有日本船漂流至臺灣。雍正年間，嘉義海域的沉船資料記錄有三筆，一筆為民間船舶，二筆為清代水師戰船。乾隆和嘉慶年間各一筆皆為水師戰船。咸豐年間一筆，為戰爭遭難。

　　由此可見，大部分資料記載都是以官方船舶為主，因為水師戰船巡

洋、會哨、緝捕海盜、班兵交換等，皆一定是數艘同行而不會只有一艘，因此除非此次出洋船隻都遭難，不然遭難船隻即會受到他船的記錄，資料就會較詳細。如 1726 年（雍正 4 年）議定，「以福建水師常駐內地，不耐風浪，浙江水師尤甚，乃更改舊制，於本省洋面巡哨外，每年選派船弁，在閩、浙外洋更番巡歷會哨，以靖海氛」。[669] 改變後的巡哨制度，使巡哨時間變長，距離變遠，雖然增加官兵的負擔，但對於經驗的累積則更有幫助。1750 年（乾隆 15 年）以後，對各省的巡洋會哨又重新規定，兵部議奏：

　　各省海洋巡哨，向例止每年春秋二季，派撥官兵巡查，並未有指定地方，剋期會哨之例。前據閩浙總督喀爾吉善奏：令閩、浙兩省鎮臣，總巡洋面，定以兩月，與鄰省總巡官兵會哨一次。其分巡營員一月會哨一次等語。經臣部令該督，會同閩浙兩省水師提督妥商，并通行廣東、江南、山東、沿海各將軍、督、撫、提督議覆。[670]

　　海洋巡哨以春秋二季為主，由官弁巡查，但巡查地點尚未確立，對於巡查大員，雖規定不依法辦理者將重罰。但事實上，巡查大員，不親自巡洋，或藉故延誤、推辭或找人頂替，只要無人告發，官弁將不會受到處罰。。[671] 清朝規定水師戰船出洋，一定是有當營水師長官帶領該營其他船隻一起放洋，所有有關清朝官方的船舶遭難記載較為詳細。

　　在民間方面的記載會有比較大的落差，因為民間船舶獨立前往海外的機會較高，如船舶遭難，四周無相關船舶目睹，就無法記錄船舶的遭難情況。因此許多船舶遭難的記錄較不確實。

---

[669] 趙爾巽，《清史稿》，〈志〉，卷 135，〈志〉110，〈兵〉6，〈水師〉，頁 3982。

[670]《高宗純皇帝實錄》，卷 418，乾隆 17 年 7 月壬戌，頁 474-1。

[671] 李其霖，《見風轉舵：青代前期沿海》（臺北：五南圖書事業出版中心，2014），頁 174-201。

表 9-1　清代嘉義地區沉船資料（依沉船時間排列）

沉船名稱	國籍	船隻性質	載運貨物	載運人數	航線	沉船地點	
相馬船	日本					漂流至東寧（臺灣）	
	清國	民間船				諸羅臨海地區	
臺灣水師協中營平字十四號	清國	水師船		班兵		笨港口	
	清國	民間船				諸羅臨海地區	
臺灣水師波字五號	清國	杉板頭船		船員 6 人、水兵 14 人和乘客 1 人	鹿仔港—臺灣水師營	象岑內汕	
臺灣水師協中營平字二號	清國	水師船／哨船		31 人	鹿耳門—廈門	嘉義縣猴樹外海（嘉義朴子）	
	清國					嘉義縣下湖海面（嘉義雲林交界洋面）	

資料來源：湯熙勇整理。

伍、結語

　　海神信仰由來以久，信仰神祇因地而異。再者，隨著時間遠近，人們對航海技術的提升與了解，造船技術的健全，使得船難發生的次數相對減少很多，這連帶的將影響信仰狀況。水仙尊王的信仰大致上活躍於十六至十九世紀，往後逐漸被人們所遺忘，因此很多人都不知道水仙尊王是由好幾個人所組成，而不是一個單一神祇。

　　在海神技能的轉變之中，媽祖由單純的海神信仰，轉變成功為多層

沉沒時間（中曆）	沉沒原因	物品打撈／損失	人員生存／死亡	資料來源
康熙 11 年 11-12 月間	遭風		船員於 1673 年由東寧送返長崎	31：卷 2 32：卷 215
雍正 7 年 7 月 26 日	遭風			3：頁 4-7
雍正 7 年 7 月 26 日	遭風		兵 1 人死亡	7：頁 613
雍正 7 年閏 7 月 23 日	遭風		船員 3 人死亡	3：頁 4-7
乾隆 32 年 10 月 16 日	駕駛不當	弓箭、籐牌、腰刀、防船百子砲 3 門等 50 餘件沉失	全數獲救	3：頁 56-59
嘉慶 4 年 12 月初三日	遭風	軍械沉失	5 人失蹤	3：頁 96-97
咸豐 4 年 9 月間	戰爭			3：頁 182-192

面的信仰。如今媽祖的海神地位一樣不變，但衍生出更多的技能可以普渡眾生。如此一來，媽祖廟宇的興建，香火綿延不絕，即能彰顯出百姓對媽祖信仰的熱衷，難以取代，而信徒的累積亦不斷的成長。

　　海神信仰與移民定居的意思相同，都需要經過長時間的累積與變化方能完成。來臺灣的移民者，可能從航海生活轉變為以農、工為業，遠離海洋。媽祖信仰本來是沿海居民的守護神，但因為民間付予媽祖的技能轉變，媽祖信仰也隨著移民做了轉變。除了還保有海神身分之外，又多了其他眾多身份，保護在地居民。

第三部
淡水與戰爭

第十章
淡水的移民社會：以軍事組織及宗教發展為例

壹、前言

　　淡水是臺灣北部最早開發的地區之一，因為淡水河之利，早期船舶可以經由淡水河進入淡水河系的北部區域，淡水港自然成為進入臺北盆地及周邊的移民與貿易港口。於此情況下，淡水是一移民點，也是一個轉運站。有部分的人即定居在淡水，在淡水發展。也因為如此，淡水地區的移入人口更為多樣、複雜。清代以前淡水的住民主要以凱達格蘭族的各社為主，西班牙、荷蘭人進入淡水後，對淡水進行了局部的開發，主要是在淡水河口一帶，但此時期移居淡水的人並不多。

　　鄭氏王朝期間雖然在北部地區屯兵開墾，但人數有限，無法詳細窺知其來龍去脈。清代以後的淡水，歷史資料豐富，對於移民、開發史的理解多有助益。此時期人口的移入越來越多，有些人轉往臺北盆地移動，然而還是有些人選擇在淡水落地生根，淡水逐漸出現漢人聚落。清朝統治臺灣初期，對於移民臺灣多有限制，因此康熙前中期的臺灣移民人口並未呈現快速成長之狀。爾後因治臺政策的轉變，移入臺灣的人口才逐漸成長。

　　清朝地方制度的轉變，讓淡水地區的發展受到刺激，使得移入人口

增加。在軍事制度方面，康熙朝晚期設置滬尾守備（武職正五品）營，爾後將層級提高至游擊（武職從三品），使得淡水駐軍增加數倍。軍事人員的倍增，除了穩定海防與地方治安外，從另一個層面來看，治安環境的改善，則有助於吸引更多人進入淡北開墾。在文治方面，八里坌巡檢由八里遷往滬尾，代表淡水的發展更顯契機，往來商賈及移民者的湧入可想而知。雍正朝以後，新竹以北地區增設淡水廳，淡水港成為了臺灣北部地區的最主要之移民港口。光緒朝以後設臺北府，淡水廳更名為淡水縣，淡水縣成為了臺北府首縣，其重要性提高，地位不容小覷。

臺灣移民社會的發展，業可從宗教的發展來探討，因為宗教與各移民族群有著密切之關係，因此想了解移民史、家族史及開發史，即可從宗教的角度切入，更能清楚的理解。換言之，清代淡水的移民分布情況，可以藉由寺廟了解其族群的分布概況，以及開發之晚近。所以，林立在淡水的各種不同的寺廟代表著各個族群間之分布，當然這些族群也會隨著時代之久遠，慢慢的失去其原鄉宗教的概念。而有些宗教神祇，也會因為居民崇拜，而不再只是原鄉之神，反而成為移民地的信仰之神。

淡水是一個移民港口，港口周邊的移民者，來自不同的祖籍地。早期的移民者，大部分來自同區域的祖籍地，但隨著淡水成為一個港口，任何人都可以在此地生根，因此形成同祖籍聚落的情況較不明顯。然而淡水港的周邊，近山一帶，並非貿易區或港口，這些地區就發展成原鄉祖籍群居之聚落。

貳、淡水的歷史發展

漢人在臺灣的拓殖雖然早在荷蘭人入據臺灣之時已經開始，但真正奠定漢人移民臺灣之基礎是在鄭成功驅逐荷蘭人之後。[672] 臺灣的北部地區

---

[672] 陳其南，《臺灣的傳統中國社會》（臺北：允晨文化實業股份有限公司，1997 年二版），

移民，尤以雞籠山與淡水洋區域，[673] 是海上航路的重要指標，往來此間的船舶，無不以淡水的觀音山、大屯山等山形為指標。明代中期以後，約莫在明嘉靖末年至萬曆年間，往來臺灣北部的船舶逐漸熱絡起來，歷史記錄亦由此時開始。在雞籠、淡水就已經進行各種交易，如薏苡、甘薯、椰、佛手柑、酒、鹿等。[674] 雖然外來商賈與住民往來密切，惟尚未有漢人移民之足跡。[675]

　除了商賈以淡水做為買賣的地點之外，橫行於中國東南沿海的海盜，[676] 業因各種緣由來到臺灣北部。如受到明代官兵圍捕逃竄，或者專程劫掠北臺灣地區的海盜，皆曾至北臺灣及淡水一帶駐足。相關的記載如嘉靖年間，中國東南沿海一帶的海盜如林道乾[677] 等人，在明代官軍的追擊之下來到臺灣。1592 年（萬曆 20 年），亦有倭寇侵入淡水、雞籠。[678] 海盜來到了北臺灣，明代的官兵隨即到來。但明代官軍因職責所需，僅僅為了追擊海盜來到臺灣北部海域，並沒有佔領臺灣北部區域。因此，臺灣北部淡水地區在移民者尚未進入之前，一直是原住民的生活圈。從這些僅限的歷史記錄來看，臺灣北部的住民是擅長貿易的，[679] 他們與經過的海商貿易，也可以與臺灣內地其他各族群進行貿易。

頁 19。

[673] [明] 張燮著，謝方點校，《西洋朝貢典錄校注東西洋考》（北京：中華書局，2000），頁 104。

[674] [明] 張燮，謝方點校，《西洋朝貢典錄校注東西洋考》，頁 107。

[675] 王世慶，《淡水河流域河港水運史》（臺北：中央研究院中山人文社會科學研究所，1998 再版），頁 31。

[676] 明代嘉靖朝以降，劫掠中國沿海地區的海盜，初期因日本人參與為多，故史書通稱為倭寇，爾後日人為寇者漸少，中國沿海地區人民參與增多，故改稱為海盜。

[677] 嘉靖四十二年，海寇林道乾劫掠近海郡縣，都督俞大猷征之，追至澎湖，道乾遁入臺灣。[清] 劉錦藻，《清朝續文獻通考》（浙江：浙江古籍出版社，2000），卷 315，頁 10576-2。

[678] [清] 陳培桂，《淡水廳志》（南投：臺灣省文獻委員會，1993），卷 14，頁 352。

[679] 陳宗仁，《雞籠山與淡水洋：東亞海域與臺灣早期史研究（1400-1700）》（臺北：聯經出版社，2005），頁 33-42。

　　在考古的記錄上，淡水河流域有著豐富的人類所遺留下的痕跡。此區域的史前遺址有水碓尾遺址、芝山岩遺址、粉寮水尾遺址、圓山遺址、油車口遺址、社子遺址、狗蹄山遺址、土地公山遺址、鵠尾山遺址、十三行遺址、大坌坑遺址等處。[680] 其中水碓尾遺址、油車口遺址屬於淡水境內的文化層。顯見淡水區域在早期即有著豐富的人類活動所留下之遺跡。

　　淡水的名詞解釋，依照時間不同，有各種不同的詮釋，綜合所得，淡水可以指河、臺灣北部區域之淡水河流域、清代淡水廳[681]等。然而，大部分的人認為，淡水，最早所指的是河名，即淡水河，十七世紀後，漢人在河之北岸形成聚落，以河為地之名淡水，又稱滬尾，為臺灣北部開發的一個起點，也是本文所探討之區域。

　　淡水原為平埔族之凱達格蘭人（Ketagalan）或是馬賽人所居，十六世紀下半葉，淡水已經是東洋航路的必經之地。淡水河有三大支流，由主流大漢溪（舊名大嵙崁溪），支流新店溪、基隆河組成，於臺跛窪地匯合形成一大河，稱淡水河。[682] 淡水河系在臺灣河流中堪稱獨樹一幟，因它是臺灣少見的終年有水的大河。[683] 因此船舶可經由淡水進入淡水河系的任何一個區域，只要水量充沛的話。淡水地區的開發差不多恰好在明、清交替之交的時候開始，從 1644 年左右，漢人開始定居農耕。淡水港的開發更早，西班牙時期（1626-1642）貿易就已相當繁盛了。[684] 西班牙、原住民、漢人等已經開始在此區域活動，開啟了淡水的歷史。

　　歐洲殖民國家進入臺灣之後，開始招攬漢人到臺灣開墾。1624（天

---

[680] 劉益昌，《臺灣原住民史：史前篇》（南投：國史館臺灣文獻館，2002），頁 11-22。

[681] 清代所稱之淡水廳，其所轄區域由現今新竹至基隆間，包括新竹縣、新竹市、桃園市、臺北及新北市、基隆市。

[682] 王世慶，《淡水河流域河港水運史》，頁 3。

[683] 黃富三，〈河流與聚落：淡水河水運與關渡之興衰〉，《海、河與臺灣聚落變遷：比較觀點》（臺北：中央研究院臺灣史研究所，2009），頁 88。

[684] 陳國棟，《臺灣的山海經驗》（臺北：遠流出版社，2005），頁 126。

啟 4 年），荷蘭人入主臺灣。同一時期在菲律賓殖民的西班牙人為了抗衡荷蘭，二年後從社寮島（今基隆和平島）登陸，進行對北臺灣為期 16 年之殖民統治。爾後陸續往雞籠周邊發展。1628 年（崇禎元年），西班牙進入淡水興建城堡，當地的居民逃往者，共有八、九個村落的雞柔山社（Senar）人。[685]1632 年（崇禎 5 年），西班牙人為了聯絡淡水與基隆通道，因此由淡水河口進入，沿途行經關渡、北投、天母一帶，當時所看到的居民大都為原住民部落。[686]尚未有漢人村落出現。顯見此時期的淡水地區一帶住民，還是以原住民為主。

荷蘭人於 1642 年（崇禎 15 年）逐退西班牙，掌控了全臺灣。崇禎十七年以後，漢人獲得荷蘭人准許，開始從事臺灣北部的雞籠、淡水地方的開墾，至 1648 年（順治 5 年），淡水方面的中國人，決心要開拓這一地方，已引進了牛數匹耕耘田地。[687]根據陳國棟的研究，在荷蘭、西班牙統治臺灣前的淡水，已有土著的原住民居住，亦形成許多原住民聚落，當時的「番社」有四，一為淡水社：約在今日水源里一帶；二為北投社：在現今淡水與北投之間；三為雞柔山社：在今之忠山里及義山里；四為大洞山社[688]：在今之屯山里。同時在此活動的除原住民、漢人、荷、西之外，亦有黑人、日本人等。[689]另外，如果依照 1650 年荷蘭東印度公司的臺灣北部原住民村落的分群與地域戶口表之分類，當時北部原住民可分成：（一）淡水河流域，指的是分佈在基隆河切入臺北盆地後到淡水河口一帶流域的原住民村落。（二）Pinorowan（武勝灣社）流域的相關村落，主要分佈在今新店溪中下游兩側及介於新店溪與大漢溪之間的平原上。

---

[685] 歐陽泰（Tonio Andrade），鄭維中譯，《福爾摩沙如何變成臺灣府》（臺北：遠流出版，2007），頁 177。

[686] 李毓中，〈艋舺船與肥沃平原：1632 年第一份進入大臺北盆地探勘的西方文獻〉，《臺灣文獻別冊》25（南投：國史館臺灣文獻館，2008 年 6 月），頁 3-7。

[687] 曹永河，《臺灣早期歷史研究》（臺北：聯經出版社，1997），頁 64。

[688] 大洞山社亦稱為大屯社。翁佳音認為，大屯山社可能在現今竹圍一帶。翁佳音，《大臺北古地圖考釋》（臺北：臺北縣立文化中心，1998），頁 71-73。

[689] 陳國棟，《臺灣的山海經驗》，頁 136-139。

（三）淡水堡壘以南，指的是淡水河口以南，從八里鄉到大安溪一帶海岸平原的原住民村落。（四）Bassajos 村落，指的是北海岸到三貂角一帶分佈的村落。 （五）Baritschoen，指的是一特定地域或人群的相關村落。（六）Coullonders（龜崙人），可能指的是林口臺地、龜崙嶺及南崁溪流域的原住民村落。[690] 而康培德依據口碑、契約 文書等資料將此區域分為 8 個族群：圭柔、毛少翁、里族、武溜灣、雷朗、八里坌、Baritschoen、龜崙。[691] 由此可見，此區域在外來移民者未進入之前，已經有相當多的族群在此定居。這從荷蘭及西班牙人所留下來之資料得以證明。

　　1662 年（康熙元年），鄭成功驅逐南臺灣的荷蘭人，取代荷蘭人開始經營臺灣，北部淡水區域亦歸鄭氏治理。鄭氏統治臺灣期間，在北部地區的唭哩岸（北投）、國姓埔（金山區）設里。[692] 淡水因與大陸距離相近，淡水港又為一貿易良港，「滬尾庄」遂由漁村漸漸成為港埠，開始發展起來。但此時的生活條件尚不完善，1697 年（康熙 36 年），郁永和來到淡水地區一帶，他認為這個時候的淡水水土惡劣，很容易患風土病而死。[693] 雖是如此，但此間已有貿易網絡形成，可以看到原住民將熔成的金塊帶至淡水來販賣，[694] 淡水已成為一個貨品交易買賣的地方，也慢慢凝聚較多之人口。

　　1723 年（雍正元年）北臺灣設淡水廳後，清廷更加強在此地的開墾。1733 年（雍正 11 年），桃園與臺北間的龜崙嶺開通之後，臺北之墾民增

---

[690] 詹素娟，〈分類的迷思：淡水河系原住民的族群類緣問題〉，收於周宗賢主編，《淡水學學術研討會－過去、現在、未來論文集》（臺北：國史館，1999），頁 12-13。

[691] 康培德，〈十七世紀基隆河流域、淡水地區原住民社群分類再議〉，收於《族群意識與文化認同：平埔族群與臺灣社會大型研討會論文集》，中央研究院民族學研究所，2003，頁 17-18。

[692] 許雪姬，《清代臺灣的綠營》（臺北：中央研究院近代史研究所，1987），頁 12。

[693] [清] 郁永和，《裨海紀遊》（南投：臺灣省文獻委員會，1993），頁 16。

[694] [清] 郁永和，《裨海紀遊》，頁 55。

加快速。[695]1790 年（乾隆 55 年）清廷正式開放八里坌與大陸對口貿易，[696]之後因淡水河南岸河口泥沙淤積嚴重，迨十八世紀中葉後港埠遂逐漸移至淡水河北岸，即今之淡水。八里坌因為沒落，淡水則開始發展起來。

鴉片戰爭前後，淡水逐漸為列強所注意，各國船隻私下到淡水港貿易，被視為具有潛力的市場。清廷在北臺灣地區除了增設參將之外，在海防方面亦積極布署，[697]嚴防外國勢力進逼，喪失海域控制的優勢。1862年（同治元年），因為臺灣開港之因素，淡水港成為國際通商口岸。除了原有的臺灣與福建對渡之外，外國商賈、傳教士等等，陸續來到淡水，淡水已然成為國際城市。

淡水是臺灣北部地區的重要移民港口之一，因此大部分來到臺灣北部的移民者皆由淡水港進入。臺灣的移民主要以福建、廣東兩省籍貫者為多，其中福建的漳州府及泉州府的住民所佔比例最高。在臺灣移墾社會的初期，主要的移入者還是福建省為主，在移民令開放之後，廣東人及其他地區的人，方有較多人數移入臺灣各地。來自廣東的移民較多的時期通常是在道光朝以後了。

淡水的開發規模與聚落發展之狀況為何，難以用人口數量做一詳細之討論。但我們可以從淡水軍事機構的建置狀況來了解淡水之重要性，因為軍事組織的擴建，表示著此區域人口及社會經濟發展達到一定之規模。在清代，軍事機構亦屬於行政組織，其規模不斷的擴充，表示著此區域的人口增加，需要加強防衛。因此，從淡水地區的軍事防衛布署來看，頗能符合淡水地區開發之轉變過程。

---

[695] 姜道章，〈臺灣淡水之歷史與貿易〉，《臺灣銀行季刊》（臺北：臺灣銀行經濟研究室，1963 年 9 月），14 卷 3 期，頁 260-261。

[696] 廖風德，〈海盜與海難：清代閩臺交通問題初探〉，《中國海洋發展史論文集（三）》（南港：中山人文社會科學研究所，2002，四版），頁 194。

[697] 李其霖，〈鴉片戰爭前後臺灣水師布署之轉變〉，《臺灣文獻》第 61 卷，第 3 期（南投：國史館臺灣文獻館，2010 年 9 月），頁 84-88。

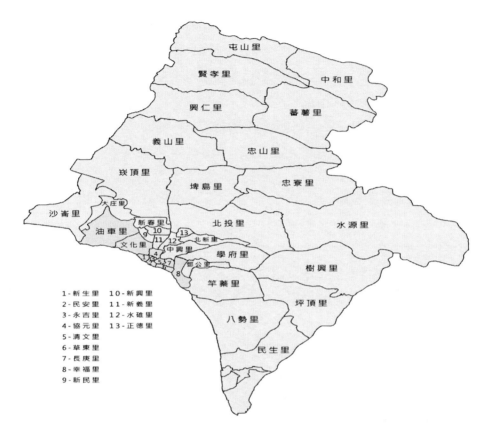

圖 10-1 今淡水區行政區域圖

說明：漢人至臺灣北部移民發展之後，以新生里、民安里、草東里、永吉里等處為據點，逐漸形成
滬尾聚落。亦是現今以福佑宮為中心的街內，一般遊客所稱之淡水老街。移居至這個區域的住民主
要以泉州三邑人為多。

參、軍事組織的設置與人口移入關係

　　臺灣北部的優良港口不多，淡水河是臺灣最適合也是唯一可以航行
大型船舶的河流，其支流所涵蓋之腹地甚廣。如能控制淡水河及淡水

港，即能掌握臺灣北部區域。《淡水廳志》載：淡水港：「口門闊三軍許，深二丈餘，兩邊暗沙圍抱。口門雖緊，五、六百石之船隨時出入，大船須候潮，為經商要津，雞籠以南咽喉也」。[698] 顯見淡水的軍事地位之重要性，是軍事要衝之地。

在二十世紀以前，一個地區設置軍事組織，實與其地之重要性，或是人口繁多有很大關係。西班牙人及荷蘭人進入淡水之後皆築城防守，其地點即是現今淡水紅毛城山巔處，因為此地為淡水河出海口的居高處，軍事位置重要。惟他們當時派駐此地的官兵並不多，但這個區域因有軍隊防守，有一定的治安能力，所以成為了移民者的一個新據點之選擇，因此這個區域開始發展起來。清代統治臺灣的初期，在淡水幾乎沒設置軍隊防守，更沒有戰船巡防此區域，[699] 因為該時期的淡水人煙稀少，並不具備設置軍隊的必要。康熙晚期才設置軍事組織，也才開始駐防水師守備，編制戰船巡弋，[700] 維護北臺灣海域及陸路之安全。

清代臺灣的軍隊統稱班兵，是由福建各地換防至臺灣之軍隊，各營軍隊每三年一換。[701] 淡水的班兵主要來自幾個區域，初期主要是興化城守營之綠營為主。[702] 爾後，陸續有福建各營之軍隊駐防淡水。根據柯設偕所寫的《淡水教會史》書中載，淡水有「金門館」、「烽火館」、「同山館」、「海山館」[703] 等班兵會館。[704] 依照清廷律法規定，班兵在臺灣之駐防區域，

---

[698] ［清］陳培桂，《淡水廳志》，頁 182。

[699] 李其霖，〈清代臺灣的戰船〉收於劉石吉、王儀君、林慶勳主編，《海洋文化論集》（高雄：國立中山大人文社會科學研究中心，2010），頁 299。

[700] 康熙晚期之後，清廷在滬尾設首備，並編制戰船，如乾隆朝已在淡水編制四艘戰船，雞籠與金包里區域編制兩艘戰船。見李其霖，〈清代臺灣的戰船〉，頁 300。

[701] 許雪姬，《清代臺灣的綠營》，頁 259-266。

[702] 《清實錄‧聖祖仁皇帝實錄》，卷 279，康熙五十七年五月，頁 732-2-733-1。

[703] 金門館，為來自金門鎮之綠營兵。烽火館，來自福建福寧州霞浦縣烽火門的綠營兵。「同山館」，應為銅山館，來自福建漳州東山縣銅山營。海山館，為來自福建水師海壇鎮綠營水師。

[704] 柯設偕，《淡水教會史》，未刊本。

通常不會與同鄉之住民同處一地。故淡水的移民，來自這幾個區域的居民較少。道光年間，配置淡水地區的班兵大置由督標、福協、延建、邵汀、福寧、長福、海壇、閩安、羅源、連江、桐山、楓嶺、烽火諸營調動而來。[705] 然而這也不是絕對，隨著時間久遠，班兵制度崩壞，無法按規定律令駐防，再者，移民至臺灣的住民，也並非是單一村落居民移往。更何況淡水地區又為移民港口，故肯定來自各區域的移民皆有，即便淡水地區駐有福建綠營兵，但難保不會有來自與這些軍隊同地域之移民。當然，淡水地區的移民者主要以漳州、泉州及汀州為主，這部分可以從淡水的宗教信仰了解概況。

淡水地區的班兵，早期是福建各地綠營軍渡臺至鹿耳門，再分配至臺灣各地，亦來到淡水。1810 年（嘉慶 15 年），嘉義以北班兵改由鹿港登舟，淡水地區的班兵亦從鹿港進出。爾後，鹿港泥沙淤積，於道光三年改由淡水分船配載。[706] 因此淡水港也成為了臺灣中、北部班兵的唯一配載港口，使得淡水港增加了班兵的配載業務。

淡水地區移民人口的增加與淡水地區的軍事組織變遷息息相關，軍事地位的提高，與人口的增加是密切關聯的。淡水軍事組織的轉變大致上可分為三個時期，第一時期是 1718 年（康熙 57 年）。康熙五十七年以前，淡水河口只設置巡檢，這代表此地的重要性不高，因此只設置最低階的文官管理。爾後，淡水設水師守備，增強了淡水防衛，在治安上有顯著安定，移民者慢慢進入，開始形成聚落。第二時期是康熙 57 年至乾隆 24 年。這時期，淡水設廳，艋舺的發展開始取代了淡水，很多移民者把淡水當成港口、或者是移入臺北盆地或其他地區的中繼站，因此艋舺亦設兵防守，其指揮官的軍階甚至於比淡水高。雖然如此，還是有些人以淡水做為定居之處，移入淡水。第三時期是同治元年以後。因清朝被迫開港，淡水正式成為北部地區的一個國際港口，洋商也陸續在淡水設洋行，學校和教堂，移入淡水的人來自更多區域。因此我們可以觀

---

[705] [清] 陳培桂，《淡水廳志》，頁 161。

[706] [清] 陳培桂，《淡水廳志》，頁 171-173。

察到，每一個時期的淡水港都扮演不同的角色以及重要性，在這些時期的移民、社會、經濟等發展皆不同的情況下，讓淡水的發展更為多元多樣了。

清廷統治臺灣的初期較為消極，北部居民不多，因此並沒有設置較大的官吏鎮守。臺南以北皆屬諸羅縣，縣令駐臺南，臺灣北部情況難以兼顧。清政府開始重視到臺灣北部的經營，起因於康熙晚期的鄭盡心海盜事件。鄭盡心為福建福州人，一說浙江寧波府人。[707] 大部分海盜的身世都是個謎，此處不再贅述。鄭盡心大約於 1708 年（康熙 47 年）間騷擾渤海灣；浙江花鳥、盡山；福建魚山及臺灣一帶的海盜。[708] 1711 年（康熙 50 年）3 月為福建浙江總督范時崇（1663-1720）逮獲解京，[709] 結束了為期近三年的劫掠。海盜事件反應了臺灣北部地區的公權力不彰，海防薄弱，海盜得以輕易的入侵。因此，如果沒有好好規劃行政、海防，那海盜劫掠事件一定會不斷的重演，屆時將使得百姓生靈塗炭。

鄭盡心事件發生期間，清廷派調佳里興分防千總移駐淡水，並增設大甲溪至八里坌七塘。[710] 雖然調來千總防守淡水，但兵力並不足以防衛北部地區之安全，只能勉強守住淡水河口，其他地方難以分防。1715 年（康熙 54 年）11 月，閩浙總督覺羅滿保（1673-1725），著手籌劃閩、浙海防。[711] 曾經至淡水搜捕鄭盡心的千總黃曾榮藉此機會將北臺灣之山川形勢，繪製圖表，建議在北部地區設一營防衛之。[712] 爾後向閩浙總督覺羅滿

[707] 《清實錄・聖祖仁皇帝實錄》（北京：中華書局，1986），卷 243，康熙四十九年九月，頁 417-2。

[708] 《康熙朝漢文硃批奏摺》三，江南提督師懿德奏報前赴沿海查緝鄭盡心黨夥摺，康熙四十九年十一月，頁 161-163。《康熙朝漢文硃批奏摺》三，福建巡撫黃秉中奏報親赴廈門出洋搜捕鄭盡心摺，康熙四十九年十二月，頁 220-223。

[709] 《清實錄・聖祖仁皇帝實錄》，卷 245，康熙五十年三月，頁 435-2。

[710] [清] 周鍾瑄，《諸羅縣志》（南投：臺灣省文獻委員會，1993），頁 115-116。

[711] 《欽定八旗通志》342 卷，收於《景印文淵閣四庫全書》第 664-671 冊，卷 152，頁 18b-19b。

[712] [清] 丁宗洛，《陳清端公年譜》（南投：臺灣省文獻委員會，1994），卷下，頁 85。

保提出，希望在淡水地區設營鎮戍，方能維持臺灣北部海疆安寧，[713]福建高層接納了黃曾榮意見。康熙 57 年 5 月，覺羅滿保奏言：「福建臺灣北路之淡水、雞籠地方，實為販洋要路，又為臺郡後門，向係臺協水師左營汛地，並未安兵屯駐。請於臺灣各營額兵內，酌量抽調兵五百名、戰船六隻設立淡水營」。[714]滿保的想法主要鞏固臺灣北部海防，因為臺灣北部地位重要，唯有有增設陸師和水師，如此才能保護臺灣安全。

淡水營雖為臺灣北部新設置之軍事單位，但官弁並非新招募，而是移福建興化城守右營守備而來。唯恐鎮守官弁不足，再於臺灣鎮標中營，撥千總一員；臺灣協左營，撥把總一員，為淡水營千總及把總，兩人每半年輪流分防雞籠，[715]鞏固臺灣北部海防。因此，淡水營成為了北臺灣唯一的水師營。也因設置守備以上武職員弁統帥，其軍事等級最高，而且有分防管理其他海口之責。[716]這代表清廷已經重視到北臺灣的軍事要略，再不派兵防守，治安將有很大危急。

因為臺灣北部海防的鞏固，居住安全品質提高，移入臺灣北部的人口也越來越多。為了加強統治，雍正元年設置淡水廳，管理新竹以北的區域，如此一來，治安的維護增進不少。鄭盡心海盜事件對清初的海防布署帶來重大考驗，而臺灣則是受到此事件之影響，改變了清廷對臺灣的防禦概念。臺灣的防禦重點不只在安平及澎湖，臺灣北部甚至南部也必需要設兵防守，[717]鄭盡心事件給予清廷對閩、浙、臺灣防務重新規劃的契機，相對的居民也勇於由淡水進入臺灣北部地區開墾，間接的影響了淡水地區之發展。

---

[713] [清] 劉良璧，《重修福建通志臺灣府》（南投：臺灣省文獻委員會，1993），卷 17，〈人物〉，頁 446。

[714] 《清實錄・聖祖仁皇帝實錄》，卷 279，康熙五十七年五月，頁 732-2。

[715] 《清實錄・聖祖仁皇帝實錄》，卷 279，康熙五十七年五月，頁 732-2-733-1。

[716] 林玉茹，《清代臺灣港口的空間結構》（臺北：知書房出版社，1996），頁 114。

[717] 臺灣南部的防務要到同治十年（1871）牡丹社事件之後才受到清廷重視，始經營臺灣南端地區。

　　從北臺灣人口的移入來看，在 1709 年（康熙 48 年）以前，淡水及臺灣北部地區並沒有太多之開發，許多地區皆未形成聚落。這可以從《臺灣府志》中窺視一二，當時後的淡水都尚未有漢人聚落，也未有太多關於此區域之記載。在府志中只簡要記錄這裡有上淡水社，[718] 其他資料皆無。郁永河在 1700 年（康熙 39 年），由臺灣府北上至淡水所看到的情況尚是人煙稀少。他認為：「君不聞雞籠、淡水水土之惡乎？人至即病，並輒死。凡隸役聞雞籠、淡水之遣，接踵歔欷悲嘆，如使絕域……」。[719] 顯見清廷統治臺灣的初期，淡水的居住環境不佳，人煙罕見。從驛遞系統來看也都只到半線（今彰化市），彰化市以北皆無。爾後，陳賴章墾號入墾「大佳臘與淡水」，[720] 臺北盆地逐漸發展起來，淡水地區的人口也開始增加。但清廷對於臺灣北部及淡水的經營還是採取消極之態度，畢竟管轄的人數相當有限。

　　移民者進入淡水之後，勢必與原住民產生互動，弱勢者因無法主導，將逐漸退出此區域。這方面可由康熙臺灣輿圖及乾隆臺灣輿圖中了解概況。康熙朝輿圖中所呈現的淡水區的聚落為淡水社。[721] 乾隆朝輿圖所呈現的已不見淡水社，原住民部落有圭柔山社、外北投社，其他區域已由漢人所建立的庄，如滬尾庄、竿蓁林庄。[722] 由淡水港[723] 進入的移民者，有些留在淡水，有些則移往臺灣北部各地。留在淡水的移墾者，初期以淡水港周邊為居住地區，往後移民者，則因淡水港周邊居住區域趨近飽和狀態之後，或者因不同族群有排擠作用，使得較晚來到淡水的這些人

---

[718] [清] 高拱乾，《臺灣府志》（南投：臺灣省文獻委員會，1993），頁 38。

[719] [清] 郁永河，《裨海紀遊》，頁 16。

[720]《清代臺灣大租調查書》（南投：臺灣省文獻委員會，1993），頁 2。

[721] 洪英聖，《畫說康熙臺灣輿圖》（南投：行政院文化建設委員會中部辦公室，1999），頁 54。

[722] 洪英聖，《畫說乾隆臺灣輿圖》（南投：行政院文化建設委員會中部辦公室，1999），頁 45。

[723] 清代淡水港所指的範圍大概就是福佑宮外的碼頭區域，這個區域是最早形成街市的地方。

才漸漸往淡水港周邊地區移動。住在淡水港邊的居民主要是三邑人（惠安、南安、晉江）為主，[724] 因為他們是最早移民到淡水的族群。淡水的客家人大部分從福建汀州來，因為不受淡水市區三邑人歡迎，他們來了以後進不了市區，於是他們在鄞山寺蓋會館，住在那裡，因此鄞山寺又稱為汀州會館。[725]

　　淡水港在乾隆初年以前是一個半獨立小系統之港口，這個時候的開墾地區有限，港口主要是軍事機能見重。[726] 乾隆朝以後移民人口不斷的湧入淡水，並往臺北盆地及其四周移動。1740 年（乾隆 5 年），淡水已成為一保，並管有 25 莊，分別為八里坌莊、滬尾莊、大屯莊、竿蓁林莊、關渡莊、北投莊、八芝蓮林莊、奇里岸莊、瓦笠壯、興仔武勞灣莊、大佳臘莊、圭母子莊、大灣社、水興莊、興直莊、加里珍莊、擺接莊、山腳莊、八里坌仔莊、海山莊、坑仔莊、虎茅莊、奶笏莊、澗仔歷莊、甘棠莊。[727] 屬於淡水港周邊的聚落已有滬尾莊、大屯莊、竿蓁林莊、關渡莊、北投莊以及八芝蓮林莊。顯見乾隆初期的淡水，已有較多的漢人移入，並且以淡水河口周邊做為住居地。1760 年（乾隆 25 年），淡水地區仍是有莊無街。越五年之後，1765 年（乾隆 30 年），已可看到契約文書上，出現了滬尾街之名稱，[728] 在這短短的幾年中，淡水地區的人口有顯著的成長。顯見淡水已形成較大的聚落。1790 年（乾隆 55 年），淡水與福州五虎門對渡，[729] 使得淡水的移入人口不僅限於臺灣各港口間的移入。

　　1796 年（嘉慶元年），淡水漳、泉、汀 3 個州等 7 縣之移民增多，共

---

[724] 李其霖主編，《憶與軼：口述歷史》（新北市：淡江大學歷史學系，2016），頁 169。

[725] 李其霖主編，《憶與軼：口述歷史》，頁 169。

[726] 林玉茹，《清代臺灣港口的空間結構》（臺北：知書房出版社，1996），頁 192-193。

[727] ［清］范咸，《重修福建臺灣府志》（南投：臺灣省文獻委員會，1993），卷 5，城池，頁 80。

[728] 張建隆，〈從寺廟分佈看滬尾街聚落之形成〉，《尋找老淡水》，臺北縣：臺北縣立文化中心，1996，頁 13-14。

[729] ［清］周凱，《廈門志》（南投：臺灣省文獻委員會，1993），頁 169。

同捐資興建福佑宮，[730] 成為了淡水居民的信仰中心。道光以後，滬尾街已有二、三百戶民居，而嘉慶、道光年間移民亦逐漸發展出九崁（重建街）、協興、元吉、米市仔、東興、新店等聚落地望，隨著街市聚落建立的進展，移民們逐步興建了鄞山寺、龍山寺、米市福德祠、布埔頭福德祠、蕭府富美王爺、牛灶口興建宮，這些點的廟宇和線狀的街道結合，成為淡水人買賣、生活與信仰的一個完整空間，[731] 淡水港的移墾區域也再度往淡水河口周邊擴大，慢慢的往公司田溪、山頂（大屯山區）等地區發展。

1858 年（咸豐 8 年）以後，清代門戶洞開，當然也包括臺灣在內。同年 6 月 13 日訂定中俄天津條約，其中第三條首度將臺灣列入通商口岸。[732] 爾後，清廷陸續與其他國家訂立條約，中法和約的第六款則增加開放淡水。[733] 淡水成為通商口岸之後，淡水的移民結構也有較大的變化。如外國人陸續進入淡水傳教、經商、洋商也開始於淡水設置公司進行買賣，淡水的移民社會文化也更為多樣了。1862 年（同治元年），滬尾海關正口設立。[734] 淡水海關成立之後，暫以滬尾守備署為稅關，正式收稅。淡水正式成為對外通商口岸之後，各國洋行相繼在淡水港周邊設立，淡水的對外貿易也由國內轉變以國外貿易為大宗的趨勢。

淡水的常關及洋關雖為稅務機構，但還是需要水師部隊在旁協助幫忙辦理。海關雖然不是軍事設施，但其重要性並不亞於軍事重地，如粵海關監督，早期由包衣擔任，但康熙年間卻未必如此，認為粵海關設關以來的監督皆由內務府包衣擔任，可能是受到晚期慣例的影響。[735] 後來各

---

[730] 周宗賢，《淡水：輝煌的歲月》（臺北：臺灣商務印書館，2007），頁 11。

[731] 周宗賢，《淡水：輝煌的歲月》，頁 166。

[732] 臺灣銀行經濟研究室編，《籌辦夷務始末選輯》（南投：臺灣省文獻委員會，1997），188。

[733] 臺灣銀行經濟研究室編，《籌辦夷務始末選輯》，211。

[734] ［清］陳培桂，《淡水廳志》，頁 109。

[735] 陳國棟，《清代前期的粵海關與十三行》（廣東：廣東人民出版社，2014），頁 10。

地海關監督則由各地駐防將軍兼任，顯見其重要性。

開港前，臺灣對外貿易主要對象是中國大陸，輸出米、糖、豆類、黃麻、籐、樟木等，進口棉布、絲線、紙、綢緞、瓷器等手工業品。開港後，貿易對象轉為歐美及日本。1873 年（同治 12 年）起，停止臺米自淡水出口，1882 年起，反而從大陸進口，惟南部仍有米出口，中、南部諸港米年出口約 50-70 萬石，已不再是出口之大宗。1876 年以降，臺糖地位被茶所取代，米、油出口萎縮，茶、樟腦貿易擴大，糖、茶、樟腦成為國際貿易的主要商品，相對的，西洋貨品亦大量進入臺灣。

隨著淡水開港通商與國際交流的歷史進程，十九世紀中葉後的淡水更為國際化，諸多外國人士相繼接踵來到淡水通商、傳教、旅行與定居，淡水的漢人社會中也融入了不少的外國住民。他們的生活區域與漢人生活圈還是有些阻隔。雖然如此，卻可以減少族群之間的衝突。因此淡水開港之後，住民結構的轉變，使得這區域的生活文化更為多樣，在淡水河區周邊，可以看到洋式建築、文化等等，趨於多元。至日人來臺後的人口調查，淡水地區的居民已有 1,013 戶，人口達 6,148 人了。[736]

肆、宗教與移民關係

淡水的移民社會發展越往近代即愈多元化。淡水開港之後，再隨著交通、運輸的發展，產業生產力提高，群眾社會的形成，使得此區域由一個小港口逐漸轉為移民聚落。然而在近代以前，大部分地區是封閉的、隔絕的，個別有其獨特的風俗與習慣。[737]此外，臺灣移墾社會的特色與宗教的關係亦密不可分，移民至臺灣的住民會將原鄉的宗教信仰帶至

---

[736] 張家麟、卓克華，《淡水鎮志‧社會志》（淡水：淡水鎮公所，2013），頁 249。

[737] 陳紹馨，《臺灣人口變遷與社會變遷》（臺北：聯經出版事業公司，1997），頁 444-445。

移民的場域。這種移民與宗教的結合情況在早期移民社會隨地可見，幾乎臺灣各地都有廟宇的興建，這些廟宇與移墾居民有著地緣之關係。因為淡水是移民港口，因此各地移民的擁入，使得淡水地區的宗教信仰也呈現多元化之勢。

淡水民間神靈信仰之起始，在移墾初期，聚落未形成之際，囿於時間、經濟及居地變遷等因素，這些神靈，最初皆只奉祀於民宅或臨時搭蓋的簡陋草寮當中。[738] 爾後淡水人口逐漸增加，在經濟狀況允許的情況之下，由各地士紳及住民的號召，寺廟的興建則是陸續在各地展開。早期的西班牙及荷蘭時期皆在淡水進行天主教及基督教的宣教活動。但隨著西班牙及荷蘭人離開臺灣，西方的宗教逐漸不受到青睞，緊接著漢人的移入，帶來了中國的傳統宗教來到臺灣。中國的傳統宗教也取代了西方宗教以及原住民宗教，成為淡水地區的大宗。

在臺灣開港（1862）以前，淡水地區的移民主要來自福建地區，主要又以泉州、漳州與閩西汀州等地之移民為多。臺灣開港之後，外國人陸續進入淡水，但這時期的外國人主要是以傳教和商業貿易為多。因此沉寂許久的西方宗教再度進入淡水，此次西方宗教的進入，受到較多的排擠作用，因為漢人傳統宗教在此區域已經根深柢固了，要他們改信仰其他宗教多有不易。從馬偕的日記中可得知這些宣教師在傳教過程中的辛苦，如 1871 年 5 月 5 日下午，馬偕（1844-1901）與他的學生嚴清華（1852-1909）到處拜訪人，就被當地住民投擲豬糞、小石頭、泥塊等。[739] 雖然在傳教過程中遇到諸多阻礙，但隨著與外國人接觸的時間增加，住民的思想也逐漸開放，也慢慢的開始接受西方宗教，這些宗教也佔有一席之地，淡水的宗教信仰再度趨向多元化之發展。

清代淡水地區的宗教信仰主要有三大群，中國傳統宗教，基督教及天主教。在傳統宗教寺廟主要有福佑宮、清水祖師廟、淡水龍山寺、鄞

---

[738] 蔡維民、蕭進銘，《淡水鎮志・宗教禮俗志》（淡水：淡水鎮公所，2013），頁 15。

[739] 偕叡理，《馬偕日記 1871-1901》（臺北：玉山社出版事業股份有限公司，2012），頁 51。

山寺。基督教主要是淡水基督長老教會，淡水天主堂。福佑宮、清水祖師廟、淡水龍山寺位於淡水街內，也就是淡水最早形成街市的地方，這個區域的住民以泉州三邑人居多，因此興建了三座角頭廟，分屬不同的信仰。鄞山寺因屬於汀州客家信仰，他們來到淡水的時間已經在道光朝以後，因此他們只能到街外移居。其他來自各個區域的族群則往所謂的山頂發展。

　　天主教在淡水的發展雖然由街內拓展到興化店（山頂）一帶，但比起基督教在淡水開港之後來得較晚，因此在宗教的傳播上較不順利，信仰天主教的人較少，也沒有特定的族群聚落。基督教則在淡水設教時間較早，再加上馬偕宣教師都一直在淡水，又娶了五股的張聰明，運用的教育和醫學的方式傳播，因此吸引較多的人信俸。

　　中國傳統宗教因為地緣關係，有特定區域的族群來信仰，移民者會將原鄉文化帶至移墾區域。這些傳統宗教文化在此情況之下，比較容易傳播出去，甚至影響來自其他地域的住民。傳統宗教的信仰，在一般善男信女常將佛教、道教信仰合流，多神並祀，[740] 形成一獨特的信仰模式。在淡水地區，因祖籍地不同，也可以看到「分類信仰」的現象，[741] 但隨著淡水開港，人員來自己各方，有會產生各種變化。以下針對天主教、基督教及中國傳統宗教的發展與移民關係做一論述。

一、天主教

　　1626 年 2 月 8 日（明朝天啟 6 年），西班牙遠征船隊由 Antonio Car-reño de Valdés 擔任司令，率軍攻打臺灣。道明會士 Diego Aduarte 事後描述：「當時共有兩艘軍船及 12 艘中國船，載著三連的步兵」，[742] 航向臺灣北部，5 月 11 日，西班牙軍隊抵達雞籠港，在社寮島（基隆和平島）上建

---

[740] 李乾朗，《淡水福佑宮調查研究》（臺北縣：臺北縣政府，1996），頁 13。

[741] 蔡維民、蕭進銘，《淡水鎮志・宗教禮俗志》，頁 15-16。

[742] Spaniards in Taiwan,Vo1, pp. 72, 79, 83. 陳宗仁，《雞籠山與淡水洋》，頁 202。

一堡壘，稱聖薩爾瓦多城（Fort San Salvador），並在旁邊的小山上建一稜堡。[743] 開始展開為期 16 年的對臺統治。

西班牙至雞籠二年後，逐步對北臺灣展開調查活動，1629 年 8 月以後，西班牙人進入淡水並開始建造了聖多明哥城（Fort Santo Domingo），[744] 爾後也開始興建天主教堂，[745] 在淡水地區展開傳教之工作。1632 年道明會派駐艾斯維奇維（Jacinto Esquivel）到淡水，他在淡水建立了一座樸素的「玫瑰聖母堂」，[746] 另有一說是兩間教堂，艾斯維奇維還用淡水當地的語言編撰書籍。[747]1642 年西班牙人離開臺灣之後，天主教信仰也就沒落了。

1889 年（光緒 15 年）道明會第二次在淡水開教，天主教傳教士重回淡水，這次並非由菲律賓經基隆來，而是改由彰化羅厝，從陸路北上。羅厝的天主堂是（和尚洲、大稻埕及淡水天主堂）之母堂。此次來到淡水的是何安慈神父（Rev. Celedonio Arranz, O.P.1852-1921），他在興化店（淡水興仁國小一帶）開教。[748] 興化店的天主堂由林茂才神父接手不久之後，因林神父患病，不得不將興化店傳教所關閉。爾後遷至淡水街內畢金桂（1858-1926）的住宅。[749] 這時期的教友大概只有畢家、淡水加油站附近的陳家，及下圭柔山的阮家。[750] 由此可見，在清代以前，天主教在淡水的傳

---

[743] Spaniards in Taiwan,Vo1, pp. 71-73.

[744] José Eugenio Borao Mateo 鮑曉鷗 , Spaniards in Taiwan（臺北：南天書局有限公司，2001），頁 139-142。

[745] 李毓中，〈從大航海時代談起：西班牙人在淡水（1627-1637）〉《揭開紅毛城四百年歷史》（臺北：臺北縣立淡水古蹟博物館，2005），頁 8-18。

[746] 臺北總教區淡水法蒂瑪堂編輯委員會，《天主教在淡水 380 年紀念冊》（新北市：淡水法蒂瑪堂，2012），頁 5。

[747] 張建隆，〈十七世紀到十八世紀初，西、荷及清人對淡水的記述與認知〉《臺灣文獻》，第 53 卷第 3 期，2002，頁 214-218。

[748] 黃蓉蓉，〈1889 年道明會第二次在淡水開教史〉《天主教在淡水 380 年紀念冊》，頁 10-13。

[749] 江傳德，《天主教在臺灣》（臺南：聞道出版社，2008），頁 227。

[750] 江傳德，《天主教在臺灣》，頁 316。

教工作極其辛苦，因此信仰天主教之住民人數有限，無法形成宗教聚落。

二、基督教

　　1624 年（天啟 4 年）荷蘭人由臺南安平港進入臺灣，並在當地興建「熱蘭遮城」（Castle Zeelandia），隨後 1626 年西班牙人也由臺灣北部的基隆及淡水兩處進入臺灣，並在臺灣北部傳佈天主教，但西班牙人停留臺灣的時間只有 16 年，於 1642 年（崇禎 15 年）便被荷蘭人逐離臺灣。荷蘭人至臺灣後除了擴充他們的海外貿易版圖外，他們也透過「荷蘭東印度公司」派遣宣教師到臺灣來傳教，他們在臺灣的 38 年時間，曾經派有 32 名牧師來臺灣傳教，可是當時他們傳教的對象不是移居的漢人，而是臺灣的原住民。[751]

　　荷蘭人在臺灣的傳教工作可分為前後兩期，前期為 1624-1643 年間，即他們的傳教先峰干治士（George Candidius）及尤伯嘉（Robert Gunius）兩位牧師的傳教時代。當時的傳教區域北達嘉義南至恆春。後期為 1644-1662 年間，此時期的傳教區域已由臺灣南部而進入到臺灣的中部及北部地區，[752] 業已進入北臺地區，但此時信仰的住民不多。

　　1865 年 5 月（同治 4 年），英國長老教會開始在臺灣南部傳教，由馬雅各（Dr. James L. Maxwell）帶領陳子路、黃嘉智及吳文水由廈門渡海來臺，並於翌月開始傳教 [753] 直至 1867 年，爾後由李庥牧師（Rev Hugh Richie）接手傳教工作，並將傳教範圍擴大至現今高雄及屏東一帶。在傳教初期的信徒多半則是當時的下層階級人士，並沒有富豪、地主以及讀書人的加入。[754] 雖然如此，但傳教的對象不分貧富，因此並沒有影響工作的進行。

---

[751] 徐謙信，〈臺灣島史和基督教〉收錄於《臺灣基督長老教會百年史》，頁 1-2。

[752] 徐謙信，〈臺灣島史和基督教〉收錄於《臺灣基督長老教會百年史》，頁 2。

[753] 賴英澤，〈清朝時代〉收錄於《臺灣基督長老教會百年史》，頁 7-8。

[754] 賴英澤，〈清朝時代〉收錄於《臺灣基督長老教會百年史》，頁 13-14。

　　1871 年 10 月 19 日（同治 10 年）馬偕（Rev George Leslie Mackay）自加拿大乘火車至美國舊金山，再搭船經日本、香港、廈門，爾後，於 12 月 30 日下午抵達高雄。[755] 並於翌年三月九日抵達淡水，開始傳教的工作，並在淡水設置教會，當時主要是以自己的住家當作教堂。1873 年 3 月 2 日更於五股創建臺灣北部第一座禮拜堂。馬偕牧師從 1872 年至 1880 年已在臺灣北部開設 20 所教會，分派約 20 位傳教士在這些教會，並且已獲得三百名成人信徒。[756] 而馬偕的傳道方式則是使用醫療傳道方式來進行，最有名的則是其獨特的拔牙技術。在 1877 年 8 月 28 至 31 日間，至少至教會做禮拜的人，每天都有近 30 人參加，[757] 顯見對基督教有興趣的住民越來越多。

　　1884 年初，馬偕牧師更帶領門徒前往噶瑪蘭傳教，將傳教地點由臺灣西部擴展到臺灣東北部地區。[758]1892 年加拿大長老教會派遣吳威廉牧師（Rev. Willian Gauld）夫婦來臺幫助馬偕牧師傳道，至 1893 年北部區域的教會已有 60 所，信徒已達 2641 名。[759] 信仰基督教的教友，並沒有族群之分，在淡水地區的信眾可以遍及到各地，他們在聚會時才會到教堂。基督教在此時也是中國傳統宗教以外的最大信仰群。

---

[755] 馬偕著，陳宏文譯，《馬偕博士略傳、日記》（臺南：臺灣教會公報社出版，1972），頁 23。

[756] 鄭連明，〈自偕理牧師來台至中法戰爭〉收錄於《臺灣基督長老教會百年史》，頁 48-49。

[757] 偕叡理，《馬偕日記 1871-1901》，頁 309。

[758] 郭和烈，〈北部教會自中法戰爭至甲午戰爭〉，頁 86-87。

[759] 郭和烈，〈自甲午戰爭至北部中會成立〉，頁 95。

圖 10-2 淡水禮拜堂
說明：現今的淡水禮拜堂並非馬偕所建，而是馬偕的兒子偕叡廉（1880.1.22-1963.7.20）所建
圖片來源：李其霖攝於 2005 年 7 月 14 日。

三、福佑宮

　　福佑宮是清代滬尾街最早成立的廟宇之一，供奉主神為媽祖，[760] 亦是目前新北市定古蹟，其位於淡水地區最繁華之位置，[761] 成為當地重要的信仰中心。有關於該廟的創建年代有各種說法。福佑宮管理委員會稱，福佑宮建於 1782 年（乾隆 47 年）至嘉慶元年完工。[762] 成書於同治年間的《淡水廳志》則記載廟宇建於 1796 年（嘉慶元年）：「天后宮，一在滬尾街，

---

[760] 依據淡水區民政課資料顯示，淡水現有媽祖廟有登記或無登記者共有 11 處。分別為福佑宮、三寶宮、天后宮、聖母宮（大信街）、慈興宮、聖佑堂、慈聖宮、聖母宮（學府路）、忠聖宮、聖佛堂、聖母觀音宮。參閱蔡維民、蕭進銘，《淡水鎮志・宗教禮俗志》，頁 18。

[761] 新北市淡水區民安里中正路 200 號。

[762] 福佑宮管理委員會編輯，〈福佑宮簡介〉。

嘉慶元年建」。[763] 從目前鑲在福佑宮三川殿右側壁堵的望高樓碑來看，時間亦為嘉慶元年。另外，這個望高樓碑與福佑宮興建時的捐贈人大致相同，可以了解福佑宮媽祖廟應在乾隆年間即已存在，[764] 但確切年代是何時，則無明確資料可供佐證。

淡水早期的移民以泉州地區為多，然因淡水屬於移民港口，故來自各地的移民者亦多會進入淡水。淡水福佑宮的興建，捐建信徒除了當地人士之外，路過淡水或與淡水有關之人，亦有捐獻之可能。從相關資料來看，捐建福佑宮之住民涵蓋了泉州三邑（晉江、惠安、南安）、同安、安溪、永春、永定七縣以及粵東潮、汕地區或嘉應州的客家人士，這是因為滬尾港是清乾隆至嘉慶年間臺北盆地登陸的重要口岸，所以能匯聚如此多不同本籍出身人士捐獻。[765] 這些捐贈者主要是當地民眾，但不限於泉州人，從當時候的捐贈資料可以看出，[766] 淡水地區的媽祖信仰分布極廣。因媽祖信仰之信眾遍及沿海各地，因此淡水地區的居民業以媽祖為信仰中心。

四、鄞山寺

鄞山寺供奉定光古佛，屬於民間佛教信仰，並非是傳統佛教，而是佛教民間化，亦即「民間佛教」，[767] 因為其組織、禮儀等各方面皆與傳統佛教不同。汀州的客家人渡臺甚早，大致始於清康熙末年間，一部分在三芝、石門地區開墾，一部分自八里坌登陸上岸，延淡水河到五股及新莊一帶開墾。[768] 鄞山寺[769] 為國定二級古蹟創建於 1822 年（道光 2 年）供奉

---

[763] ［清］陳培桂，《淡水廳志》，頁 150。

[764] 李乾朗，《淡水福佑宮調查研究》，頁 35。

[765] 周宗賢，《淡水：輝煌的歲月》，頁 401-402。

[766] 李乾朗，《淡水福佑宮調查研究》，頁 26。

[767] 林美容，《台灣的齋堂與巖仔 —— 民間佛教的視角》（臺北：台灣書房，2008），頁 2。

[768] 曾令毅，〈閩客間的經濟競合汀州客與林本源〉《新北好客都》2016 夏季刊，頁 15。

[769] 新北市淡水區鄧公里鄧公路 15 號。

定光古佛，由汀州人張鳴崗等人倡建，又有羅可斌施田，充為香資。[770] 羅可斌、羅可榮兄弟，本在滬尾東興街經營商店，嘉道以後汀州客渡臺或返鄉多由滬委出入，兩兄長的商店就成為汀州客的集合點。[771] 定光古佛是中國南方客家人的祭祀圈才有的信仰，事實上臺灣目前也僅有兩座寺廟供奉定光古佛，一是淡水的鄞山寺，另一個是位於彰化年代更早的定光庵。

清代臺灣僅有彰化定光庵及淡水鄞山寺，其信徒為閩西客家移民兼當汀州會館。主因於在清道光年間從汀州移居臺灣北部的客家人越來越多，汀州人是韓江流域的客家人，汀州人怕漳州、泉州人欺負，所以在上岸處集合形成聚落，以客家人團結性出資蓋地方會館，後續自唐山渡海來臺的人可臨時寄居在地方會館，過二、三個月以後到外面去找工作或在地主家當佃農，有了基業就陸續遷出。

鄞山寺從初建之後幾乎沒有改變，至今有一百六十多年，佐證汀州人來臺開墾的事實，也是全臺完整僅存的一座定光佛寺。1858 年（咸豐 8 年）重修，1873 年（同治 12 年）再修，該寺大體上完整保存道光初年原貌，包括當年施工的的屋脊泥塑都相當完整。

鄞山寺沿襲了華南式建築四合院的標準形式，當汀州人變少了就沒有香火，香火不盛便無力改建形成一個特色，這是因為臺灣的廟宇常改建的緣故，但該廟保留原始面貌。鄞山寺大部分的建材都是由大陸運過來的，後來增做或改建的部分則是臺灣的材料。在鄞山寺內至今還保留許多 1823 － 1824 年（道光 3-4 年）即創建時期的楹聯、匾額和捐題石刻，其中有一幅楹聯是「總理張鳴崗」敬獻的。目前鄞山寺仍由汀州地區移民來臺的江姓、蘇姓、游姓、練姓、胡姓和徐姓的後裔來管理。[772]

---

[770] ［清］鄭用錫，《淡水廳志稿》（南投：臺灣省文獻委員會，1993），卷 1，頁 55。

[771] 曾令毅，〈閩客間的經濟競合汀州客與林本源〉，頁 17。

[772] 蔡維民、蕭進銘，《淡水鎮志·宗教禮俗志》，頁 15-16。

圖 10-3　定光古佛像
圖片來源：李其霖攝於 2016 年 9 月 15 日。

五、淡水清水巖

　　淡水清水巖[773]主祀神蓬萊老祖（又名落鼻祖）神像，係由安溪清水巖一位僧人攜帶來臺。清咸豐年間，由安溪清水巖和尚恭奉祖師佛像渡臺，安奉於淡水東興街（現草東里中正路）濟生號鄉紳翁種玉家中。[774]因此在淡水河周邊除了有泉州三邑的族群之外，也有來自福建安溪地區的移民。這些安溪移民除了翁姓以外，還有其他姓氏住民，如（翁、洪、江、汪、方、龔）等姓。

　　日治中期以後，清水祖師信眾人數日益增加，於 1931 年（昭和 6 年），在地方士紳李文珪、許丙、高桃仁、張覺先、陳有生、雷俊臣等人商議之下，擇地興建清水祖師廟，於 1938 年（昭和 13 年）完工。

---

[773] 新北市淡水區清水街 87 號。

[774]《淡水清水巖簡介》。

六、淡水龍山寺

淡水龍山寺[775]為新北市定古蹟，主祀的觀音佛祖，為泉州府晉江、惠安、南安三邑人守護神。淡水龍山寺是清代在臺灣所建立的五座龍山寺之一[776]，其創立的時間最晚，這五座龍山寺都分靈福建晉江安海，[777]淡水龍山寺位於淡水老市場內，經黃龍安等頭人募款聚資，南安洪姓族人獻地重建，於 1858 年（咸豐 8 年）完成。[778]從淡水龍山寺的龍柱上可以看到，標記黃龍安帶頭捐募及洪光海、洪光城兄弟捐獻廟地事蹟，黃龍安三兄弟捐建石造龍柱。

淡水龍山寺位於淡水街內，地處清代淡水最繁華的區域之一。雖然是三邑人士的信仰中心，但因淡水港屬於移民港口，因此許多非三邑地區的人員也以龍山寺為信仰神祇，其信徒已不侷限於三邑移民。

圖 10-4 淡水龍山寺
圖片來源：李其霖攝於 2016 年 9 月 15 日。

---

[775] 新北市淡水區中山路 95 巷 22 號

[776] 其他四座龍山寺分別為艋舺龍山寺（建於 1738）、鹿港龍山寺（建於 1786）、台南龍山寺（建於 1665）、鳳山龍山寺（約建於 1730）。

[777] 淡水龍山寺管理委員會，〈淡水龍山寺簡介〉。

[778] 周宗賢，《淡水：輝煌的歲月》（臺北：臺灣商務印書館，2007），頁 399。

七、祈福保生宮

祈福保生宮[779]是淡水下圭柔山蔡家村之蔡姓家族人，源出福建省泉州同安縣烈嶼（今金門縣），移民到淡水開墾。蔡姓家族至淡水已經是第四代了，[780] 保生大帝一直是當地居民的守護神。1973 年（民國 62 年）蔡氏族人在下圭柔山興建祈福保生宮。以保生大帝信仰為中心，蔡氏列祖列宗的神主牌位為輔，凝聚蔡氏族人的宗親情誼。將保生大帝神像放置於祈福保生宮正殿；蔡氏祖先牌位則放於左殿，形成宗祠與神殿合祀的現象。目前下圭柔路一帶，大部分都是蔡姓家族成員居住的區域，少有來自其他區域的的族群進入，[781] 因此這個區域還維持著很傳統的移墾社會生活圈。

圖 10-5 下圭柔祈福保生宮
圖片來源：李其霖攝於 2017 年 3 月 5 日。

---

[779] 新北市淡水區義山里四鄰下圭柔山 4 鄰 28 之 1 號。

[780] 蔡瀛口述，李其霖報導，2017 年 3 月 5 日。

[781] 蔡瀛口述，李其霖報導，2017 年 3 月 5 日。

伍、結語

　　淡水是臺灣北部地區的主要移民港口，因此要移民至臺灣北部，通常都是由淡水港進入。早期來到淡水的移民者主要以泉州三邑居民為多，但因時間晚、近不同，爾後的淡水開港，讓移民來臺的結構改變，因此泉州三邑以外的地區也逐漸移民至淡水，但這些移民者居住的地區，就並非在淡水街內，而是到街區以外的山頂了。如來自金門的蔡姓家族即到下圭柔山區一帶，興化府移民至興化店，永定移民則至鄞山寺一帶。

　　這些移民至淡水者，如果他們移往街市以外的區域，則保持傳統宗族聚落的時間較長，淡水街內雖以泉州三邑人為多，但因淡水是港口，是貿易地區，商賈林立，許多非三邑人士亦到淡水港周邊開鋪做生意，因此來自同祖籍地的狀況慢慢淡化。這部分可以從福佑宮及淡水龍山寺建廟時的信眾捐獻了解，除了三邑人以外，業有來自其他區域的信徒。反之，在鄞山寺周邊或者祈福保生宮附近之住民，他們比較能保留完整的移民聚落。

　　移民人口的增加與當地行政區的建立，以及軍事機構的提升有很大關係。八里坌巡檢由八里移往淡水，加速了淡水地區的人口移入。滬尾水師營的設置，強化了淡水地區的治安，讓移民者多份放心，因此移入的住民逐漸增加。這些官方機構的設立，與移民開發史有著密切關係。

　　然而，淡水倚山伴海，靠近海的這一側，屬於港口區域，因此除了來自三邑的移民者之外，自然也吸引許多商賈進來從事各種買賣，所以這區域的族群發展較為多樣。此處的宗教信仰自然也吸引原鄉族群以外的住民信俸，宗教社會的發展較為多樣。其他比較靠近淡水山區的聚落，因產業經濟變化不大，較少能夠吸引同族群以外的人移入，因此部分地區還可以看到群聚的宗族聚落，這部分也都能由當地的信仰廟宇了解狀況。

第十一章
淡水的戰爭與傳說敘事

在清法戰爭滬尾之役的戰爭過程中，無論是清軍或法軍都有不少的傷亡，淡水人為了撫平亡者，於每年農曆 8 月 20 日，在沙崙一帶的居民都在當天下午自行在家門口舉行祭拜儀式，持續至今。再者，於淡水竹圍地區，亦有數個民眾受到亡靈託夢，故興建廟宇進行祭拜，這都是戰爭後所衍生出的宗教活動。本文將以清法戰爭滬尾之役為例子，闡述戰爭後的祭祀活動、民俗傳說與民間信仰的結合之互動情況。

壹、前言

發生在淡水的戰爭有數起，如十七世紀的西荷之戰、康熙年間的鄭盡心事件、嘉慶年間的蔡牽事件、光緒年間的清法戰爭，其中清法戰爭的影響最大。清法戰爭在滬尾地區雖然只有兩場戰役，發生的時間相當短暫，但確讓當地居民留下相當深刻的印象。這兩場戰役分別是發生在 1884 年 10 月 2 日，以及 1884 年的 10 月 8 日。第一場戰役為砲彈轟擊，當時的淡水居民已經有所準備，加上傳說中的媽祖、清水祖師、觀音菩薩、蘇府王爺等的助陣，讓淡水居民的傷亡甚少，但實際數目並不可考。此場戰役影響比較大的是建築物的毀壞，但留下來的砲彈卻讓不少人獲得意外之財。[782]

---

[782] 周明德，《海天雜文》（板橋：台北縣立文化中心，1994），頁 94。

　　第二場為陸戰，亦是肉搏戰，雙方短兵相接，近距離作戰，因此死傷人數較多，清軍和法軍的傷亡數量總計約 300 多人上下。[783] 但因戰場集中在沙崙地去，戰況激烈，死傷慘重，對當地居民造成難以抹滅的深刻記憶，深深地烙印在他們心中。為了讓死去的清法所有將士獲得慰藉，遂倡導當天祭拜活動，以安慰祂們和居民，這個祭祀活動也因此成為當地民間信仰的一環。

　　然而，隨著戰爭的記憶越遙遠，對這場戰役理解的人也就越來越少，再加上現今人們工作相當忙碌，難以兼顧，常常無法請假準備祭拜的菜飯，使得拜拜的人越來越少。

貳、滬尾之役的戰況

　　清法戰爭由安南（越南）事件所引起，雙方為爭奪越南權利所展開的戰爭。法軍目的除了佔有越南之外，也想乘機發動戰事後打敗清軍，獲得清廷賠款。但戰爭情況只能按照最壞的劇本進行，所以才將戰線從廣東、廣西一帶，拉到浙江、福建及臺灣海域。滬尾之役的發生，主要是法軍攻破馬尾船廠之後，清軍尚不願意賠款，因此只能佔領某處，再增加談判籌碼。除了攻打基隆，也試著攻打滬尾，如能佔領就能提高談判身價，這對法軍有利。

　　清法戰爭滬尾之役主要發生在兩個時間點，第一個時間點是 1884 年10 月 2 日，當天清晨清軍砲臺先轟擊法艦，法艦被攻擊之後馬上反擊，但初期因視線不好，無法有效的攻擊清軍。待視線好轉之後，法艦很快的轟垮滬尾的兩座砲臺。法軍此次轟擊應屬被動，但法軍攻擊滬尾也是遲早的事。法軍砲擊完後本應進行陸戰，破壞水雷營，再控制淡水河，但淡水地區連續幾天的下雨，使得法軍無法進行登陸作戰。

---

[783] 根據目前解讀的資料顯示，法軍 17 死 49 傷，清軍約 300 人傷亡。

　　第二個時間點是在 1884 年 10 月 8 日（光緒 10 年 8 月 20 日），當天凌晨天氣和海象逐漸穩定，指揮官李士卑斯傳令於 9 點進行登陸。登陸的 5 個中隊和 2 個水雷兵分隊，每人攜帶一日糧食，準備進行登陸。[784] 作戰方略是從沙崙登陸後，分別向新砲臺進攻，並將其催毀，之後再轉戰白砲臺，將位於旁邊的水雷點火線佔領，並引爆水雷後返回軍艦，全部路程約為 6 公里。[785]

　　法軍在前一天皆已經針對作戰方略進行了模擬，沙崙登陸戰的指揮官選定為馬汀中校（Martin），[786] 其對臺灣作戰已有相關之經驗。然而 8 號早上，馬汀的風濕病發作，無法進行指揮，所以改由雷諾堡號的艦長 Boulineau（布里諾）指揮。[787] 但 Boulineau 並沒有相關的登陸戰經驗，只能勉強接下這個任務。雖然如此，法軍每個人都充滿信心。法軍本次的陸戰目的並不在於佔領滬尾，只是摧毀炮臺和引爆水雷為優先，因此陸戰部隊並沒有攜帶太多的彈藥，每人約帶 100 發子彈，[788] 法軍認為這樣的武力應該足以震攝清軍。

　　法軍登陸滬尾人員共 600 名，除了從貝雅德號調來 120 名士兵以外，其他皆為在淡水外海各軍艦之人員，如拉加利桑尼亞號 120 名，貝雅德號 120 名，凱旋號 100 名，德斯丹號和雷諾堡號共 130 名，瞻號和杜居土路因號 130 名。[789] 法軍從 10 月 8 日早上 6 點開始準備，9 點 35 分，開始乘坐小船到沙崙海灘外列隊，9 點 55 分正式登陸作戰。至 10 點 10 分的登陸過程，相關的船艦給予火砲掩護，其中腹蛇號距離清軍最近，火力支

[784] Eugene Garnot, L'Expédition française de Formose, 1884-1885, p. 53. 根據當時日曆記載，當天是寒露，代表著秋天結束，冬天來臨，滬尾外海溫度似乎較低溫。

[785] Eugene Garnot, L'Expédition française de Formose, 1884-1885, p. 53.

[786] Martin 為法國軍艦拉加利桑尼亞號的副艦長，也是 1884 年 8 月對基隆進行登陸戰的指揮官。

[787] Loir, Maurice, L'Escadre de l'amiral Courbet, notes et souvenirs, p.168.

[788] 法國海軍部檔案，〈遠東艦隊總司令孤拔致海軍及殖民地部長〉，1884 年 10 月 18 日發文。

[789] Loir, Maurice, L'Escadre de l'amiral Courbet, notes et souvenirs, p.167.

援也最多。[790]

　　在黃槿樹林埋伏的清軍等待法軍到來，11 點 30 左右，槍戰在法軍右側展開，而且越來越激烈，旋即法軍左側部隊也受到攻擊。進入沼澤地之後，法軍受制於地形以及清軍火力壓制和包圍。法軍趕緊協防，第四中隊支援第一、二中隊。此時第三中隊也與清軍展開槍戰。第五中隊和第四中隊聯合起來，向東北方的清軍開火。因雙方部隊近在咫尺，於 10 分鐘之內，在 1500 公尺長的戰線相互齊射，法軍全數皆位於此戰線上。隨著雙方的距離不到 100 公尺，雙方瘋狂掃射，Boulineau 認為射擊太過於密集，怕彈藥快速用罄，囑咐喇叭手傳令停止射擊，但該員已重傷倒地，只能用口頭方式傳達，[791] 但為時已晚。

　　此時，法軍右翼方面從白砲臺方向衝出許多清軍，要進行包圍，但法軍插上刺刀衝擊，才免於受到圍堵。同時間法軍左翼亦被清軍突擊，第五中隊幾乎要被包圍了。從城岸退下來的第三中隊剛好支援第五中隊，避免第五中隊被殲滅。一小時後，法軍彈藥已經使用約三分之二。受傷人數逐漸增加，傷兵的運送，感覺像是在撤退。第一中隊指揮官 Fontaine 上尉、第二中隊指揮官 Dehorter 上尉、第三中隊 Deman 少尉皆負傷，退出戰場。[792]

　　當部分法軍逐漸退出戰場之後，法軍人數明顯不足，這時法軍左翼又開始槍聲大作，法軍擔心清軍已從左翼包圍，第五中隊亦被從左方過來的清軍切斷戰線，情況相當危險。這時後右翼已經開始撤退了，逐漸往左翼這邊靠近，此時彈藥快要用完了。[793] 部分法軍甚至用完所有子彈，只能上刺刀衝鋒，可見法軍已經無能力再繼續作戰了。

　　登陸戰經過一個半小時之後，亦即是 11 點 30 分，就已經有傷兵在沙

---

[790] Loir, Maurice, L'Escadre de l'amiral Courbet, notes et souvenirs, p.169.

[791] Eugene Garnot, L'Expédition française de Formose, 1884-1885, p. 54-55.

[792] Eugene Garnot, L'Expédition française de Formose, 1884-1885, p. 55. Fontaine 上尉在撤退過程中被清軍割去頭顱。

[793] Eugene Garnot, L'Expédition française de Formose, 1884-1885, p. 55.

灘旁邊準備登船運送。11 點 45 分，一名法軍抵達到港口的石臺上作出手勢，表示彈藥已經用罄，必須趕緊撤退。[794] 中午 12 點 30 分，法軍已經開始走到岸邊準備撤退，至下午 1 點 30 分，法軍全軍離開沙崙海灘，[795] 完成撤離。在撤退的過程中，因為法軍倉促離開戰場，沒有依照先前計畫的方向進行，乃至有點凌亂，最後，在第一中隊拉加利桑尼亞號和第二中隊凱旋號的士兵，擔任掩護撤退任務，才能夠順利的離開戰場。

當士兵至沙崙海灘時，風浪開始變大，船舶無法靠近，士兵必須走到登陸艇，而潮水幾乎都淹到了脖子，此時腹蛇號在旁邊進行攻擊，也幫忙掩護撤退。[796] 在撤退中有一挺 canon-revolver 掉落於沙崙，[797] 遺留在戰場上。法軍最終退出滬尾，不再進行登陸，改以封鎖為主。這個封鎖一直到 1885 年 6 月，法軍嚴密的在臺灣西部海域進行監控，即便是外國船也需要詳細盤查，甚至要或得指揮官的同意才能放行，如馬偕（George Leslie Mackay, 1844-1901）本於 1885 年 4 月 15 日乘船至淡水，但被在淡水的法艦發砲警告，最後將船駛往澎湖，於 4 月 17 日拜會孤拔（Anatole-Amédée-Prosper Courbet, 1827-1885），經過孤拔同意後，於 19 日才順利在淡水上岸，[798] 顯見法軍嚴格執行封鎖令。

參、滬尾拜門口

滬尾地區因為清法戰爭所進行的祭祀活動主要有兩個，第一個是俗稱的「敗滬尾」，根據周明德紀錄，敗滬尾的祭祀活動於每年的農曆 4 月

---

[794] Loir, Maurice, L'Escadre de l'amiral Courbet, notes et souvenirs, p.170.

[795] Loir, Maurice, L'Escadre de l'amiral Courbet, notes et souvenirs, p.171.

[796] Eugene Garnot, L'Expédition française de Formose, 1884-1885, p. 56.

[797] Eugene Garnot, L'Expédition française de Formose, 1884-1885, p. 56.

[798] 偕叡理，《馬偕日記 II》（台北：玉山社出版事業股份有限公司，2012），頁 61-62。

18 日下午舉行，[799]主要的地點在滬尾老街周邊。會選擇這一天進行祭祀，主要是 1885 年 5 月底之後，清廷與法國已經進行和談，因此居民認為法軍戰敗，和平將來，故舉辦祭祀活動以慰藉亡靈。另外根據林國峰的口述，依據其所獲得的資訊，4 月 18 日下午的祭祀活動與清法戰爭有關，滬尾居民都還會到他家買魚丸來當成拜拜的菜飯，[800]但這個祭祀活動的由來並沒有太多的詳細記錄，以傳說居多。

　　敗滬尾的祭祀活動，至今在淡水老街一帶還持續進行，但參與的居民越來越少，主要與經濟社會變遷有很大關係，再者，因為工商時代，大家都有工作比較忙，因此少有人請假專程進行祭祀活動，主要還是以自家做生意的人為主，他們比較有時間進行這樣的活動。另外一方面，年輕人對於歷史事件的了解越來越有限，因為時間也久遠，並沒有太多印象和交集，自然減少祭祀活動。

　　另一個滬尾地區的祭祀活動「拜門口」，則主要活躍於今淡水沙崙一帶，約在沙崙路、淡海路周邊，猶以沙崙保安廟為中心的區域為熱區。這個祭祀活動的始末，根據沙崙王月蓮女士的口述訪談內容得知，她的祖先跟她說，於每年農曆 8 月 20 日下午於沙崙地區進行的拜門口祭祀活動主要是因為清法戰爭時期，沙崙地區，尤其是瓦店埔一帶，陣亡的將士相當多，這些陣亡的將士變成孤魂之後，對於居民造成很大的困擾，開始有人進行這個祭祀活動。[801]

---

[799] 周明德，《海天雜文》，頁 100。

[800] 林國峰口述，李其霖報導，2020 年 7 月 21 日。

[801] 王月蓮口述，李其霖報導，2020 年 7 月 8 日。

圖 11-1 沙崙保安廟訪談人員照片
圖片說明：前排中間白髮者為王月蘭女士，照片攝於沙崙保安廟，2020 年 7 月 8 日。

　　這個祭祀習俗在當年的沙崙地區也算是一個重要的活動，幾乎家家戶戶於門口皆要設置案桌進行祭祀。時間大概從中午過後開始進行，但並沒有特別規定。祭拜的菜飯品項則是依照居民喜好準備，有的素食素果，有的有魚有肉，也有住戶會準備酒，也有住戶不準備飲品。這些菜販數量通常以十道菜為主要，在祭拜完之後也會燒銀紙 [802]，完成整個儀式。[803] 另外，如是外地搬到沙崙的人，大部分都不會有祭祀活動，因為沒有特殊因緣，主要還是以當地人為主。[804] 這個習俗的發想，與保安廟的清水祖師點醒當地人，要進行祭祀活動，才能保平安有很大的關連性。因此保安廟的清水祖師，在這個活動的舉辦上，扮演了一個重要的角色，才讓當地持續百年活動不間斷。

---

[802] 如掛金、金衣、銀紙。

[803] 王月蓮口述，李其霖報導，2020 年 7 月 8 日。

[804] 唐蔡美子女士口述，李其霖報導，2020 年 7 月 8 日。

　　從外地嫁到當地者也必須要入境隨俗，張寶愛女士嫁到沙崙之後，就跟著她的婆婆一起拜拜，婆婆幾乎所有的祭祀活動都不缺席，自己也會幫忙準備祭祀的菜飯，通常有熟蛋、滷肉、青菜、雞肉等等。大概在下午三點過後進行祭拜活動，約一個小時之後結束。然而她對於這個拜拜的習俗所知有限，也不敢問太多，所以無法了解較詳細的歷史脈絡。這個祭祀活動在她婆婆往生之後不久也就沒有繼續進行了。[805]

　　滬尾拜門口的活動，越往現在，越少人進行，主要是當地將這個習俗與農曆七月的其他祭祀活動統一進行，並且請法師來主持祭祀儀式，所以居民在自家門口的祭拜活動，改為集中於廟裡進行。[806]黃繁光在數年前進行田野調查時，發現在靠近沙崙海邊一帶有個姓駱的家族，她們還有在拜門口，也可以看到旁邊亦有幾戶人家同樣進行，但當時並未詳細記錄下來。[807]如今沙崙拜門口的人越來越少，恐怕只剩下王月蘭女士一人了。

　　王月蘭為何至今還是繼續進行這個祭祀儀式，根據她的自述，除了她自己很喜歡拜拜之外，保安廟的祖師爺曾經跟她託夢，要她繼續拜拜，身體才會更好。另外一個原因，則是她的兒子在當天出生，所以他一定會記住這一天的時間，也因此從她開始拜門口至今都持續進行。[808]王月蘭的恆心和毅力確實相當不容易，她認為只有不斷的拜拜，也才會有健康的身體。

　　除了祭祀活動之外，也有一些民間習俗流傳，因為滬尾之役是清法戰爭獲得最重要的戰役之一，對當地人來說甚為重要。爾後當地居民將此役視為重要之對外作戰的勝利，因此衍生出許多歌謠流傳著。如清代開始有民間諺語，西仔來打咱臺灣，大家合齊來打番。內容主要說明清法戰爭時期，在臺灣的百姓團結一心，共同來對抗法蘭西人，最後把他

---

[805] 張寶愛口述，李其霖報導，2020 年 7 月 16 日。

[806] 王月蓮口述，李其霖報導，2020 年 7 月 8 日。

[807] 黃繁光口述，李其霖報導，2020 年 9 月 29 日。

[808] 王月蓮口述，李其霖報導，2020 年 7 月 8 日。

們打敗。

　　淡水出有孫軍門，就叫李鼓公來談論，議論港口真無穩，就叫紀清源買破船，滬尾 thūn 到八里坌，不驚法國鐵甲船。按，thūn，臺語屯，是指填港的意思。「李鼓公」下拉一箭頭補註曰：「督水館，koán 庫銀」。koán 應是臺語「管」的發音。所以可以確定「李鼓公」指的就是李彤恩。[809]

　　約翰陶德 John Dodd 也於 1885 年 6 月 11 日 -13 日記載：「孫開華將軍熱衷於本年在淡水舉行的龍舟賽，連駐守滬尾的官兵也都聚資共襄盛舉。往年扒龍船都在艋舺與大稻埕間的淡水河面舉行，今年為了慶祝去年 10 月 8 日擊敗法軍的捷仗，孫將軍特別指示在淡水碼頭附近水面舉行」。[810]

　　除了這些當地的歌謠之外，還有當時候流行的一些詩詞作品，只可惜在往後的運用並不普遍。如後海彊六首：

1. 閩嶠古巖疆，濱海誠天險。夫何鐵甲浮，草木皆血染。無乃持節臣，重寄殊叨忝。至今馬江頭，黃口知國玷。

2. 基隆一粟耳，浮在海之角。貔貅二十萬，大帥開帷幄。驀夜曳兵行，鐵城突舉碻。可憐小吏愚，哭民雙目瞀。

3. 澎湖不毛地，民漁魚以生。番戎豈好利，要為城下盟。倒海難湔浪，將軍竟立名！龐涓何足恤，祇是恤編氓！

4. 鎮海湔雄鍵，峽山勢寵縱。磊石可封關，何況兵佺倥？夷虜等猱升，鉛彈落堪啐。特詔勵元戎，元戎作百總！

5. 諒山居海嶠，時時瞰鬼戎。和議八條密，電詔百蠻通。壯士北仍戰，將軍死亦雄！原上離離草，猶餘腥血風。

---

[809] 《教會史話》671〈馬偕好友李高公〉一文指李高公就是李彤恩，「李高公」與「李鼓公」閩南語發音相近。馬偕日記應該是用羅馬拼音，所以有不同寫法。李彤恩代官方（劉銘傳）償付清法戰爭期間教會損失一萬銀元給馬偕，並無折價或從中苛扣，所以馬偕認為李是個「公正」的人。〈馬偕好友李高公〉文見 http://www.laijohn.com/book7/671.htm（2019 年 3 月 3 日）。

[810] 陶德，《北臺灣封鎖記》，頁 138。

6. 十二金牌事，於今復見之。黃龍將痛飲，花目忽生期。戰骨纍纍在，秋風颯颯吹。莫論交趾役，故壘有餘悲。[811]

肆、碩果僅存的習俗

　　淡水地區的「拜門口」習俗活動至今已經 139 年，隨著逝者已矣，社會環境變遷等因素，至今只剩下王月蓮女士尚在持續進行這個祭祀習俗。王月蓮是土生土長的淡水人，就讀淡水文化國小，小時候常與母親到淡水海邊撿拾珠螺，再到市場販賣維持家計。因為撿拾珠螺的關係，所以上課時常遲到，但老師可以諒解並沒有責罰她，也讓她順利讀完小學。[812]

　　往後王月蓮開始從淡水批發海產，如土魠魚、蝦子、魚丸、魚酥，獨自一人至臺北國父紀年館、永和、景美等地進行販賣，生意相當好。王月蓮認為，她之所以會做生意，就是祖師公、媽祖保佑。因此她幾乎每天都會到廟裏面拜拜，感謝神明保佑她可以順利做生意。[813] 此外，有任何的身體病痛，也都到廟裏面解讀迷津，最後也都能順利的找到好醫生，保佑平安。[814]

　　拜門口的習俗活動，是王月蓮從小到大必須要進行的工作，以往跟隨長輩拜拜。因為她好學不倦，能夠理解拜門口的由來，往後她獨當一面的時候，就由自己一手籌備，但還是遵行古禮，在每年農曆 8 月 20 日中午過後就準備菜飯，約下午 3、4 點進行祭拜活動，約一個小時結束。

　　2020 年 10 月 6 日，亦是農曆 8 月 20 日，是拜門口習俗 136 年，然

---

[811] 李光漢，《後海疆六首》，佚名，《中法戰爭資料》收於近代中國史料叢刊（臺北：文海出版社，1966），頁 191-193。

[812] 王月蓮口述，李其霖報導，2020 年 7 月 8 日。

[813] 王月蓮口述，李其霖報導，2020 年 7 月 8 日。

[814] 王月蓮口述，李其霖報導，2020 年 7 月 8 日。

而沙崙地區幾乎沒有人再進行這個習俗了。當天，進行了沙崙地區幾條道路的田野調查，並沒有發現有人進行拜門口儀式，只有居住在淡海路180巷的王月蓮在其家門口擺著香案進行祭祀儀式。王月蓮在當天下午即開始準備祭拜的物品，4點準時進行。

在一般的情況下，至少都會準備10樣以上的菜飯，但菜飯樣式並沒有特別規定，由祭祀者自行決定。今年王月蓮準備超過10樣以上的菜飯請這些陣亡將士享用，希望它們可以溫飽，不要在外面閒晃，也是對這些亡靈的一個尊敬。王月蓮說，她拜門口都會準備至少10樣以上菜色，但不會準備酒，她認為拜好兄弟都不準備酒。從她搬到180巷之後也很少看到這邊的鄰居有人也一起拜門口的，這附近大概只有她一個人在拜。

整個祭拜儀式約一個小時後結束，與臺灣傳統習俗農曆七月拜好兄弟的情況大致相同。此次祭拜，除了王月蓮之外，並沒有其他家人參與，附近也是一樣沒有其他人進行這個儀式活動，傳統的文化活動幾成絕響。

伍、拿督元帥傳說

清法戰爭戰場主要是淡水地區的沙崙至現今淡水捷運站一帶，如果是登陸戰就只限於沙崙至瓦店埠周邊，亦即是中崙和沙崙之間。然而在淡水竹圍地區也有類似與清法戰爭相關的傳說，那即是竹圍鵬山七善公祠的故事。[815]

根據竹圍郭清泉里長的口述，七善公祠是一個祭拜亡靈的祠廟，即是俗稱的百姓公廟。爾後當地人，有數人看見在淡水河上有一位金髮的外國人，可能是法國人，他每每在河上飄著，當地居民認為這個亡靈與清法戰爭有關。因為有數人看見，因此有人倡議，是否要雕刻神像進行

---

[815] 七善公祠位於新北市淡水區自強路415巷34弄9號之一。

祭祀的活動，以慰藉亡靈。於是由七善公祠的相關人員，找來工匠，雕刻一尊居民所描述的金髮外國人之樣貌，將其放在七善公祠[816]內祭拜，持續至今。

　　而這個金髮神祉的故事來源去脈，至今甚不可考，說法各異，幾位七善公祠發起人年齡較大，已不常來到公祠。現今廟方人員和信眾對於這個故事也都所知有限，無法有較詳細的論述。雖然對其故事所知不多，卻是可以深究的一個議題。這個石頭雕刻像，但大家都稱其為拿督元帥，為何稱之為拿督元帥則不得而知。

圖 11-2 淡水竹圍鵬山七善公牌
圖片說明：鵬山七善公牌為旁的石頭雕刻像為拿督元帥
圖片來源：李其霖攝於 2020 年 9 月 16 日。

---

[816] 七善公祠則是早期在當地所發現的七個骸骨，居民將它們安葬後所興建的百應公廟。

圖 11-3 鵬山七善公舉辦法會情況
圖片說明：每年農曆 7 月 29 日為七善公祠的祭祀法會
圖片來源：李其霖攝於 2020 年 9 月 16 日。

　　現今，每年的農曆 7 月 29 日下午 2 點起，七善公祠會舉辦祭祀法會，按照佛教儀式進行。當地的里民或時常來七善公祠的相關人員皆自動前來進行祭拜活動。這個活動除了祭祀七善公以外，也祭拜拿督元帥，希望她們都能夠得到慰藉。這個祭祀活動大約持續 2 個多小時，參與人員約有 20 多人，大部分都是年長者或家管，並沒有年輕人參與。

　　另外根據當天參與的民眾說法，亦有人認為這個拿督元帥是荷蘭人統治臺灣時期的人物，但他們也並沒有特別的證據可以提供佐證。因此至今無法獲得更詳細的資訊，然而我們可以理解，當地居民對於這些遊弋的鬼神相當敬畏，也希望可以對他們進行妥善得照顧，除了保佑當地生活平安之外，也是對於這些亡靈的惻隱之心。

陸、結語

　　清法戰爭滬尾之役，雖然只有短短的三個小時不到，但對淡水的影響相當的深遠，如果軍民沒有同心，淡水一旦陷落，將影響北臺灣的安全，因此大家分工合作，保護了該地之安全。因為戰情相當緊張，時人對當時的狀況相當有感，也因此流傳許多的傳說故事。

　　在戰爭結束之後，如何恢復往日的生活，慰藉死去的亡靈，也是當地居民進行的活動之一。這些傳說故事的來源很多並不可考，無論其真偽如何，但相信這些居民的自動自發無非是希望這些亡靈能獲得更好的照料。因此在家門口擺香案祭祀，或到廟裏面、萬善公祠統一祭拜，都是對死去人員的一種尊敬和關注的習俗。

　　淡水地區的這兩個與清法戰爭有關系的祭祀活動，已經逐漸的被大家所遺忘，一般人對這個祭祀活動的歷史意義所知有限。隨著現代生活的改變，人們工作上的忙碌，很多宗教活動和習俗逐漸精簡化，如沒特別去了解，也就會慢慢淡忘。然而實際祭祀活動也許慢慢消失中，但這樣的故事內容應該要妥善的保存下來，傳頌於鄉野里民之中，彰顯對於歷史文化的重視。

第十二章
清法戰爭滬尾之役

壹、戰前工事

　　劉銘傳來到臺灣之前，北臺灣的海防是空虛的，無論是水師或陸師的協防人數或者是武器配備皆無法鞏固海疆，因為實際上防守臺灣的綠營軍已經在太平天國期間崩壞，這時臺灣的防軍主要以團練為主。此時駐防在臺灣的團練人員數量有限，所以也只能再借調各地湘、淮軍、勇營來到臺灣固防。劉銘傳在奏摺上提及，「臣渡臺時隨帶親兵一百二十名。其次，臣孫開華三營、曹志忠六營，每營精壯祇三百餘人。當由臺南調來章高元淮勇兩營。其時臺南疫癘盛行，兵丁多病，僅來五百人。嗣又添調巡緝營一營。合之劉朝祜百餘人、張李成土勇一營，統計基隆、滬尾兩處共祇四千餘人」。[817] 這樣的防禦人數只比法軍多一些，但肯定無法與法軍相抗衡。另外當時的臺灣根本已無可以作戰的水師，基本上以陸師為主，因此亦沒有戰船可以與敵軍進行抗衡，所以在防衛上是以陸師為主的設計防禦方式。

　　當時奉派至臺灣進行防務幫辦的劉銘傳至臺灣之後對於臺灣所有之軍政人員做了盤點，在僅有的兵源上，他認為應該妥善調配。他推估法軍將以臺灣北部為攻擊重點，應該將臺灣南部軍隊北調設防，如此更為

---

[817] 劉銘傳，《劉壯肅公奏議》卷二，〈謨議略／覆陳臺北情形請旨查辦李彤恩一案以明是非摺〉，頁140。

周全，其認為：

> 當時全臺防軍共四十營。臺北祇存署福建陸路提督孫開華所部三
> 營、曹志忠所部六營而止。臺南現無大患，多至三十一營。南北緩急懸
> 殊，輕重尤須妥置。臣舊部章高元武毅兩營，現經飭調北來，作為護
> 隊，其餘尚須審擇將領，徐整戎規，固非一時所能猝辦。[818]

雖然劉銘傳如此規劃，但也不能把所有的軍隊調來北部，否則法國
船艦很快的又可以佔領其他地方，當然也會包括臺灣南部。所以只能從
南部調來一部分軍隊，再從內地各省增援部隊，如此才能有效的防衛
臺灣。

滬尾之戰前，法軍已先在基隆開戰，也佔領部分基隆沿海要塞，部
分法軍繼續留在基隆，因為他們要繼續控制戰場，並非所有法軍皆來到
滬尾。在此情況下，法軍可以從基隆增調至滬尾的兵力有限，乃至進攻
沙崙時，也必須有部分人員留守在軍艦上，所以滬尾之役法軍參戰人
員，實際上只有 600 名。雖說如此，清軍這邊情況也不是很樂觀，原來駐
防在淡水的軍隊就相當有限，除了以孫開華為主力的湘軍擢勝營三營之
外，還有李彤恩招募的一營勇營 500 人由張李成指揮。柳泰和一營和土勇
100 人，砲勇 100 人，臺北招募之土勇 300 人。劉朝祜銘軍兩營。估計滬
尾清軍全部應該有 4,000 人。此外亦有自行加入戰鬥行列的客家人，他們
自行攜帶火藥參與，[819] 這方面的人數並無完整記錄。

在法軍方面，原本在滬尾地區只有四艘船（拉加利桑尼亞號 La Galis-
sonnière、凱旋號 Triomphante、 德斯丹號 D'Estaing、腹蛇號 Vipere），他
們在這區域進行偵察工作，9 月 26 日（光緒 10 年 8 月 8 日），腹蛇號還
曾經想阻止英艦進入淡水河。[820] 在滬尾戰爭之前，孤拔又從基隆調來三艘

---

[818] 劉銘傳，《劉壯肅公奏議》卷三，〈保臺略／恭報到臺日期並籌辦臺北防務摺〉，光緒十
年六月初四日臺北府發，頁 165。

[819] 葉振輝，〈西仔反淡水之役〉《淡水學學術研討會 - 過去現在未來》，1998 年 12 月，頁
143。

[820] Loir, Maurice, L'Escadre de l'amiral Courbet, notes et souvenirs, par Maurice Loir, Paris,

船（度居土路因號 Duguay Trouin, 瞻號 Tarn, 雷諾堡號 Château Renault），總共七艘船，準備對滬尾發動攻擊。當時在滬尾的指揮官是李士卑斯，拉加利桑尼亞號為其指揮艦。

　　法軍船隊來到淡水外海之後也必須自我防衛，避免受到清軍設置在滬尾砲臺的攻擊。因此船舶灣泊之位置與砲臺之距離需要謹慎的計算完成，才能免於遭到清軍砲臺襲擊。根據法軍測量後所得到的數據，法艦必需和新砲臺保持 3,400 公尺距離，與白砲臺保持 2,500 公尺距離，[821] 如此才能在清軍砲臺的射程之外，但又可以隨時的攻擊滬尾。另外依作戰謀略來看，法軍船隊列成一字型，便於使用齊射方式進行攻擊，有利於艦上火砲之運用，讓火力發揮到極致。

　　清軍在淡水的防務以守勢為主，因為在海上無任何水師戰船可以與法艦相抗衡，只能進行陸戰。於此情況下，只能運用地利之便，進行防務之規劃，等待法軍登陸時將其擊潰。選擇陸戰之後，滬尾的防務主要有兩個重點，第一就是阻塞淡水河口，避免法軍直接進入淡水河，形成火網交叉，攻陷滬尾，甚至直接佔領臺北。第二就是了解滬尾地區可以登陸的沿岸區域，法軍勢必會尋找地點登陸。因此防守方只要鞏固這兩個區域防務，就有機會守住滬尾。最終，清軍依照這兩個方向執行，淡水河口已被封鎖，法軍不得其門而入，因此從沙崙海岸登陸成為唯一的選擇。

　　清軍方面，於戰爭前，臺灣道劉璈（?-1889）就建議，應請由曹志忠（1840-1916）提督就近勘查，其滬尾、油車口、八里坌等處營房，均可從緩修建，以節縻費。[822] 鞏固陸上砲臺、關城，以及修建各種防禦工事，是目前應該積極進行的。因此這些營房在時間有限的情況之下進行了修繕。

　　在法軍方面，法軍攻打滬尾之前，本可以制敵機先，不過因為法國

BERGER-LEVRAULT, 1886, p.184.

[821] Eugene Garnot, L'Expédition française de Formose, 1884-1885, p.49.

[822] 劉璈，《巡臺退思錄》〈詳明臺北各處營房應否修理并調鎮海綏靖各營回臺南分防由〉，頁 127。

政府的決策並不明確，因此使得駐防在滬尾的清軍得以利用短暫的時間
進行防禦工作。清軍的作戰準備主要以防禦為主，並非積極進攻之勢，
因此可以集中心力進行防禦部署，才有機會可以抵抗法軍。當法軍來到
滬尾時，此地的戰場，已有非常完善的準備。法國水手看到的情況是，
「整片海岸有很好的防禦機制，至今我們的阻礙都來自於法國政府，這讓
清帝國有時間去購買武器彈藥。事實上，我們若開始攻擊勢必會失去眾
多人員」。[823] 由此可見，清軍事先的準備得當，確實是這場戰爭獲得勝利
的重要關鍵之一。

　　在淡水居民的撤退方面，1884 年 9 月 11 日（光緒 10 年 8 月 22 日），
英國砲艦金龜子號（H.M.S. Cockchafer）來到淡水。《倫敦時報》特派記者
Colhown 和英國船 （梅林號 Merlin ship）船長來拜訪馬偕，[824] 但同一天，
許多淡水的富商和僑民搭乘多麗塔船離開。[825]10 月 12 日，黎約翰牧師
（John Jamieson, 1883-1891）、馬偕夫人和小孩離開淡水。[826]10 月 21 日（光
緒 10 年 9 月 3 日）馬偕搭乘福建號離開淡水至廈門。[827] 其他來不及撤退
的人，就只能留在滬尾。因此從海關碼頭往臺北的方向看去，可以看到
一些臺灣船的桅杆，[828] 顯見這些中式帆船，皆在鼻仔頭一帶的地區停靠。

一、土堤的興建

　　土堤（earthwork）亦稱為城岸。為了阻擋法軍登陸作戰，清軍除了加
強原有的砲臺、營房等軍事設施之外，亦增加了土堤的興建。其目的是
阻擋法軍於土堤之外，延遲法軍進攻策略。土堤的興建最後消耗許多法

---

[823] 季茉莉譯註，《北圻回憶錄：清法戰爭與福爾摩沙》（台南：國立臺灣歷史博物館，2013），頁 263。

[824] 偕叡理著，王榮昌等譯，《馬偕日記 1871-1901》第二冊（台北：玉山社出版事業股份有限公司，2012），頁 28-29。

[825] 陶德著，陳政三譯，《北台封鎖記：茶商陶德筆下的清法戰爭》，頁 32。

[826] 偕叡理著，王榮昌等譯，《馬偕日記 1871-1901》第二冊，頁 30。

[827] 偕叡理著，王榮昌等譯，《馬偕日記 1871-1901》第二冊，頁 31。

[828] Lise Boehm, China Coast Tales, cheng we publishing company, Taipei, 1972, P.7.

軍彈藥，也是導致法軍撤退的原因之一。

　　土堤即目前稱之的城岸遺址。城岸遺址乃清代本地官民與駐地兵士，為防法軍進入滬尾所築的防衛設施。目前以後備學校段最高 4 公尺，沙崙停車場約 3－4 公尺，太子宮區域約 3 公尺，百姓公區域約 2 公尺。[829] 在清法戰爭期間，既然法軍有可能登陸淡水，就必需興建一些阻擋設施來防範，減緩他們的攻勢。除了城岸遺址之外，清軍在在新砲臺前面，有天然的土堤掩護，附近也挖了很多士兵躲藏的坑洞。[830] 另外章高元亦讓滬尾駐軍進行暗穴的修造。[831]

　　這個阻擋法軍進攻的城岸可能長達 1,500 公尺，在沙崙登陸戰時，法軍看到清軍在城岸邊展開射擊，而且參戰清軍數量相當多。[832] 當時雙方距離大約是 100 公尺，就在此區域進行攻防。[833] 也因為雙方互相攻擊激烈，消耗了法軍許多彈藥，最後也導致法軍之撤退。

　　另外，根據《滬尾街》的記錄，城岸的寬度約 4 公尺，高度約 2 公尺半，頂寬約 1 公尺，往海這邊傾斜。城岸又分外岸和內岸兩條，[834] 外岸長 2 公里，北起港仔平，經沙崙，至中崙，內岸較短，約 1 公里，從新砲臺向北延伸，到大庄埔。沙崙海水浴場前有幾個高起的土丘即是外岸遺跡，淡水高爾夫球場內亦有一些遺跡。[835] 這些遺跡反應當時候清軍在進行防務之規劃策略。

---

[829] 張崑振，《新北市歷史建築清法戰爭滬尾古戰場城案遺址修護或再利用計畫》（新北：新北市政府文化局，2015），頁 60。

[830] 陶德著，陳政三譯，《北台封鎖記：茶商陶德筆下的清法戰爭》，頁 48。

[831] 《劉壯肅公奏議》卷三，〈保臺略／臺紳捐資募勇屢戰獲勝並各軍分守情形摺〉，頁 182。

[832] Eugene Garnot, L'Expédition française de Formose, 1884-1885, p.54-55.

[833] Eugene Garnot, L'ExpédiAtion française de Formose, 1884-1885, p.55.

[834] 外岸也稱為沙崙段，內岸稱為油車口段。陳國棟，〈清法戰爭期間淡水的防禦工事〉《博物淡水》第 11 期，2019 年 12 月，頁 27。

[835] 〈防衛長堤「城岸」〉《滬尾街》，第五期，1992 年 3 月，頁 12。

二、砲臺的興建

　　滬尾最早的砲臺是為 1629 年（崇禎 2 年），由西班牙人所興建的「聖多明哥城」，但西班牙人離開之後摧毀該城。爾後荷蘭人進入淡水，於 1644 年（順治元年）在該砲臺原址興建「安東尼堡」，即是現在的淡水紅毛城，亦稱為「淡水礮城」。[836] 嘉慶 13 年新建「滬尾砲臺」於淡水河口北岸，大致位於目前海關碼頭之位置。道光年間因鴉片戰爭之關係，臺灣道姚瑩建議修建滬尾砲臺。[837] 這個建議獲得閩浙總督顏伯燾的支持，復於滬尾添設石礮臺一座、雞籠礮臺改築石礮臺，左右添築石墻，併將督臣顏伯燾發運新鑄之八千勛大礮四門、六千勛大礮二門，分置安平及雞籠、滬尾三口，以期鞏固。[838]

　　同治年間因為淡水開港之因，淡水海口又增設砲臺，其位置大約在現今的中崙一帶。[839]1876 年（光緒 2 年），淡水又興建砲臺，這座新建砲臺位於沙崙，稱之為「沙崙砲臺」，應該就是清法戰爭，法國人所稱的白砲臺。[840] 在戰爭前，1884 年（光緒 10 年 6 月 12 日），劉銘傳來到淡水視察淡水之砲臺，見到李彤恩，並委任其兼辦滬尾營務處。[841] 當時的李彤恩為滬尾海關通商委員，[842] 他們商討如何進行淡水之防務。

　　因此在清法戰爭前，淡水河口只有白砲臺，但為了鞏固白砲臺，因此用泥漿建了兩座堡壘，作為掩護槍隊之用。[843] 當然這個砲臺最後還是讓

---

[836] 周宗賢，《淡水：輝煌的歲月》（臺北：臺灣商務印書館，2007），頁 23。

[837] 姚瑩，《中復堂選集》（南投：臺灣省文獻委員會，1994），頁 73。

[838] 姚瑩，《東溟奏稿》，卷之二〈雞籠破獲夷舟奏〉（南投：臺灣省文獻委員會，1997），頁 36。

[839] 周宗賢，《淡水：輝煌的歲月》，頁 27。

[840] 周宗賢，《淡水：輝煌的歲月》，頁 29-30。根據本計畫所收集的資料判斷白砲台應該是中崙砲台。

[841] 《清宮月摺檔臺灣史料》（五），光緒 11 年 2 月 7 日，劉銘傳奏，頁 4080-4093。李彤恩後來招募的勇營即為張李成部隊。

[842] 劉璈，《巡臺退思錄》〈再稟請將前呈團練章咨送總署察核以備據〉，頁 260。

[843] 季茉莉譯註，《北圻回憶錄：清法戰爭與福爾摩沙》，頁 115。

法軍摧毀。另一座砲臺，則是臨時興建的，可能位於現今的淡水高爾夫球場一帶，一般稱為新砲臺，也是油車口砲臺。這座砲臺是劉銘傳親赴滬尾之後，臨時督令孫開華所部趕造之礮臺，即令將雷、礮仍由萬利船運至基隆，[844] 但因法軍封閉基隆，這些砲無法上岸，因此這幾門砲就轉運至淡水。從陶德的記錄可以了解當時後之情況，8 月 2 日一艘德國軍艦萬利號（Welle）運來守軍所需要的砲彈、水雷、電報線等物品前往基隆，但被法艦阻止於外海，因此將物資轉往淡水卸貨。而這批砲械有十九門十七厘米砲、水雷等。[845] 這些大砲後來安裝在碼頭後方的山坡上，應是孫開華他們新蓋的砲臺。

根據法國及清國資料顯示，法國來到淡水河口，亦查覺滬尾砲臺只有兩座，一座是白砲臺（Fort Blanc），另一座是新砲臺（le fort Rouge, fort Neuf）。[846] 白砲臺即是中崙砲臺，新砲臺則是油車口砲臺，[847] 從新砲臺往淡水河方向前進即是油車口庄，當時後外國人興築一條路開往滬尾街。[848]

這些砲臺的狀況在海上可以清楚的看見，1884 年 10 月 1 日（光緒 10 年 8 月 13 日），法國軍艦在淡水洋面看到有近 1,000 名人員忙著修築新砲臺。但在砲臺的女兒牆上並未看見大砲，不過有看到一些起重機。另外可以清楚的看到白砲臺，砲臺四周堆著許多沙包，至少看到一門大砲的砲管。[849] 法軍相信這些砲臺的安裝，英軍出力不少。[850]

法軍進攻滬尾之前，滬尾砲臺（油車口砲臺）新造，尚未完工，僅能

---

[844] 劉銘傳，《劉壯肅公奏議》卷三，〈保臺略 / 敵陷基隆礮臺我軍復破敵營獲勝摺〉，頁169。

[845] 陶德著，陳政三譯，《北台封鎖記：茶商陶德筆下的清法戰爭》，頁 16。

[846] 季茉莉譯註，《北圻回憶錄：清法戰爭與福爾摩沙》（台南：國立臺灣歷史博物館，2013），頁 115。

[847] 陳國棟，〈清法戰爭期間淡水的防禦工事〉《博物淡水》第 11 期，2019 年 12 月，頁29。

[848] 葉振輝，〈西仔反淡水之役〉，頁 147。

[849] Eugene Garnot, L'Expédition française de Formose, 1884-1885, p.49.

[850] 季茉莉譯註，《北圻回憶錄：清法戰爭與福爾摩沙》，頁 257。

安礟三尊，保護沈船塞口。敵礟如雨，孫開華、劉朝祜飭張邦才等用礟還攻。礟臺新壅泥沙，不能堅固，被礟即毀，陣亡礟勇十餘人，張邦才負傷亦重。[851] 顯見，當時的滬尾砲臺並不穩固，因此很快就被法軍擊毀。

三、淡水河口的防務

清軍在淡水的作戰策略很早就已經規劃，因為他們能理解法軍的策略，另外就是清軍的兵力也只能防守淡水，淡水周邊地區範圍太大，清軍是無能力防守的。因此清軍估計法軍的作戰方式第一是法軍的登陸戰，其地點就只能選擇沙崙。第二是法艦直接進入淡水河，掌控大臺北地區。因此在淡水河口阻擋法軍進入就是另一個重點。

淡水港是進入臺北的重要門戶，一旦淡水失守，臺北地區再也無更好的防衛力量。所以如何阻止法國軍艦長驅直入淡水河，是件戰略上非常重要之事。雖然在淡水河口地區設置了兩座砲臺，但恐怕無法阻止法艦來襲，因此李彤恩建議直接將淡水河口封閉讓船隻無法通行，但他也認為，如此一來影響甚鉅，肯定遭到相關之貿易商反彈。因為洋商認為目前秋茶上市，如果關閉港口，將造成重大損失，因此恫嚇阻撓；經淡水關稅務司法來格諭以利害，多方開導，始得沉船封塞，並羈縻引港洋人弗為法人勾引。[852] 也因為李彤恩建議塞港，因此孤拔曾親坐三號兵船，至滬尾查探水道，並託英兵船代覓引港之人，[853] 但並未如其所願。此外，劉銘傳也建議，在海口添設浮樁八百個，[854] 阻擋法軍進入淡水河。

填石塞港的計劃在 1884 年 8 月以前就開始進行，在此之後船舶出入

---

[851] 劉銘傳，《劉壯肅公奏議》卷三，〈保臺略／法船併犯臺北基滬俱危移保後路摺〉，頁174。

[852] 《法軍侵臺檔》，〈軍機處交出劉銘傳請獎法船犯臺期間滬尾基隆兩關出力洋員〉，頁522。

[853] 劉銘傳，《劉壯肅公奏議》卷二，〈謨議略／覆陳臺北情形請旨查辦李彤恩一案以明是非摺〉，頁145。

[854] 劉銘傳，《劉壯肅公奏議》卷三，〈保臺略／臺紳捐資募勇屢戰獲勝並各軍分守情形摺〉，頁182。

都必須由引水人帶領。1884 年 8 月 9 日（光緒 10 年 6 月 19 日）海龍輪進港，萬利輪和福建輪（Fokien）出港，都是由守兵引水出港，以免誤觸水雷和石頭區。[855]9 月 1 日英國商館發出通告，清國官方通知英國領事館，要將淡水河口封堵，部分載石頭的戎克船已沉港道，但官方將提供領港員導引友善國船隻進出港道。[856]9 月 3 日，魯汀號（Lutin）至淡水偵察，發現淡水河口由一些載著石頭沉入水中的中式帆船阻擋無法進入，並看到淡水港內有英國船金龜子號（H.M.S. Cockchafer），魯汀號想對金龜子號用信號旗通話，但金龜子號回應，他們屬於中立船，不便透露任何資訊，[857]因此法軍無法從英國人手中獲得相關情報。

淡水河口已封堵之後，尚有部分外國船舶在淡水河內，在 9 月 1 日後留在淡水河的船隻尚有金龜子砲船、英吉勃汽船（Ingebory）、多麗塔雙桅帆船（Dorita 或 Dorette）及十三號運輸船（萬年青）。[858]黎約翰牧師也提到，清軍除了在淡水河口布置水雷之外，也有幾艘平底船用許多石頭沉入河中，要將河口封鎖。[859]9 月 4 日晚午夜，清軍通知港內各方，將進行封港，所有商船必須在阻隔線外卸貨，外僑可以選擇留在淡水或離開。[860]這時候金龜子號開往淡水外海，清軍則繼續用中式帆船載運石頭，再將船鑿沉，[861]使得淡水河道幾乎被堵塞而無法進出。如果真的要進出，就必須有引水人帶領，因為尚有一個水道是可以通行的，否則很難順利的通過河道。而這個通道，法軍已經能夠掌握，而且法軍認為可以輕鬆通

---

[855] 陶德著，陳政三譯，《北台封鎖記：茶商陶德筆下的清法戰爭》，頁 18-19。

[856] 陶德著，陳政三譯，《北台封鎖記：茶商陶德筆下的清法戰爭》，頁 28。

[857] Eugene Garnot, L'Expédition française de Formose, 1884-1885, p.48.

[858] 陶德著，陳政三譯，《北台封鎖記：茶商陶德筆下的清法戰爭》，頁 28。

[859] 馬偕紀念醫院、淡江高級中學，《北台灣宣教報告 - 馬偕在北台灣之紀事 1868-1901》第二冊（台北：明燿文化事業有限公司，2015），頁 201。黎約翰牧師寫給沃卓牧師 Wardrope 的信件，1884 年 9 月 1 日。

[860] 陶德著，陳政三譯，《北台封鎖記：茶商陶德筆下的清法戰爭》，頁 29。

[861] 偕叡理著，王榮昌等譯，《馬偕日記 1871-1901》第二冊，頁 27。

過。[862]

　　雖然清軍在 8 月前就開始進行塞港動作，但這個過程一直持續到 10月。因此在 1884 年 9 月 12 日（光緒 10 年 7 月 23 日），還可以獲得資訊，清朝官員繼續大量蒐購中式帆船裝載石頭塞港，傍晚金龜子船開進阻隔線後，他們就把出口全部封死。[863] 除了將河道用石頭阻隔之外，在內側再佈置十枚大水雷，每個水雷用引線牽引至岸邊，守軍可以隨時引爆。法國軍艦如果要進入淡水河就會被炸掉。[864] 這個黑色水雷一個大約有 500 公斤炸藥。[865] 這也就是法軍為何進行陸戰，而陸戰的首要任務就是控制水雷裝置，如取得淡水河口的主導權，就很容易進入淡水河，進而控制整個局勢。這些水雷，都是向歐洲其他國家買的，法軍船舶害怕遇到這些水雷，[866] 因為會讓他們損失慘重。

　　1884 年 9 月 26 日（光緒 10 年 8 月 8 日）腹蛇號來到淡水河口，看到淡水河口被阻塞的情況還在，英國船舶金龜子號則在淡水河內，無法駛離淡水。當時還有一艘英國輪船從上海出發，載著 150 名士兵進入淡水河，腹蛇號本來要去阻止，抓住中國士兵，但因為是英國船，所以並沒有這樣做，英國船還是可以自由出入淡水和基隆等地。[867] 由此可知，這些相關的情報在法軍要來滬尾之前就已經掌握清軍在淡水河口使用石頭來阻隔，讓船隻無法進入。[868] 另外，法軍已經獲得訊息，清軍用中式帆船的殘骸築了防線與魚雷艇的哨所，[869] 企圖阻止法軍進入淡水河。清軍於淡水

---

[862] Loir, Maurice, L'Escadre de l'amiral Courbet, notes et souvenirs, par Maurice Loir, Paris, BERGER-LEVRAULT, 1886, p.167.

[863] 陶德著，陳政三譯，《北台封鎖記：茶商陶德筆下的清法戰爭》，頁 32-33。

[864] Jean L. 著，鄭順德譯，Le mousse de l'Amiral Courbet，《孤拔元帥的小水手》，頁 45。

[865] Loir, Maurice, L'Escadre de l'amiral Courbet, p.167.

[866] Loir, Maurice, L'Escadre de l'amiral Courbet, p.91.

[867] Loir, Maurice, L'Escadre de l'amiral Courbet, p.161.

[868] Loir, Maurice, L'Escadre de l'amiral Courbet, notes et souvenirs, par Maurice Loir, p. 190.

[869] 季茉莉譯註，《北圻回憶錄：清法戰爭與福爾摩沙》（台南：國立臺灣歷史博物館，

河口以沉船及堆砌石頭於淡水河口，阻擋船舶進入，法國軍艦只能停泊淡水外海，距離新砲臺 3,400 公尺，距離白砲臺 2,500 公尺。[870]

　　1884 年 12 月 25 日（光緒 10 年 11 月初 9 日），劉銘傳奏報，法軍自滬尾之役戰敗後，憤恨益甚，還是時常唆使奸人探察水雷多寡，安置某所。聲言兵到必水陸俱攻。經孫開華拿獲奸探五人，訊明正法。冬天時淡水河水淺，法軍多以小船在外海等待援軍前來。因此陸續在海口添設浮樁八百個，以備不虞。陸路亦經孫開華、章高元督修暗穴，安設地雷。惟該處地形窪下，營、臺輒為船礮所摧。八月以來，兵皆露處。入春水漲，更難措置。[871] 顯見，滬尾之役結束之後，法軍並沒有完全放棄再度攻擊淡水，而清軍也沒有因此而鬆懈下來，相關的防務和保密防諜的措施亦繼續執行，然而，法軍在滬尾之役後就再也沒有進攻滬尾了。

貳、軍隊布署

　　滬尾守軍的組成主要以湘軍、淮軍為主力，之後再從各地招募來的勇營部隊，如張李成、黃宗河等。湘軍在清法戰爭前即已協防滬尾，此後陸續從臺灣各地調防相關部隊，不足之處再進行招募。守軍的布署分成南路、北路、左路。南路又分成三營，北路兵力四營，左路一營，前期布署之軍隊共八營。[872] 其中擢勝中、右、後營是孫開華於 1884 年（光

2013），頁 115。

[870] Eugene Garnot, L'Expédition française de Formose, 1884-1885（Paris: Delagrave, 1894），pp.49.

[871] 劉銘傳，《劉壯肅公奏議》卷三，〈保臺略 / 臺紳捐資募勇屢戰獲勝並各軍分守情形摺〉，光緒 10 年 11 月初 9 日，頁 182。

[872] 許雪姬，〈抗法名將孫開華事蹟考〉《臺灣文獻》卷 36，第 3、4 期合刊，1985 年 12 月，頁 245。

緒 10 年）於泉州乘坐永保輪船來到滬尾時一同前來的。[873]

　　新招募的部隊在 9 月初陸續來到滬尾協防共同抵抗法軍。1884 年 9 月 17 日（光緒 10 年 7 月 28 日），淡水地區聚集了許多由清政府所招募的山區客家人，他們拿著火繩槍，準備抵抗法軍入侵，這應該是臨時招募的勇營。[874] 另一方面，清軍從臺灣及中國各地調來援軍，準備防守滬尾，但法軍在滬尾周邊海域把關、封鎖，增援的部隊無法進入。根據劉銘傳奏報，滬尾大戰之前，在各區域進行分防之情況如下：

　　孫開華、章高元、劉朝祐等晝夜率軍，分伏海濱林莽，風餐露宿，不敢少休。二十日清晨，敵船忽散。孫開華決其勢必登岸，親督右營官龔占鰲伏假港，中營官李定明伏油車，別令後營官范惠意為後應。章高元、劉朝祐各率營官朱煥明等伏北臺山後，防襲我臺。李彤恩所募士勇張李成一營，伏北路山間。[875]

　　滬尾地區的軍隊布署，涵蓋了湘軍、淮軍、土勇等當時駐防臺灣之部隊。而章高元等部，是在基隆一戰結束之後才轉防滬尾。這樣的防範機制法軍早已獲得訊息，法軍知道他們會穿越灌木叢，而清軍可能在那邊進行埋伏。[876] 清軍的布署狀況，幾乎都能讓法軍所掌握。

　　然而法軍增援部隊由基隆來到滬尾之後，在滬尾的李彤恩等人趕緊發信給劉銘傳，請求馳援滬尾，因此才有曹志忠等部由基隆至滬尾支援。內容載：「我軍既退扼獅球嶺，立遣高元馳援滬尾，而自駐淡水策應。用知府李彤恩計，填石塞海口。彤恩宦臺久，有智略，然鬱鬱不得志，公一見奇之，數稱其才。彤恩於是言公，欲誘敵陸戰，非填石塞海口不可。公從之。彤恩因益進張李成。張李成者，臺灣人，任俠，喜結

---

[873] 國立故宮博物院藏，《孫開華履歷冊》。

[874] 陶德著，陳政三譯，《北台封鎖記：茶商陶德筆下的清法戰爭》，頁 34。

[875] 劉銘傳，《劉壯肅公奏議》卷三，〈敵攻滬尾血戰獲勝摺〉光緒十年八月二十四日臺北府發，頁 176。

[876] Loir, Maurice, L'Escadre de l'amiral Courbet, p.168.

交死士，人未之奇也，彤恩獨知之，言於公，使募士勇五百人」。[877]

　　而曹志忠等部隊的支援，確實更鞏固了滬尾防務。不過當時是否要徵調曹軍來滬尾，事後引起許多爭議而進行調查。最後李彤恩、劉璈等人受到懲處。當時信函載道，函致行營營務處朱道，力求爵帥趁法軍擺布未定，仍以曹軍六營專扼獅球嶺，為亡羊補牢要著。滬尾有孫、劉兩軍門及柳鎮、李守各大營，可期扼守。仍請爵帥隨帶章鎮各營，居中調度，首尾藉可兼顧。[878] 最後劉銘傳還是決定從基隆調軍過來滬尾。

　　因為基隆援軍的到來，使得滬尾的防軍增加至約 5,000 人。[879] 這與原來估算的 4,000 人稍多，亦有一說除了基隆調來兵丁之外，亦由他處來者，全部兵丁近 8,000 人[880] 之說。除了人數增加之外，清軍的武器和訓練也都有一定之水水準。根據淡水海關稅務使法來格（E. Farrago）的觀察，他認為孫開華部隊軍械優良，軍容甚佳，訓練相當有素，而他們所布署之地方地形崎嶇，佔有地利之便，[881] 可能因為指揮有方，因此才贏得最後勝利。

---

[877] 劉銘傳，《劉壯肅公奏議》卷三，〈卷首 / 書先壯肅公守臺事〉，頁 75。

[878] 劉璈，《巡臺退思錄》〈稟基隆失守大隊拔回臺北府城緣由〉，頁 285。

[879] 周星林、孫培厚，《孫開華評傳》（北京：中國社會科學出版社，2017），頁 120。

[880] 葉振輝，〈西仔反淡水之役〉，頁 150。

[881] 《法軍侵臺檔》上，頁 217。

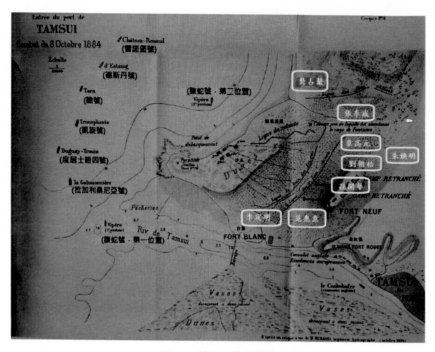

圖 12-1　清軍作戰布置圖
說明：依照法軍 1884 年地圖位置繪製

參、近身搏鬥

　　法軍於 1884 年 10 月 2（光緒 10 年 8 月 14 日），先對滬尾進行砲擊。[882]
此次砲擊是清軍先發制人，日後來法軍反擊，但因在濃霧及烈日照射之
下，砲擊並不順利。待天氣穩定之後，白砲臺和新砲臺陸續為法軍摧毀。
1884 年 10 月 8 日（光緒 10 年 8 月 20 日）法軍在滬尾的沙崙海域登陸，
約 4 小時後為提督孫開華、章高元所擊敗，退回艦上。[883] 1884 年 10 月 23

---

[882] 《法軍侵臺檔》上，頁 24。
[883] 《法軍侵臺檔》上，頁 25。

日（光緒 10 年 9 月 5 日）法軍封鎖臺灣西岸各港口。[884] 正式結束對滬尾之攻擊。實際上法軍登陸滬尾與清軍展開對陣，只在 1884 年 10 月 8 日當天，其餘時間法軍在滬尾地區並不再派軍隊進行登陸作戰。

一、沙崙登陸之戰

沙崙登陸戰主要是要搶下路上水雷的點火處，這樣法國軍艦才能進入淡水河。[885] 在沙崙的登陸戰之前，法國軍艦先對滬尾地區進行發砲震懾，企圖摧毀滬尾地區的相關軍事設施，降低清軍的反擊能力。而法軍選擇淡水河的北邊小海灣，也就是沙崙海灘登陸，李士卑斯跟 Martin 中校說，就是從這個地方爬上去。在軍艦上的火砲攻擊一段時間之後，確實滬尾地區滿目瘡痍，但直接影響清軍戰力相當有限。

法軍在前一天皆已經針對作戰方略進行了模擬，本次沙崙登陸戰的指揮官為 Martin 中校，[886] 其對臺灣作戰已有相關之經驗。然而 10 月 8 日早上，Martin（馬丁）中校的風濕病發作，無法進行指揮，所以改由雷諾堡號的艦長 Boulineau（布里諾）指揮。[887] 但 Boulineau 並沒有相關的登陸戰經驗。早上 6 點，各登陸人員已經開始準備，而且每個人都充滿信心。

沙崙登陸戰的時間本來定於 1884 年 10 月 6 日（光緒 10 年 8 月 18 日），然而 10 月 6 日和 7 日海象相當差，不利於登陸作戰。10 月 8 日凌晨（光緒 10 年 8 月 20 日）天氣和海象逐漸穩定，因此指揮官李士卑斯傳令於 9 點進行登陸。登陸的 5 個中隊和 2 個水雷兵分隊，每人攜帶一日糧食，16 包彈藥和預備藥莢。[888] 作戰方略是從沙崙登陸後，分五中隊分別向新

---

[884] 《法軍侵臺檔》上，頁 25。

[885] Loir, Maurice, L'Escadre de l'amiral Courbet, notes et souvenirs, p.166.

[886] Martin 為法國軍艦拉加利桑尼亞號的副艦長，也是 1884 年 8 月對基隆進行登陸戰的指揮官。

[887] Loir, Maurice, L'Escadre de l'amiral Courbet, notes et souvenirs, p.168.

[888] Eugene Garnot, L'Expédition française de Formose, 1884-1885, p. 53. 根據當時日曆記載，當天是寒露，代表著秋天結束，冬天來臨，滬尾外海溫度似乎較低溫。

砲臺進攻，並將其催毀，之後再轉戰白砲臺，將位於旁邊的水雷點火線佔領，並引爆水雷後返回軍艦，全部路程約為 6 公里。[889]

沙崙登陸戰，法軍參戰爭人員一共是 600 名，分成五個中隊，由 Martin 海軍中校指揮。[890] 這 600 名人員，除了從貝雅德號調來 120 名士兵以外，其他皆為在淡水外海各軍艦之人員，拉加利桑尼亞號 120 名，貝雅德號 120 名，凱旋號 100 名，德斯丹和雷諾堡共 130 名，瞻號和杜居土路因號 130 名。[891] 法軍從 10 月 8 日早上 6 點開始準備，9 點 35 分開始搭載小船到沙崙海灘外，9 點 55 分正式登陸作戰。10 點 10 分，在登陸過程，相關的船艦給予火砲掩護，可以觀察到腹蛇號射擊之狀況。[892]

根據 Boulineau 指揮官的報告記載，第一中隊加拉桑尼亞號和第二中隊凱旋號人員向新砲臺稍右邊出發。在他們後面約 200 公尺處，有第三中隊德斯丹和第四中隊瞻號以及度居土路因號。第五中隊是貝雅德號人員，負責掩護左翼任務。[893]11 點 30 左右，槍戰在法軍右側展開，而且越來越激烈，旋即左方部隊也受到攻擊。在黃瑾樹林的清軍等待法軍到來。爾後第四中隊支援第一、二中隊。此時第三中隊也與清軍展開槍戰。第五中隊和第四中隊聯合起來，向東北方的清軍開火。在 10 分鐘之內，在 1500 公尺長的戰線相互齊射，法軍全數皆位於此戰線上。雙方的距離約 100 公尺，但雙方瘋狂掃射，Boulineau 認為射擊太過於密集，怕彈藥快速用罄，囑咐喇叭手傳令停止射擊，但該員已重傷倒地，只能用口頭方式傳達，[894] 但為時已晚。

此時，右翼方面從白砲臺方向衝出許多清軍，要包圍法軍，但法軍插上刺刀衝擊，才免於受到圍堵。同時間法軍左翼亦被清軍突擊，第五

[889] Eugene Garnot, L'Expédition française de Formose, 1884-1885, p. 53.

[890] Eugene Garnot, L'Expédition française de Formose, 1884-1885, p. 53.

[891] Loir, Maurice, L'Escadre de l'amiral Courbet, notes et souvenirs, p.167.

[892] Loir, Maurice, L'Escadre de l'amiral Courbet, notes et souvenirs, p.169.

[893] Eugene Garnot, L'Expédition française de Formose, 1884-1885, p. 53-54.

[894] Eugene Garnot, L'Expédition française de Formose, 1884-1885, p. 54-55.

中隊幾乎要被包圍了。從城岸退下來的第三中隊剛好支援第五中隊，避免第五中隊被殲滅。一小時後，法軍彈藥已經使用約三分之二。受傷人數逐漸增加，傷兵的運送，感覺像是在撤退。第一中隊指揮官 Fontaine 上尉、第二中隊指揮官 Dehorter 上尉、第三中隊 Deman 少尉皆負傷，退出戰場。[895]

當部分法軍逐漸退出戰場之後，法軍人數明顯不足，這時法軍左翼又開始槍聲大作，法軍擔心清軍已從左翼包圍，第五中隊亦被從左方過來的清軍切斷戰線，情況相當危險。這時後右翼已經開始撤退了，逐漸往左翼這邊靠近，此時彈藥快要用完了。[896] 法軍已經無能力再繼續作戰了。

登陸戰經過一個半小時之後，亦即是 11 點 30 分，就已經有傷兵在沙灘旁邊。11 點 45 分，一個法軍爬到港口的石臺上拿著信號，表示彈藥已經用罄，必須趕緊撤退。[897] 中午 12 點 30 分，法軍已經開始走到岸邊準備撤退，至下午 1 點 30 分，法軍全軍離開沙崙海灘，[898] 完成撤離。在撤退的過程中，第一中隊拉加利桑尼亞號和第二中隊凱旋號的士兵，擔任掩護撤退任務。當士兵至沙崙海岸時，風浪變大，船舶無法靠近，士兵必須走到登陸艇，而潮水幾乎都淹到了脖子，此時腹蛇號在旁邊進行攻擊，也幫忙掩護撤退。[899] 在撤退中有一挺 canon-revolver（旋轉砲）掉落於沙崙。[900]

根據 A. Thomazi 的記載，1884 年 10 月 2 日（光緒 10 年 8 月 14 日）李士卑斯率艦砲轟滬尾，投彈超過 2000 發，但清軍並無重大損失，1884 年 10 月 8 日（光緒 10 年 8 月 20 日），法軍 600 名由沙崙登陸，與清國

---

[895] Eugene Garnot, L'Expédition française de Formose, 1884-1885, p. 55.

[896] Eugene Garnot, L'Expédition française de Formose, 1884-1885, p. 55.

[897] Loir, Maurice, L'Escadre de l'amiral Courbet, notes et souvenirs, p.170.

[898] Loir, Maurice, L'Escadre de l'amiral Courbet, notes et souvenirs, p.171.

[899] Eugene Garnot, L'Expédition française de Formose, 1884-1885, p. 56.

[900] Eugene Garnot, L'Expédition française de Formose, 1884-1885, p. 56.

守軍遭遇，20 分鐘內，法軍陣亡 21 名，受傷 44 名，一名上尉陣亡，另一名受傷，受傷之上尉於越南逝世。[901] 當時士兵的日記載，由李士卑斯指揮，率領 600 名士兵搶灘登陸，但遭到失敗。楓丹上尉（Fontaine）被清軍俘虜，頭被砍了。凱旋號軍艦的德歐特（Dehorter）上尉受傷，後來於西貢逝世。[902] 因此一共有 2 位軍官陣亡，80 多名軍人傷亡。[903] 再根據總稅務司赫德報告，淡水關稅務司稱，本月 20 日（1884 年 10 月 8 日），法國兵 800 人於淡水登岸，中國兵與之接戰得勝，法國兵傷者、死者約 80 人，法兵即退回船。[904] 黎約翰寫給沃卓牧師的信件則提到，此役因清軍一把槍要試射，所以先開了槍，法軍以為清軍開始攻擊，因此雙方開始交火。[905] 清廷自算此役情況，提臣孫開華中、後兩營，首犯敵衝，鏖戰最久，陣亡哨官三員，傷亡勇丁百餘人。其餘各營弁勇，俱有傷亡。[906] 陣中，孫開華手下大將胡峻德（？ -1884）雖手刃法軍，但最後被法軍砲擊而亡。[907]

另外根據劉銘傳的奏報，十六日法人又到三船，通計八艘（劉銘傳誤傳，應只有七艘）。臣礮日擊滬尾，礮臺守兵，茫無駐足。孫開華、章高元、劉朝祜等晝夜率軍，分伏海濱林莽，風餐露宿，不敢少休。二十日清晨，敵船忽散。孫開華決其勢必登岸，親督右營官龔占鼇伏假港，中營官李定明伏油車，別令後營官范惠意為後應。章高元、劉朝祜各率營官朱煥明等伏北臺山後，防襲我臺。李彤恩所募士勇張李成一營，伏北路山間。部署粗定，敵礮轟數百響，煙塵漲天，炸彈如雨。復以小輪分道駁兵千人，猝登海岸，攻撲礮臺。孫開華見敵兵既逼，立率李定明、

[901] Thomazi, A. La conquête de l'Indochine, Paris, 1934, p. 215, pp.228-229.

[902] 季茉莉譯註，《北圻回憶錄：清法戰爭與福爾摩沙》（台南：國立臺灣歷史博物館，2013），頁 113。

[903] 季茉莉譯註，《北圻回憶錄：清法戰爭與福爾摩沙》，頁 267。

[904] 〈總稅務司赫德函告法軍在淡水登陸已被擊退〉《法軍侵臺檔》上，頁 172。

[905] 馬偕紀念醫院、淡江高級中學，《北台灣宣教報告 - 馬偕在北台灣之紀事 1868-1901》第二冊，頁 204。1884 年 10 月 22 日，黎約翰寫給沃卓信件。

[906] 劉銘傳，《劉壯肅公奏議》卷三，〈保臺略 / 敵攻滬尾血戰獲勝摺〉，頁 176。

[907] 慈利縣志編纂委員會，《慈利縣志》（北京：農業出版社，1990），頁 590。

范惠意分途截擊。章高元等自北路迎戰。敵兵各執利鎗，自辰至午，槍聲不絕。屢挫復進，鏖戰不衰。我軍拔短兵擊殺，張李成領隊襲之，孫開華斬執旗法酋，奪旗銳入。我軍見敵旗被獲，士氣益張，斬馘二十五級，內有兵酋二人，槍斃三百餘人，敵乃大潰。我軍直追至海岸，敵兵溺海者更七、八十人。敵船急護敗兵，開礮亂擊，自傷小輪一隻，並遺格林礮一尊。我軍俱獲以歸。是役也，提臣孫開華中後兩營，首犯敵衝，鏖戰最久，陣亡哨官三員，傷亡勇丁百餘人。其餘各營弁勇，俱有傷亡。[908]

劉銘傳在奏摺中載道，我軍自基臺被毀，無礮攻，全賴軍士赤手短兵，誓死不退。雖槍礮如雨，士氣益奮決無前，竟能斬將搴旗，遏其凶焰。滬尾英人登山觀戰，拍手狂呼，無不頌孫開華之奮勇絕倫，餽食物以鳴歡舞。伏念各將士忍饑裹創，野宿山隈。當呻吟疲病之餘，處絕險孤危之地，奮身血戰，以弱摧強，實屬異常勞苦。[909]此外，當時的登陸作戰，張李成進行包抄法軍得力，官紳共見共聞。[910]登陸的法軍與清軍進行短距離搏鬥，部分法軍被斬首，首級則被運至紅毛城東邊不遠處的「滬尾福堂」，[911]領取賞金。

然左宗棠的奏報與劉銘傳明顯不同，其言，二十二日卯刻，法船先開大礮攻我營壘；一面放小划數十隻，載兵數百名蜂擁上岸。我軍三面包抄，擢勝三營敵其南、淮軍二營截其北，中間則有健營土勇數百人禦之。鏖戰至午，法兵不支，紛紛逃竄；被我軍尾追，迫入沙崙之草寮。法船頭目望見，遽開礮轟擊，迎救夷卒上船；然已傷斃百餘名、沈溺數小划矣。是日自卯至未，惡戰四時之久；陣斬首級十餘顆，奪獲槍械多件。

---

[908] 劉銘傳，《劉壯肅公奏議》卷三，〈保臺略／敵攻滬尾血戰獲勝摺〉，頁176。如依照法軍戰報內容來看，法戰陣亡只有17名，並非清朝奏摺所講的三百多人，顯然有誇大之實。

[909] 劉銘傳，《劉壯肅公奏議》卷三，〈保臺略／敵攻滬尾血戰獲勝摺〉，頁177。

[910] 劉銘傳，《劉壯肅公奏議》卷二，〈謨議略／覆陳臺北情形請旨查辦李彤恩一案以明是非摺〉，頁145。

[911] 周明德，〈秋天裡的戰爭〉《滬尾街》，第五期，1992年3月，頁7-8。

我軍弁勇，僅傷亡數十名；實屬大獲勝仗。[912] 左宗棠談及法軍部分與法軍資料所載較為接近，但論及清軍傷亡部分，亦多有保留。這份奏摺是平實說明，並沒有特別認定誰的功勞較高，與劉銘傳所言淮軍貢獻較多，明顯不同。

　　在法軍方面，根據日記載錄，法軍一共損失 75 名軍人（包括傷者）且有 2 名軍官死亡，還有一名是在清軍手中受傷。按照他們的習俗，俘虜與受傷的人都會被屠殺，於是可憐的楓丹（Fontaine）上尉的頭就這樣被砍了，而且有人看見他無頭的屍身展示在公共市場整整 24 小時。[913] 不過另一個法國資料記載，此役法軍陣亡 9 名，失蹤 8 名，受傷 49 名，兩名軍官陣亡。[914] 這個失蹤 9 名的資料記載正確性較高，因為這是由 Eugene 所記錄，小兵日記所載就會有些許誤差。下表為相關資料所記錄清法戰爭滬尾之役傷亡狀況。

圖 12-2　從海上看沙崙沙灘，李其霖攝於 2019 年 5 月
說明：圖的左側沙灘為法軍登錄地點，本圖由海上法國軍艦所在位置觀看淡水

---

[912] 左宗棠，《左文襄公奏牘》〈滬尾戰勝見籌規復基隆摺〉，頁 44。

[913] 季茉莉譯註，《北圻回憶錄：清法戰爭與福爾摩沙》，頁 257。

[914] Eugene Garnot, L'Expédition française de Formose, 1884-1885，p.56.

圖 12-3 沙崙戰場圖，李其霖攝於 2018 年 10 月

表 12-1 滬尾之役清法雙方人員傷亡統計

國家	傷亡統計	資料來源
法軍傷亡人數	拉加利桑尼亞號 9 死 9 傷 凱旋號 4 死 17 傷 杜居土路因號 4 傷 雷諾堡號 7 傷 瞻號 2 死 4 傷 貝雅德號 3 傷 德斯丹號 2 死 5 傷 共 17 死 49 傷	Loir, Maurice, L'Escadre de l'amiral Courbet, notes et souvenirs, p.171.
	9 死 8 失蹤 49 受傷人 (4 名軍官)	Eugene Garnot, L'Expédition française de Formose, 1884-1885, p. 55.
	14 具無頭屍體在海邊	德約翰著，陳政三譯，《泡茶走西仔反：清法戰爭臺灣外記》（臺北：五南圖書出版有限公司，2015），頁 53。
	9 死 8 失蹤 49 傷	淡水海關統計資料
	斬首 25 槍斃 300 多溺海 70-80 人，掉落格林礮一尊。	劉銘傳，《劉壯肅公奏議》卷三，〈保臺略／敵攻滬尾血戰獲勝摺〉，頁 176。
	總共 17 位戰死，49 位受傷。	鄭順德譯，《孤拔元帥的小水手》（臺北：中央研究院臺灣史研究所籌備處，2004），頁 53。
	傷斃百餘名、陣斬首級十餘顆，奪獲槍械多件。	左宗棠，《左文襄公奏牘》〈滬尾戰勝見籌規復基隆摺〉，頁 44。
	預估 20 人死亡。	黎約翰牧師寫給沃卓牧師信件。
清軍傷亡人數	200 多人受傷	德約翰著，陳政三譯，《泡茶走西仔反：清法戰爭臺灣外記》（臺北：五南圖書出版有限公司，2015），頁 53。
	80 死 200 傷	淡水海關統計資料
	孫開華部陣亡哨官 3 員，傷亡勇丁百餘人。	劉銘傳，《劉壯肅公奏議》卷三，〈保臺略／敵攻滬尾血戰獲勝摺〉，頁 176。
	僅傷亡數十名	左宗棠，《左文襄公奏牘》〈滬尾戰勝見籌規復基隆摺〉，頁 44。

肆、封鎖與重建

　　法軍砲擊淡水可以分成兩個部分，第一個砲擊時間是登陸戰之前，也就是 1884 年 10 月 2 日（光緒 10 年 8 月 14 日），另外在登陸的前一天也繼續對淡水進行砲擊。[915] 第二次砲擊時間是在 10 月 8 日，也就是進攻沙崙之後，因法軍登陸作戰失利，為了掩護法軍撤退，法國軍艦再針對滬尾地區進行砲擊。

　　法軍要進行登陸戰之前，先對滬尾地區進行砲轟，主要是以嚇阻當地守軍為目的。法軍的砲轟，早在登陸戰之前就可以看出一些端倪，10 月 1 日，李士卑斯少將所率領的艦隊已經停泊在淡水外海。當時，法軍通知停在歐洲住宅區外的金龜子號，法軍將在 24 小時後砲擊淡水的軍事防禦設備。[916] 根據當時登陸士兵的記載，每艘艦艇在戰爭期間靠近岸邊時會有特定的軍人準備好要上岸打仗的，叫做「登陸隊」，我寧願老實告訴您，這是極端危險的差事。這個部隊有 155 名軍人，由一名軍官指揮還有一名醫生與一位帶著急救箱的護士隨行。我被指派擔任這個任務，因為我是最年輕的。我們有可能會經常登陸，很後悔沒帶更多雙耐穿鞋子，因為行軍要走很長的路，又會有好幾天就這樣無法回到船上，但我們不會遠離海岸。[917]

　　1884 年 10 月 1 日英國領事館通告，建請外僑明晨至得忌利士洋行集合，並將貴重物品送至該行倉庫存放。[918] 由此可見，法軍應該再過不久就會攻擊滬尾，故通知英國領事館，盡快做準備。10 月 2 日 6 時 40 分，清

---

[915] 《le Matin》，1884 年 10 月 7 日。偕叡理著，王榮昌等譯，《馬偕日記 1871-1901》第二冊，頁 30。

[916] 黎烈文，《法軍侵臺始末》，頁 25。

[917] 季茉莉譯註，《北圻回憶錄：清法戰爭與福爾摩沙》，頁 223。

[918] 英國領事館通告，第四號文件。陶德著，陳政三譯，《北台封鎖記：茶商陶德筆下的清法戰爭》，頁 42。

軍向位於淡水河口的法國軍艦開火。[919] 在開火之前位於淡水的外僑人員有些上了金龜子號，有些則到得忌利士洋行和鼻仔頭的寶順洋行躲避，得忌利士洋行由十一位水兵保護，寶順洋行由五位水兵保護。當時候的馬偕一家、英國領事人員和稅務司人員都到得忌利士洋行躲避戰火。[920]

　　清軍開火之後，法軍進行還擊，10 月 2 日早上 10 點，白砲臺被摧毀，新砲臺打到砲管冒煙，也暫停發砲。[921] 根據陶德的觀察，法軍砲彈坐落的地點主要有白砲臺、新砲臺、金龜子號周邊，得忌利士洋行周邊、小白宮、馬偕牧師住宅、女學堂周邊。[922] 從這些砲彈的坐落地點，可以看出，法軍只針對軍事區進行砲擊，這些周圍地點自然成為熱區。

　　再根據清方的記載如下，滬尾 14 日（1884 年 10 月 2 日）開戰，相持一日，小礮臺被毀、大礮臺少損，炸壞大礮一尊，我軍傷亡二、三十人。在日本海軍省報告中，10 月 5 日晚上 8 點 10 分從上海發設電報，報告法國攻擊淡水砲臺，中國船隻水雷器損壞。[923] 至 20 日（1884 年 10 月 8 日），同文館那邊獲得的消息是，淡水所有砲臺都已經被摧毀，洋房大部分被艦砲所擊毀，很多房子看起來像蜂窩，但洋人都逃離，清軍尚且躲避在壕溝內。[924]

　　在滬尾登陸戰失敗之後，法軍進行封鎖。封鎖線內所有的船隻皆不可駛出 5 海浬之外，否則就會被攔截。同樣的，任何海上的船隻駛進 5 海浬之內，就會被扣押，成為法軍所有。如遇到中式帆船，處理程序會先發射粉狀砲彈示意，船隻必須停下來檢查，如有走私將會被扣押。在發射一發砲彈不停下來的情況之下，就會繼續發射第二發，但發射砲彈的

---

[919] 陶德著，陳政三譯，《北台封鎖記：茶商陶德筆下的清法戰爭》，頁 42-43。淡水海關稅務司法來格（E. Farrago）之公文顯示，清軍於 6 點 45 分首先開砲，攻擊法軍。

[920] 陶德著，陳政三譯，《北台封鎖記：茶商陶德筆下的清法戰爭》，頁 62。

[921] 陶德著，陳政三譯，《北台封鎖記：茶商陶德筆下的清法戰爭》，頁 48。

[922] 陶德著，陳政三譯，《北台封鎖記：茶商陶德筆下的清法戰爭》，頁 45-48。

[923] 日本海軍省藏，《清佛事件》，清国派遣中艦隊司令官海軍少將松村淳藏電報，淡水攻擊，明治十七年十月十四日。

[924]〈同文館譯報法船泊閩江口外法軍轟擊淡水等事〉《法軍侵臺檔》，頁 193。

原因主要不是要摧毀船隻，而是因為他沒有了解第一發信號彈，意在警告他們。如船隻繼續航行，才會發射第二發將船隻擊沉。[925]

法軍登陸滬尾失敗之後，繼續封鎖北臺灣，淡水外海一帶任何船隻都不准進入淡水港，相關的貿易基本上是停頓的。甚至人員的往來也都是禁止的。如當時馬偕他們想再回到淡水，但外海皆已經被法軍封鎖，因此船舶無法進入淡水河，只好再回到廈門。[926] 而馬偕甚至與法國在廈門的人員溝通，想要搭乘法國軍艦到淡水，但被法國領事館人員拒絕。[927] 由此可見，法國對於沿海地區的封鎖是非常嚴格的。

1884 年 12 月 15 日（光緒 10 年 10 月 28 日）Nielly 號從臺灣府封鎖巡邏至淡水港時，淡水港當時只剩下凱旋號 Triomphhante、腹蛇號 Vipère 和 Champlain。另外 Rigailt de Genouillt 和拉加利桑尼亞 La Galissonnière 號軍艦也來到淡水，但這樣的兵力太弱，所以沒有攻擊淡水。[928] 這個時間點，清軍從北洋水師調來數艘戰船準備來接應臺灣戰場，最後這些戰船還沒來到臺灣就全部被法艦擊沉。此時，雖然法軍不再登陸淡水，但偶爾還是可以聽到法國軍艦上傳來一些槍聲。[929]

但為何法軍在淡水登陸戰失敗之後要封鎖淡水，當時的士兵認為，我們決定封鎖福爾摩沙的原因主要是根據國際公約，如果沒有宣戰就沒有權力攔截駛入港口的船隻；於是這 3 個月以來可憐的元帥看到英國船隻活生生地在他眼皮子底下援助清軍，以及德國人運來糧食、彈藥、援軍給福爾摩沙的清兵，但因為沒有宣戰，只能眼睜睜的看著這一切卻無力阻止。您看元帥處於如此虛假的狀況下，讓那些喪心病狂在遠處指揮戰

---

[925] 季茉莉譯註，《北圻回憶錄：清法戰爭與福爾摩沙》，頁 115。

[926] 馬偕紀念醫院、淡江高級中學，《北台灣宣教報告 - 馬偕在北台灣之紀事 1868-1901》第二冊，頁 205。

[927] 馬偕紀念醫院、淡江高級中學，《北台灣宣教報告 - 馬偕在北台灣之紀事 1868-1901》第二冊，頁 206。

[928] 季茉莉譯註，《北圻回憶錄：清法戰爭與福爾摩沙》，頁 125。

[929] 馬偕紀念醫院、淡江高級中學，《北台灣宣教報告 - 馬偕在北台灣之紀事 1868-1901》，第三冊，頁 13。

鬥，他們甚至可能從來都沒看過戰區的地圖。您完全可以理解我自己是不會這樣說的，因為我還不是個經驗豐富的老水手，但艦上已經有過好幾次英勇表現的軍官們整天說著這些促成戰爭的人物應該都抓去槍斃。在這種情勢之下，孤拔元帥要求政府說要封鎖福爾摩沙，並攔截任何想突破封鎖的船舶，[930] 如此才能主導戰爭。

伍、結語

　　清法戰爭滬尾之役，原本法軍掌控主動權，但在滬尾清軍於 1884 年 10 月 2 日轉守為攻之後，法軍也開始亂了方寸，出乎預料之外。此後，天時、地利、人和全都轉向，不利於法軍。在人和方面，因陣前換將、攜帶微量的軍械，顯然瞧不起清軍，認為勝券在握，最後彈藥用罄，只好撤退；在地利方面，因淡水連日下雨，戰場地景改變，法軍無法臨場應變，陷入泥沼之中，而黃槿林投樹林讓法軍吃盡苦頭降低士氣；在天時方面，等待援軍由基隆到來，失去兵貴神速之原則。雖然戰爭結果清廷傷亡人數可能多於法軍，但法軍沒完成摧毀水雷營的任務，算是作戰失敗，滬尾守軍成功阻止法軍進擊，也是場勝仗。

---

[930] 季茉莉譯註，《北圻回憶錄：清法戰爭與福爾摩沙》，頁 257。

第十三章
清法戰爭滬尾宴

　　文化創意產業為近年來政府積極推出的產業革新及精進的方針之一，藉由產業的創新創意，除了可以達到產業的升級之外，也讓我們的文化底蘊得以融入於產業、展覽之中，這對於發揚在地文化有極大幫助。況且文化創意產業可以拓及到食、衣、住、行、育、樂各個層面，如此，便可讓每一個產業都富有歷史文化故事，這除了可以活絡產業之外，也增加許多工作機會。

　　民以食為天，大部分的人至少一天吃三餐，有些人還外加下午茶和消夜，因此食這個產業如與文化創意進行結合，將有很大的發展空間。雖然市面上許多餐飲皆有其故事或設計原則，也都獲得大家的認同。此外，近年來餐飲的比賽、評比相當熱絡，這也讓餐飲設計受到大家的重視。然而，以歷史故事或在地故事為主軸原則，來設計餐飲菜色的方式甚少，於此情況下，以清法戰爭滬尾之役的情節進行文創餐飲設計，希望讓大家記住這場對臺灣來說相當重要的一役，也開啟歷史文創的設計方法，推動史學與產業的鏈結與應用。

　　滬尾宴一共設計 11 道菜色，每一道菜色都緊扣滬尾之役的一個戰爭場景，享用這 11 道菜之後就可以了解滬尾之役的來龍去脈。無論菜名、菜色、擺盤皆依照故事情節進行設計，符合該場戰役劇情內容，也讓饕者可以融入戰爭場景之中，深入其境。

圖 13-1 清法戰爭滬尾宴

壹、戰場早點名

一、故事說明

　　滬尾是當時北臺灣最重要的國際港口，檣帆往來頻繁，貿易的興盛吸引許多外國人駐足。清法戰爭期間，可看到淡水居民、清軍忙著防務的建置；法軍船艦在海面上監視著滬尾，蓄勢待發；外國商人領著細軟準備離開戰場；日本人拿著地圖和尺或在艦艇上，仔細的觀察和測量；想發戰爭財的奸細忙著數鈔票。這場戰爭的主要角色由這些人所鋪成，完成這個故事。

二、設計原則

戰場早點名為第一道菜，屬於冷盤的設計原則。法軍全副武裝來勢洶洶就像螃蟹一樣重裝武力，因此以螃蟹來當成法軍。清軍人多勢眾但武器人員素質良莠不齊就像蝦子一樣弱了些。日本人東鄉平八郎在天城艦上吃著生魚片觀戰。外國商人生活條件好，可以吃高檔食材，以醉雞當成外國人。九孔是淡水地區特產，以九孔代表淡水居民。發戰爭財的奸細穿梭於淡水等地，以黑豆一串串當成奸細之角色。

三、菜色

每一個菜色都有對應的戰場人員，如螃蟹（法軍）、蝦子（清軍）、生魚片（日軍）、醉雞（外國商人）、九孔（淡水百姓）、黑豆（奸細）。

貳、沼澤皮蛋

一、故事說明

滬尾之役最激烈的戰場區域，位於清軍臨時興建的兩個城岸之間，該地稱之為瓦店埔。此處水田林立，當時本為休耕期間，土地乾枯，但在連續幾天下雨之後，地景轉變，由乾枯地面形成沼澤斑斑。導致法軍在進攻時未能預想地景轉變狀況的影響，故作戰時全軍陷於此處進退兩難，只能不斷的射擊，維持火力的不間斷，以保護自身安全，但最後彈藥用罄，只好撤離。

二、設計原則

因地景轉變，成為勝敗關鍵之一，故此道菜需設計成當時沼澤泥濘

的樣子，體驗一下戰場的狀況，深入其境。

三、菜色

皇宮菜和翡翠剁成泥狀是為沼澤樣，皮蛋、鐵蛋、瘦肉、枸杞、小魚乾置於其中，猶如沼澤內之生態栩栩如生。

參、滬尾剁椒鮮魚

一、故事說明

法軍來勢洶洶勢在必得，看待清軍就好像一條新鮮肥美的魚一樣，想要好好的享用。但熟料這條魚非常的辛辣要生吞活嚥還不容易，反而被嗆到。因為這支由湘軍、淮軍及臺灣兵勇所組成的部隊士氣高昂，準備妥當，並非法軍所想像的脆弱，能很快的把他生吞活嚥，得要有兩把刷子才行。

二、設計原則

滬尾主要由湘軍防守，湖南人以吃辣聞名，湖南軍隊善於作戰，湖南名菜為剁椒魚頭，以此概念設計剁椒鮮魚。本設計使用兩種不同辣椒，讓辛辣的程度不同，口感別具風味。也符合湘軍、淮軍兩支部隊的實際情況。

三、菜色

以鱸魚當成主菜，使用清蒸方式進行，再佐以紅、綠兩種不同辣椒和蔥、蒜調味。

肆、九大人脆酥芋

一、故事說明

　　滬尾戰場的指揮官為孫開華提督，作戰前，他在防禦工事的規畫與建置得宜、同心協力的作戰分工原則奏效，以及作戰中的以攻為守的主動積極策略適時的提升士氣，讓法軍失算，馬失前蹄，故孫開華的重要性應特別介紹。孫開華小名孫九，任官之後稱為九大人，湖南當地皆以九大人稱之。他是這場戰爭戰勝的關鍵人物，故以他在戰場上的事跡設計甜點一道，以彰顯他的功勞。芋頭常為湖南地區的重要食材之一，更是淡水地區的土產，以芋頭設計甜點一道，彰顯孫開華功績。

二、設計原則

　　使用淡水當地芋頭製作，將芋頭磨成泥來酥炸成圓條狀，上面再灑上一些花生粉和煉乳，鹹甜味道別具風味。

三、菜色

　　將酥炸芋頭呈現圓長條狀。

伍、阿火旦口袋肉

一、故事說明

　　阿火旦即是張李成，小名阿火，他是戰爭前臨時招募來的兵勇之一，也是臺灣勇營的指揮官。在戰爭前張李成主要工作是在戲班子扮演

旦的角色，因此大家都稱他阿火旦、阿火。當時，有鑑於國家興亡匹夫有責，故勇於從軍，投入戰場，保家衛國。

滬尾之役近身肉搏戰時刻，阿火旦率領部隊衝出將法軍包抄，團團圍住，形成口袋戰略，法軍被圍成ㄇ字型，甕中抓鱉，像是口袋裡的一塊肉，隨手可吃。張李成部隊衝鋒陷陣，雖亦有死傷，但讓法軍吃盡苦頭，陣斬法將，居功厥偉，戰後賞賜五品軍功。

二、設計原則

做成吐司薄片，猶如口袋的樣子，再將東坡肉夾在吐司中，形成口袋肉的意象。

三、菜色

東坡肉、醃製火龍果、吐司（做成口袋樣子）。

陸、叭叭軟殼蟹

一、故事說明

法軍進入沼澤區與城岸之間與清軍的對陣時，因戰線長達 1.5 公里，雙方展開齊射。頃刻間，法軍指揮官發現法軍子彈消耗太快，請喇叭手傳令必需節省使用彈藥，無奈喇叭手中彈無法吹出喇叭號，最後法軍不知所措，毫無節制的將彈藥用罄，導致全軍只能撤退。撤退過程中，部份法軍用光所有子彈只能上刺刀面對強勢進攻的清軍，進行肉搏戰。席間已有法軍兩腿癱軟，並走錯方向，遭到殲滅。其慘狀猶如軟殼蟹連滾帶爬，逃離戰場之窘境。

二、設計原則

軟殼蟹代表法軍，配合淡水魚酥，用酥炸方式入菜。旁邊佐以法國麵包和沾醬，和軟殼蟹一起吃。

三、菜色

軟殼蟹、蔥、蒜、辣椒、法國吐司。

柒、湘淮勇炒飯

一、故事說明

滬尾之役清軍的參戰人員主要是湘軍、淮軍、臺灣勇營。雖然部隊組成複雜，各有盤算。但在大戰前，大家摒棄前嫌，齊心一致，阻退了法軍的進攻，寫下勝利一頁。

二、設計原則

主要闡揚團結合作的重要性，故以三種主菜代表三支不同部隊進行設計。湘軍當時最具代表性人物是左宗棠，他雖然沒來臺灣，但在中央大力支持湘軍，給予許多武器和軍備的支援，故以左宗棠雞來代表湘軍。淮軍都是使用最新的武器，蔓越莓又是進口舶來品，以蔓越莓代表淮軍。臺灣兵勇人數最少，武器最差，但作戰時衝鋒陷陣，毫不遜色，重要性不可忽略，以芝麻來代表臺灣兵勇。將這三種食材搭配薑黃炒飯，口味特殊，讓大家體會雖然食材迥異但卻能料理出味道特別的炒飯，藉以彰顯團結的重要性。

三、菜色

左宗棠雞、蔓越莓、芝麻，薑黃。

捌、城岸二重奏

一、故事說明

滬尾之役期間清軍興築兩道城岸防禦工事用來阻擋法軍攻進，城岸長達 2-3 公里，高 4-5 公尺、寬 2-3 公尺。外城岸靠近沙崙一帶，高度較為低矮，雖不能阻擋法軍攻勢，但卻能爭取時間。內城岸則從油車口延伸至滬尾砲臺公園一帶，依山形勢而建，居高臨下，佔有先機。法軍雖然快速越過第一座城岸，但卻被殲滅於第二座城岸之下，顯見城岸的興建發揮效益。軍民合力興建的故事成為美談。

二、設計原則

將擺盤設計成城岸的樣子，盤底鋪滿花椰菜代表戰場，以炸蘆筍排列成條狀代表兩座城岸，放置於花椰菜之上。兩座城岸之間輔以黃、紅椒、干貝等食材為大地上的植物和生態，盤面猶如戰場一景。

三、菜色

炸蘆筍（法國特色料理）、花椰菜、黃椒、紅椒、干貝代表其他生態。

玖、西仔陸戰隊

一、故事說明

滬尾之役的法軍參戰人員主要由法國海軍步兵組成，當時亦稱之為海軍陸戰隊。法軍參戰人員來自各艘軍艦，共 600 名，分成五個中隊和兩個水雷營部隊。其任務是殲滅位於油車口的清軍水雷營，並引爆水雷後返回艦上。法軍從沙崙外海由大船轉小艇登陸後，所有部隊在沙灘上列隊，排列整齊，氣勢如虹，勢在必得，展現法蘭西軍隊的強盛。

二、設計原則

豬肋排代表法軍部隊一排一排的排列整齊，白色豆苗鋪滿盤子代表沙崙沙灘。法軍部隊站在沙灘上，聲勢浩大，蓄勢待發，展現軍容壯盛之狀。豬肋排佐豆苗食用，別有一番風味。

三、菜色

烤豬肋排、豆苗、法國香料。

拾、金針木耳叢林湯

一、故事說明

法軍從沙崙沙灘登陸後就遭遇到綿密的黃槿樹和林投樹混生的樹林阻擋。因黃槿樹枝和樹葉綿密，在其遮擋下，樹林內呈現暗黑樣態，伸手不見五指，讓法軍搞不清楚方向，此外，還得閃躲林投樹的針，使得

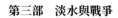

部隊在林中無法編列隊形，發揮火力。另一方面，清軍埋伏在樹林中的散兵游勇裝扮成鬼魅樣，發出撕哄聲震懾法軍。並或躺、或臥等各種奇怪的射擊方式，阻擊法軍，讓法軍吃盡苦頭，士氣低落。

二、設計原則

讓饕者感受一下叢林裏面的氣味與場景，呈現讓法軍聞風喪膽的黑森林。使用金針代替林投樹，白木耳為黃槿，佐以香菇、排骨、枸杞等食材熬成清湯。呈現淡水海岸樹林的多樣性和複雜性，這片樹林絕對超乎法軍所想像。

三、菜色

金針、木耳、香菇、排骨、枸杞等。

拾壹、滬尾茶飯

一、故事說明

1884 年滬尾居民的主食，用白米或糙米飯沖泡烏龍茶。讓饕者體驗一下當時生活清苦的淡水居民。

二、菜色

烏龍茶、大米。

結論

　　臺灣海洋史實為臺灣史的縮影，從南島語系說、海盜來臺說、西方強權殖民說、漢人來臺開墾落地生根說或者近代國共內戰移民說，樣樣無不以海洋有關。從這些歷史事件所衍生出的海洋史議題更是包羅萬象，浩瀚無際，因此要完整地闡述臺灣海洋史，絕不是幾本書就可以巨細靡遺。況且個人的研究時間和研究能力、能量有限，僅能以自己有興趣的面向進行研究、論述，故完整性略有不足，這部分需要再繼續進行資料的收集和研析，才能擴展更大的視野。關於船舶和水師的研究尚有許多議題值得繼續探討，如船舶的結構、各地區的製作方式；以及明清政府、日本時代、中華民國政府對於船舶的制度的規定和運作方式等。水師的部分可以延伸至單一將領的研究、海盜與水師之關係、水師與海盜的互動等。而近代的海軍研究面向，因部分議題牽扯國防機密，故研究的成果鮮少，得以待未來軍事解密後再進行討論，以銜接明清時期的水師發展。

　　在船難和信仰方面，有關於船難的過程、發掘和出水等完整內容的研究至今皆尚不完整，還有很大空間可以進行資料收集和研析，如此才能完整的轉譯這些故事進行策展，我們相信每一則船難事件都是直得省思和探討的。海神信仰的部分，至今大部分著墨於媽祖信仰研究為多，其他海神信仰的研究尚有很大的研究空間可以開展，如水僊信仰、摩利支天菩薩信仰、玄天上帝信仰等，或者個別廟宇的信仰圈，這些議題都可以從個別研究或區域研究的方式進行，皆有繼續探討的必要，如此可以了解臺灣早期海神信仰的多元性。

　　在淡水的戰爭方面，主要是明清海盜和清法戰爭，明清海盜入侵淡水的資料記載不多，要突破較為困難。清法戰爭滬尾之役，近幾年來有較多學者專家投入研究，亦累積較多的成果，但部分個別人物的研究，如孫開華、楊岳彬、張李成、嚴清華等個別的研究尚不完整，這部分亦

可以加強論述。有關於淡水故事的傳說，在新北市立淡水古蹟博物館的積極研究之下，累積不少成果，這部分可以和時下歷史故事結合，讓內容更完整。最後如能將相關歷史故事轉譯成各種文化創作，當可以吸引更多人對於歷史的重視。

　　本書雖只有短短的三大主題，對於讀者想全盤了解臺灣海洋史的議題尚顯不足，但先從這三大主題的內容之理解，再擴大至其他海洋史之面向，則對於我們了解臺灣歷史多有幫助，這部分尚待大家繼續努力。

徵引資料

壹、史料

［漢］司馬遷：《史記》，北京，中華書局，1959。

［宋］周去非，《嶺外代答》，北京：中華書局，1999。

［宋］張津等纂修，《乾道四明圖經》，《宋元方志叢刊》。影印清咸豐四年宋元四明六志本。

［元］汪大淵，《島夷誌略》，北京：中華書局，2000。

［元］汪大淵著，蘇繼廎校譯，《島夷誌略》，北京：中華書局，2000。

［元］馬澤修，袁桷纂，《延祐四明志》（《宋元方志叢刊》）。

［明］《明實錄‧神宗顯皇帝實錄》，臺北：中央研究院歷史語言研究所，1966。

［明］《明實錄‧崇禎實錄》，臺北：中央研究院歷史語言研究所校勘，1966。

［明］王世貞，《明朝通紀會纂》，臺北：中央研究院傅斯年圖書館，善本全文影像資料庫。

［明］沈有容，《閩海贈言》，臺北市：臺灣銀行經濟研究室，1959。

［明］阮旻錫，《海上見聞錄》，臺北：臺灣銀行研究室，1958。

［明］屈大均，《廣東新語》，北京：中華書局，2006。

［明］柳瑛，《成化中都志》，收於《天一閣明代方志選刊續編》，上海：上海書店，1990。

［明］張燮著，謝方點校，《西洋朝貢典錄校注東西洋考》，北京：中華書局，2000。

［明］陳燕翼，《思文大紀》，《筆記小說大觀》，臺北：新興書局，1975。

［明］彭孫貽，《流寇志》，《續修四庫全書》，上海：上海古籍出版社，1997。

［明］楊英，《從征實錄》，南投：臺灣省文獻委員會，1995。

［明］鄭大郁，《經國雄略》，桂林：廣西師範大學出版社，2003，明隆武潭陽王介爵觀社刻本。

［明］鄭克塽，〈先王父墓誌〉，《臺灣詩薈雜文鈔》，《臺灣文獻叢刊》，南投：臺灣省文獻委員會，1992。

［明］鄭芝龍，〈石井本鄭氏宗族譜‧序〉。

［明］鄭若曾，《籌海圖編》，北京：解放軍出版社，1990。

［明］瞿共美，《天南逸史》，《續修四庫全書》，上海：上海古籍出版，1997。
［清］《康熙起居注》，北京：中華書局，1984。
［清］《康熙朝漢文硃批奏摺》，北京：檔案出版社，1984。
［清］《清奏疏選彙》，臺北：臺灣銀行經濟研究室，1968。
［清］《清實錄‧仁宗睿皇帝實錄》，北京：中華書局，1986。
［清］《清實錄‧世宗憲皇帝實錄》，北京：中華書局，1986。
［清］《清實錄‧世祖章皇帝實錄》，北京：中華書局，1986。
［清］《清實錄‧宣宗成皇帝實錄》，北京：中華書局，1986。
［清］《清實錄‧高宗純皇帝實錄》，北京：中華書局，1986。
［清］《清實錄‧聖祖仁皇帝實錄》，北京：中華書局，1986。
［清］《清實錄‧德宗景皇帝實錄》，北京：中華書局，1986。
［清］《清實錄‧穆宗毅皇帝實錄》，北京：中華書局，1986。
［清］《欽定八旗通志》，《景印文淵閣四庫全書》，臺北：臺灣商務印書館，1983。
［清］《欽定福建省外海戰船則例》，南投：臺灣省文獻委員會，1997。
［清］《嘉慶福鼎縣志》，臺北：成文出版社，1974，嘉慶十一年刊本。
［清］丁宗洛，《陳清端公年譜》，臺北：臺灣銀行經濟研究室，1964。
［清］允祿，《大清會典‧雍正朝》，臺北：文海出版社，1994。
［清］文慶，《籌辦夷務始末》，臺北：文海出版社，1970。
［清］王昶，《嘉慶直隸太倉州志》65 卷，上海：上海古籍出版社，1997。
［清］王瑛曾，《重修鳳山縣志》，南投：臺灣省文獻委員會，1993。
［清］左宗棠，《左文襄公奏牘》，南投：臺灣省文獻委員會，1997。
［清］永瑢，《歷代職官表》，臺北：中華書局，1966。
［清］伊桑阿，《大清會典‧康熙朝》，臺北：文海出版社，1993。
［清］托津，《欽定大清會典事例‧嘉慶朝》，臺北：文海出版社，1991。
［清］李元度，《清先正事略選》，南投：臺灣省文獻委員會，1994。
［清］李光地，《榕村續語錄》，北京：中華書局，1995。
［清］李鴻章撰，《李鴻章全集》，合肥市：安徽教育出版社，2008。
［清］杜臻，《粵閩巡視紀略》，臺北：文海出版社，1983。
［清］沈雲，《臺灣鄭氏始末》，南投：臺灣省文獻委員會，1995。
［清］周凱，《廈門志》，臺北：臺灣省文獻委員會，1993。
［清］周煌，《琉球國志略》，上海：上海古籍出版社，1997。乾隆二十四年漱

潤堂刻本。

[清] 周鍾瑄，《諸羅縣志》，南投：臺灣省文獻委員會，1993。

[清] 明亮、納蘇泰，《欽定中樞政考》72 卷，上海：上海古籍出版社，1997。

[清] 林君陞，《舟師繩墨》，上海：上海古籍出版社，1997，陳奎刻本。

[清] 林焜熿，《金門志》，南投：臺灣省文獻委員會，1993。

[清] 邵廷采，《東南紀事》，上海：上海書店，1982。

[清] 邵廷采，《東南紀事》，上海：上海書店出版社，1982。

[清] 姚瑩，《中復堂選集》，臺北：臺灣銀行經濟研究室，1960。

[清] 姚瑩，《東溟奏稿》，臺北：臺灣省文獻委員會，1997。

[清] 施琅，《靖海紀事》，南投：臺灣省文獻委員會，1995。

[清] 苑書義等編，《張之洞全集》，石家莊：河北人民出版社 1998。

[清] 范咸，《重修臺灣府志》，南投：國史館臺灣文獻館，1993。

[清] 計六奇，《明季南略》，北京：中華書局，2006。

[清] 郁永河，《裨海紀遊》，臺北：臺灣省文獻委員會，1996。

[清] 夏琳，《閩海紀要》，南投：臺灣省文獻委員會，1995。

[清] 徐珂撰，《清稗類鈔》，北京：中華書局，1984。

[清] 徐葆光，《中山傳信錄》，上海：上海古籍出版社，1997，康熙六十年二友齋刻本。

[清] 徐鼒，《小腆紀年附考》，《續修四庫全書》，上海：上海古籍出版，1997。

[清] 徐繼畬撰，《瀛寰志略》，卷二，清道光二十八年福建撫署刻本。

[清] 高拱乾，《臺灣府志》，南投：臺灣文獻委員會，1993。

[清] 崑岡，《欽定大清會典事例‧光緒朝》，北京：中華書局，1991。

[清] 張廷玉，《明史》，臺北：鼎文書局，1980。

[清] 梁廷楠，《粵海關志》，臺北：成文書局，1968，道光廣東刻本。

[清] 清‧托津等：《大清會典事例（嘉慶朝）》，清嘉慶年間刻本。

[清] 陳良弼，《水師輯要》，上海：上海古籍出版社，1997。

[清] 陳倫炯，《海國聞見錄》，南投：臺灣省文獻委員會，1996。

[清] 陳培桂，《淡水廳志》，臺北：臺灣省文獻委員會，1993。

[清] 陳壽祺，《同治福建通志》278 卷，臺北：華文書局，1968。

[清] 陳燕翼，《思文大紀》，《筆記小說大觀》，臺北：新興書局，1975。

［清］彭孫貽，《靖海志》，南投：臺灣省文獻委員會，1995。

［清］焦循，〈神風蕩寇事件〉，中央研究院傅斯年圖書館藏。

［清］賀長齡，《清經世文編》，北京：中華書局，1992。

［清］椿壽，《浙江海運漕糧全案》，清咸豐三年。

［清］楊捷，《平閩紀》，南投：臺灣省文獻委員會，1995。

［清］溫睿臨，《南疆逸史》56 卷，上海：上海古籍出版社，1997。

［清］董誥，《欽定軍器則例》，海口：海南出版社，2000。

［清］趙爾巽，《清史稿》，北京：中華書局，1977。

［清］劉良璧，《重修福建通志臺灣府》，南投：臺灣省文獻委員會，1993。

［清］劉銘傳，《劉壯肅公奏議》，臺北：臺灣銀行經濟研究室，1958。。

［清］劉璈，《巡台退思錄》，南投：臺灣省文獻委員會，1997。

［清］劉錦藻，《清朝續文獻通考》，浙江：古籍出版社，2000。

［清］劉體智撰，劉篤齡點校，《異辭錄》，北京：中華書局，1988。

［清］鄭用錫，《淡水廳志稿》，南投：臺灣省文獻委員會，1993。

［清］鄭光祖撰，《一斑錄》，清道光舟車所至叢書本。

［清］魯曾煜，《福州府志》，臺北：成文出版社，1967，乾隆 19 年刊本。

［清］盧坤，《廣東海防彙覽》42 卷，北京：學苑出版社，2005，清道光間刻本。

［民國］王清穆修，曹炳麟纂，《崇明縣志》，臺北：成文出版社，1975。

［民國］劉寧顏總纂，《重修臺灣省通志》，臺北，臺灣省文獻委員會，1992。

［民國］錢海岳，《南明史》，北京：中華書局，2006。

〈笨港水仙宮沿革志〉。

《明清史料》戊編，臺北：中央研究院歷史語言研究所，1953。

《明清宮藏台灣檔案匯編》，北京：九州出版社，2009。

《法軍侵臺檔》，臺北：臺灣銀行經濟研究室，1957 年《臺灣文獻叢刊》本。

《孫開華履歷冊》，國立故宮博物院藏。

《海防檔》乙，臺北市：中央研究院近代史研究所編，1957。

《清代臺灣大租調查書》，南投：臺灣省文獻委員會，1993。

《清代臺灣檔案史料全編》，北京：學苑出版社，1999。

《清宮月摺檔臺灣史料》，臺北：國立故宮博物院，1994。

《清國史館傳稿》，國立故宮博物院藏。

《最新清國文武官制表》，上海：上海古籍出版社，1997。

《閩省水師各標鎮協營戰哨船隻圖說》，4 冊，德國 Staatsbibliothek zu Berlin（柏林國家圖書館）藏。

《鄭氏關係文書》，南投：臺灣省文獻委員會，1993。

《鄭成功傳》，臺北：臺灣銀行經濟研究室，1960。

中國史學會主編，《洋務運動》，上海：上海人民出版社，1961。

向達校注，《兩種海道針經》，北京：中華書局，1961。

向達校注，《鄭和航海圖》，北京：中華書局，2000。

貳、專書

《大氣海洋局航行指南》，高雄：海軍大氣海洋局，2010。

《福爾摩沙 - 十七世紀的臺灣、荷蘭與東亞》，臺北：國立故宮博物院，2003。

A.T. Mahan 著；安常容、成忠勤譯，《海權對歷史的影響》，北京：解放軍出版社，2006 年 2 版。

C. Imbauel Huart 著，黎烈文譯，《臺灣島之歷史與地誌》，臺北：臺灣銀行經濟研究室，1958。

E.Garnot 著，黎烈文譯，《法軍侵台始末》，臺北：臺灣銀行經濟研究室，1960。

Leonard Blussé 著，莊國土、程紹剛譯，《中荷交往史 1601 － 1989》，荷蘭：路口店出版社，1989。

中村孝志著，許粵華譯，《荷蘭時代台灣史研究》，臺北：稻鄉出版社，1997。

中國軍事史編寫組，《中國歷代軍事制度》，北京：解放軍出版社，2006。

方真真，《明末清初臺灣與馬尼拉的帆船貿易（1664-1684）》，臺北：稻鄉出版社，2006。

方真真，《華人與呂宋貿易（1657-1687）：史料分析與譯註》，新竹：國立清華大學出版社，2012。

木宮泰彥著、陳捷譯，《中日交通史》，臺北：九思出版社，1978。

王世慶，《淡水河流域河港水運史》，臺北：中央研究院中山人文社會科學研

究所，1998 再版。

王必昌，《重修臺灣縣志》，臺北：臺灣省文獻委員會，1993。

王冠倬，《中國古船圖譜》，北京：三聯書局，2001。

冉福立（Zandvliet, Kees），江樹生譯，《十七世紀荷蘭人繪製的臺灣老地圖》，臺北：漢聲雜誌社，1997。

朱德蘭，《長崎華商：泰昌號‧泰益號貿易史》，廈門：廈門大學出版社，2016。

朱德蘭、劉序楓，海洋史研究叢書 1《港口城市與貿易網絡》，臺北：中央研究院人文社會科學研究中心，2012。

朱德蘭、劉序楓、廖肇亨，《萬國津梁—東亞視域中的琉球》，台北：中琉文化經濟協會，2015。

朱德蘭，《琉球沖繩的光和影—海域亞洲的視野》，台北：五南圖書出版公司，2019。

白蒂（Patrizia Carioti）著，莊國土等譯，《遠東國際舞臺上的風雲人物 —— 鄭成功》，南寧：廣西人民出版社，1997。

布琮任，《海不洋波：清代中國與亞洲海洋》。臺北：時報出版，2021。

石萬壽，《臺灣的媽祖信仰》。臺北：臺原，2000。

全漢昇，〈明清間美洲白銀的輸入中國〉，《中國經濟史論叢》，香港：新亞研究所，1972。

江傳德，《天主教在臺灣》，臺南：聞道出版社，2008。

江樹生譯注，《荷蘭聯合東印度公司臺灣長官致巴達維亞總督書信集》，南投市：國史館臺灣文獻館；臺南市：國立臺灣歷史博物館，2010。

江樹生譯註，《熱蘭遮城日記》，第一 - 三冊，臺南：臺南市政府，2000-2003。

羽田正編、張雅婷譯，《從海洋看歷史》，新北：廣場出版，2017。

伯來拉、克路士等著，何高濟譯，《南明行紀》，臺北：五南圖書出版公司，2003。

何孟興，《浯嶼水寨：一個明代閩海水師重鎮的觀察》，臺北：蘭臺出版社，2002。

余光弘，《媽宮的寺廟》，臺北：中央研究院民族學研究所，1998。

吳承洛（吳洛），《中國度量衡史》，上海：上海書局，1987。

李其霖，《見風轉舵：清代前期沿海的水師與戰船》，臺北：五南圖書，

2014。

李其霖，《清代黑水溝的島鏈防衛》，新北：淡江大學出版中心，2018。

李金明，《明代海外貿易史》，北京：中國社會科學出版社，1990。

李乾朗，《淡水福佑宮調查研究》，臺北縣：臺北縣政府，1996。

李隆生，《晚明海外貿易數量研究》，臺北：秀威資訊科技，2005。

村上直次郎日文譯注，中村孝志日文校注，程大學中文翻譯，《巴達維亞城日誌》，臺北：眾文圖書公司，1991。

村上直次郎譯，《バタヴィア城日誌》，東京都：平凡社，1975。

沈岩，《船政學堂》，北京：科學出版社，2007。

辛元歐，《中外船史圖說》，上海：上海書店出版社，2009。

邦特庫，姚楠譯，《東印度航海記》（Memorable description of the East Indian voyage，1618-1625），北京：中華書局，2001。

卓克華，《清代臺灣的商戰集團》，臺北：臺原出版社，1990。

周宗賢，《台灣地區古蹟價值之研究》，臺北市：內政部，1998。

周宗賢，《淡水：輝煌的歲月》，臺北：臺灣商務印書館，2007。

周明德，《海天雜文》，板橋：臺北縣立文化中心，1994。

周星林、孫培厚，《孫開華評傳》，北京：中國社會科學出版社，2017。

季茉莉譯註，《北圻回憶錄：清法戰爭與福爾摩沙》，臺南：國立臺灣歷史博物館，2013。

松浦章著，卞鳳奎譯《清代臺灣海運發展史》，臺北：博揚文化，2002。

林天人，《嘉義笨南港水仙宮修護計畫》，嘉義：大佳出版社，1989。

林玉茹，《清代臺灣港口的空間結構》，臺北：知書房出版社，1996。

林美容，《台灣的齋堂與巖仔 —— 民間佛教的視角》，臺北：台灣書房，2008。

林衡道，《臺灣歷史民俗》，臺北：黎明文化出版社，2001。

邱文彥，《東沙海域古沉船遺蹟之調查研究》，臺北：內政部營建署，2005。

姜鳴，《龍旗飄揚的艦隊》，北京：生活‧讀書‧新知三聯書店，2002。

施偉青，《施琅將軍傳》，長沙：嶽麓書社，2006。

洪英聖，《畫說乾隆臺灣輿圖》，南投：行政院文化建設委員會中部辦公室，1999。

席龍飛，《中國造船史》，武漢：湖北教育出版社，2000。

翁佳音，《大臺北古地圖考釋》，臺北：臺北縣立文化中心，1998。

馬偕紀念醫院、淡江高級中學，《北台灣宣教報告 - 馬偕在北台灣之紀事 1868- 1901》，臺北：明燿文化事業有限公司，2015。

馬偕著，陳宏文譯，《馬偕博士略傳、日記》，臺南：臺灣教會公報社出版，1972。

偕叡理，《馬偕日記二》，臺北：玉山社出版事業股份有限公司，2012。

張家麟、卓克華，《淡水鎮志・社會志》，淡水：淡水鎮公所，2013。

張振佩，《左宗棠傳》，海南：海南國際新聞出版中心，1993。

張珣，楊玉君，《媽祖研究書目》，嘉義：國立中正大學，2016。

張淑勤，《荷蘭史》，臺北：三民書局，2012。

曹永和，《中國海洋史論集》，臺北：聯經出版公司，2000。

曹永和，《臺灣早期歷史研究》臺北：聯經出版社，1997。

梁志明主編，《殖民主義史・東南亞卷》，北京：北京大學出版社，1999。

荷西 . 馬利亞 . 阿瓦列斯，李毓中、吳孟真譯注，《西班牙人在臺灣（1626-1642）》，臺北：國史館臺灣文獻館，2006。

許雪姬，《清代臺灣的綠營》，臺北：中研院近代史研究所，1987。

陳文達，《臺灣縣志》，南投：臺灣省文獻委員會，1993。

陳希育，《中國帆船與海外貿易》，廈門：廈門大學出版社，1991。

陳其南，《臺灣的傳統中國社會》，臺北：允晨文化實業股份有限公司，1997。

陳宗仁，《雞籠山與淡水洋》，臺北：聯經出版社，2005。

陳悅，《北洋海軍艦船志》，濟南：山東畫報出版社，2009。

陳荊和，《十六世紀之菲律賓華僑》，香港：新亞研究所東南亞研究室，1963。

陳國棟，《東亞海域一千年》，臺北：遠流出版社，2005。

陳國棟，《臺灣的山海經驗》，臺北：遠流出版社，2005。

陳國棟，《記憶、海洋與尋常歷史》，新北：淡江大學出版中心，2020。

陳國棟，《清代前期的粵海關與十三行》，廣東：廣東人民出版社，2014。

陳紹馨，《臺灣人口變遷與社會變遷》，臺北：聯經出版事業公司，1997。

陳鋒，《清代軍費研究》，湖北：武漢大學出版社，1992。

游博清，《經營管理與商業競爭力：1786-1816 年間英國東印度公司對華貿易》，臺北：元華文創，2017。

陶德著，陳政三譯，《北台封鎖記：茶商陶德筆下的清法戰爭》，臺北：原民

文化 事業有限公司，2002。

曾汪洋，《臺灣交通史》，臺北：臺灣銀行經濟研究室，1955。

湯熙勇、陳怡君主編，未出版，《16-18 世紀台灣附近海域沉船資料集》，臺北：行政院文化建設委員會文化資產總管理處籌備處。

湯熙勇、劉序楓、松浦章主編，《「近世環中國海的海難資料集成：以中國、日本、朝鮮、琉球為中心」》，臺北：蔣經國國際學術交流基金會，1999。

湯錦台，《開啟台灣第一人鄭芝龍》，臺北：果實出版社，2002。

劉芳瑜，《海軍與臺灣沉船打撈事業（1945-1972）》，臺北：國史館，2011。

程紹剛譯註，《荷蘭人在福爾摩莎》，臺北：聯經出版社，2000。

馮明珠主編，《經緯天下》，臺北：國立故宮博物院，2005。

黃有興，《日治時期馬公要港部－臺籍從業人員口述歷史專輯》，澎湖：澎湖縣文化局，2004。

黃信彰，《臺灣新文化運動的第一類接觸海運的立體新世界》，臺北：臺北市文獻委員會，2007。

慈利縣志編纂委員會，《慈利縣志》，北京：農業出版社，1990。

楊彥杰，《荷據時代台灣史》，臺北：聯經出版社，2000。

楊槱，《帆船史》，上海：上海交通大學出版社，2005。

廖大珂，《福建海外交通史》，福州：福建人民出版社，2002。

臺北總教區淡水法蒂瑪堂編輯委員會，《天主教在淡水 380 年紀念冊》，新北市：淡水法蒂瑪堂，2012。

劉益昌，《臺灣原住民史：史前篇》，南投：國史館臺灣文獻館，2002，頁11-22。

歐陽泰（Tonio Andrade），鄭維中譯，《福爾摩沙如何變成臺灣府》，臺北：遠流出版社，2007。

蔡相煇，《台灣的王爺與媽祖》，臺北：臺原出版社，1989。

蔡維民、蕭進銘，《淡水鎮志‧宗教禮俗志》，淡水：淡水鎮公所，2013。

鄭永常，《來自海洋的挑戰：明代海貿政策演變研究》，臺北：稻鄉出版社，2004。

鄭永常，《明清東亞舟師祕本：耶魯航海圖研究》，臺北市：遠流出版社，2018。

鄭順德譯，《孤拔元帥的小水手》，臺北：中央研究院臺灣史研究所籌備處，2004。

駐閩海軍軍事編纂室,《福建海防史》,福建:廈門大學出版社,1990。

霍爾,《東南亞史》,北京:商務印書館,1982。

臧振華、薛憲文主編,《臺灣附近海域水下文化資產》普查計畫報告輯 - 第三階段報告（1-4）,文化部文化資產局,2019。

魏淑貞編,《台灣廟宇文化大系》,臺北:自立晚報社文化出版部,1994。

戴寶村,《近代台灣海運發展 - 戎克船到長榮巨舶》,臺北:玉山社,2000。

戴寶村,《台灣的海洋歷史文化》,臺北:玉山社,2011。

參、期刊、論文（含政府出版期刊及碩博士論文）

〈防衛長堤「城岸」〉《滬尾街》,第五期,1992.03。

Macabe Keliher（克禮）:〈施琅的故事－清朝為何佔領臺灣〉,《臺灣文獻》,第 53 卷,第 4 期,2002。

山形欣哉,〈〈唐船圖卷〉中的「臺灣船」及其設計圖之復原〉,收於劉序楓主編,《中國海洋發展史論文集》,第九輯,臺北:中央研究院人文社會科學研究中心,2005。

文化部文化資產局,《水下文化資產列冊管理及水下目標物驗證計畫（109 年度）成果報告》,臺中市,文化部文化資產局,2021。

文化部文化資產局,《水下文化資產列冊管理及水下目標物驗證計畫（110 年度）成果報告》,臺中市,文化部文化資產局,2021。

文化部文化資產局,《水下文化資產保存法法規彙編》,第二版,臺中:文化部文化資產局,2017。

文化部文化資產局,《臺灣附近海域水下文化資產普查計畫報告輯第一階段報告》,臺中市,文化部文化資產局,2016。

文化部文化資產局,《臺灣附近海域水下文化資產普查計畫報告輯第二階段報告（1）》,臺中市,文化部文化資產局,2018。

文化部文化資產局,《臺灣附近海域水下文化資產普查計畫報告輯第二階段報告（2）》,臺中市,文化部文化資產局,2018。

文化部文化資產局,《臺灣附近海域水下文化資產普查計畫報告輯第二階段報

告（3）》，臺中市，文化部文化資產局，2018。

文化部文化資產局，《臺灣附近海域水下文化資產普查計畫報告輯第三階段報告（3）》，臺中市，文化部文化資產局，2019。

文化部文化資產局，《臺灣附近海域水下文化資產調查、驗證、管理維護計畫（107 年度）成果報告》，臺中市，文化部文化資產局，2018。

文化部文化資產局，《臺灣附近海域水下文化資產調查、驗證、管理維護計畫（108 年度）成果報告》，臺中市，文化部文化資產局，2019。

方真真，〈十七世紀馬尼拉與南亞的貿易研究〉，《成大歷史學報》第五十三號，2017。

王彥威、王亮編，《清季外交史料》，《近代中國史料叢刊三編》第二輯，臺北：文海出版社，1985。

包樂史，〈明末澎湖史事探討〉《臺灣文獻》，臺中：臺灣省文獻委員會，1973，24：3。

石萬壽，〈明清以前媽祖信仰的演變〉，《臺灣文獻》，40：2，臺北，1989.06。

朱鋒，〈臺南的水仙宮〉，《臺灣宗教》，臺北：眾文圖書股份有限公司，1995。

吳思萱，〈國內外撈救營運現況之探討及發展臺灣打撈救業之策略分析〉，基隆：國立臺灣海洋大學商船研究所碩士論文，2005。

李玉芬，〈《臺灣日日新報》「胡佛號火燒島觸礁事件」幾則報導試譯〉，《東臺灣研究》，臺東：東臺灣研究會，1999.12。

李光漢，《後海疆六首》，佚名，《中法戰爭資料》收於《近代中國史料叢刊》，臺北：文海出版社，1966。

李其霖，〈清代臺灣的戰船〉，《海洋文化論集》，高雄：國立中山大學人文社會科學研究中心，2010.05。

李其霖，〈鴉片戰爭前後臺灣水師布署之轉變〉，《臺灣文獻》，南投：國史館臺灣文獻館，第 61 卷，第 3 期，2010.09。

李其霖主持，「臺灣附近海域水下文化遺產歷史研究計畫」，文化部文化資產局，2021.11。

李其霖主編，《憶與軼：口述歷史》，新北市：淡江大學歷史學系，2016。

李其霖主編，《宮廷與海洋的交匯》，新北：淡江大學出版中心，2016。

李泰翰，〈清代臺灣水仙尊王信仰之探討〉，《民俗曲藝》143，2004.03。

李毓中，〈西班牙人在福爾摩沙〉，《艾爾摩沙 - 大航海時代的臺灣與西班牙》，臺北：國立臺灣博物館，2006。

李毓中，〈從大航海時代談起：西班牙人在淡水（1627-1637）〉《揭開紅毛城四百年歷史》，臺北：臺北縣立淡水古蹟博物館，2005。

李毓中，〈菲律賓近代經濟的肇始：荷西・巴斯克總督及其經濟發展計畫（1778-）〉收於蕭新煌主編，《東南亞的變貌》，臺北：南港，2000。

李毓中，〈艋舺船與肥沃平原：1632 年第一份進入大臺北盆地探勘的西方文獻〉，《臺灣文獻別冊》25，南投：國史館臺灣文獻館，2008 年 6 月。

辛元歐，〈十七世紀的中國帆船貿易及赴日唐船源流考〉，《中國海洋發展史論文集》第九輯，臺北：中央研究院人文社會科學研究中心，2005。

周明德，〈秋天裡的戰爭〉《滬尾街》，第五期，1992 年 3 月。

岩生成一，〈在台灣的日本人〉《國立中央圖書館台灣分館館刊》，第 5 卷，第 2 期，1998。

林偉盛，〈荷據時期東印度公司在台灣的貿易（1622-1662）〉，臺北：臺灣大學歷史學博士論文，1998。

林衡道，〈水仙尊王〉《臺灣地區神明的由來》，南投：臺灣省文獻委員會，1979。

林煌達，〈從夫人到天妃〉，收於張家綸主編《2022 關渡宮媽祖信仰與東亞交流國際學術研討會論文集》，2022。

姜道章，〈臺灣淡水之歷史與貿易〉，《臺灣銀行季刊》，臺北：臺灣銀行經濟研究室，14 卷 3 期，1963.09。

柯設偕，《淡水教會史》，未刊本。

范勝雄，〈水仙尊王〉《府城的寺廟信仰》，臺南：臺南市政府，1995。

徐謙信，〈臺灣島史和基督教〉收錄於《臺灣基督長老教會百年史》，臺灣基督長老教會出版，1965.06。

康培德，〈十七世紀基隆河流域、淡水地區原住民社群分類再議〉，收於《族群意識與文化認同：平埔族群與臺灣社會大型研討會論文集》，中央研究院民族學研究所，2003。

張建隆，〈十七世紀至十八世紀初，西、荷及清人對淡水的記述與認知〉《臺灣文獻》，53:3，2002。

張建隆，〈從寺廟分佈看滬尾街聚落之形成〉，《尋找老淡水》，臺北縣：臺北縣立文化中心，1996。

張素玢主持，《東沙海域相關人士訪談計畫》，臺北：內政部營建署，2006。

張崑振，《新北市歷史建築清法戰爭滬尾古戰場城案遺址修護或再利用計畫》，新北：新北市政府文化局，2015。

張增信，〈明季東南海寇與巢外風氣，1567-1644〉，《中國海洋發展論文集》第三輯，臺北：中央研究院中山人文社會科學研究所，1988。

許雪姬，〈抗法名將孫開華事蹟考〉，《臺灣文獻》，第 36 卷第 3、4 期合刊。

許路、賈浩，〈船舶遺存重構的實驗考古學方法 - 以清代趕繒船為例〉，收於《水下考古學及其在中國的發展》第一卷，北京：九州出版社，2009。

郭和烈，〈北部教會自中法戰爭至甲午戰爭〉《臺灣基督長老教會百年史》，臺灣基督長老教會出版，1965.06。

陳信雄，〈澎湖歷史發展的獨特性 -- 獨特的分期與特性〉《思與言》，33:2，1995.06。

陳國棟，〈馬尼拉大屠殺與李旦出走日本的一個推測 （1603-1607）〉，《臺灣文獻》，第 60 卷第 3 期，南投：國史館臺灣文獻館，2009.09。

陳國棟，〈遣使、貿易、漂流與被擄：豐臣秀吉征韓前後華人海外網絡的構成〉，《季風亞洲研究》，2.1，2016。

陳國棟，〈談齊鯤、費錫章《續琉球國志略》的寫本與擺印本〉，收錄於中琉歷史關係國際學術研討會會議論文，2005.12。

陳國棟，〈關於所謂「的惺號」及其出水文物的一些意見〉，《水下考古學研究》，北京：科學出版社，2，2016.3。

陳國棟，〈清法戰爭期間淡水的防禦工事〉《博物淡水》第 11 期，2019 年 12 月。

曾令毅，〈閩客間的經濟競合汀州客與林本源〉《新北好客都》，2016 夏季刊。

游博清，〈豪斯伯格（James Horsburgh）與英國對華及周邊海域水文認知〉，收於劉序楓主編，《亞洲海域間的信息傳遞與相互認識》，臺北：中央研究院，2017。

游智勝，〈日治時期臺灣沿岸命令航線（1897-1943）〉，國立臺灣師範大學臺灣史研究所碩士論文，2008。

湯熙勇，〈清代中國におけるベトナム海難船の救助方法について〉，《南島史學》，第 60 號，2002。

湯熙勇，〈清代台灣的外籍船難與救助〉，《中國海洋發展史論文集・第七輯》，臺北：中研院社科所，1999。

湯熙勇，〈清代前期中國における朝鮮國の海難船と漂流民救助について〉，《南島史學》，第 59 號，2002。

湯熙勇，〈清代時期臺灣澎湖海域的沉船數量〉，上海中國航海博物館編編，《中央航海文化之地位與使命》，上海：上海書店出版社，2011。

湯熙勇，〈清順治至乾隆時期中國救助朝鮮海難船及漂流民的方法〉，《中國海洋發展史論文集》第八輯，臺北：中央研究院人文社會科學研究所，2002。

湯熙勇，〈船難與海外歷險經驗：以蔡廷蘭漂流越南為中心〉，《人文及社會科學集刊》，第 21 卷第 3 期，2009。

湯熙勇，《東沙島地方志資源調查委託辦理計畫》成果報告，海洋國家管理處，2008。

湯熙勇主持，《東沙海域文史資源調查研究》，臺北：內政部營建署，2006。

鈔曉鴻、彭瑤，〈清廷選任施琅征臺述析〉，《施琅與臺灣》，北京：社會科學文獻出版社，2004。

黃富三，〈河流與聚落：淡水河水運與關渡之興衰〉，《海、河與臺灣聚落變遷：比較觀點》，臺北：中央研究院臺灣史研究所，2009。

黃漢彰，《東沙環礁新近發現的沉船遺址初探》，2015.11。

黃蓉蓉，〈1889 年道明會第二次在淡水開教史〉，《天主教在淡水 380 年紀念冊》。

楊麗祝、劉靜貞，〈清代澎湖海難事件之探討〉，《澎湖開拓史：西臺古堡建堡暨媽宮建城一百週年學術研討會實錄》，澎湖：澎湖縣立文化中心，1989。

葉振輝，〈西仔反淡水之役（1884）〉，《淡水學學術研討會 —— 過去、現在、未來論文集》，南投：國史館，1998。

詹素娟，〈分類的迷思：淡水河系原住民的族群類緣問題〉，收於周宗賢主編，《淡水學學術研討會－過去、現在、未來論文集》，臺北：國史館，1999。

廖風德，〈海盜與海難：清代閩臺交通問題初探〉，《中國海洋發展史論文集（三）》，南港：中山人文社會科學研究所，2002。

臧振華，《臺灣附近海域水下文化資產第二階段普查計畫（99-101 年）第一年度 —— 期末報告》。

臧振華，《臺灣附近海域水下文化資產第二階段普查計畫（99-101 年）第二年度（100 年）計畫》。

臧振華，《臺灣附近海域水下文化資產第二階段普查計畫（99-101 年）第三年度（100 年）計畫》。

臧振華，《澎湖馬公港古沉船調查、發掘及水下文研究、保存科學人才培育計畫第三年度 —— 期末報告》。

臺灣銀行經濟研究室編，《天妃顯聖錄》，南投：臺灣省文獻委員會，1996。

臺灣銀行經濟研究室編，《欽定福建省外海戰船則例》，南投：臺灣省文獻委員會，1997。

臺灣銀行經濟研究室編，《籌辦夷務始末選輯》，南投：臺灣省文獻委員會，1997。

趙榆生，〈胡佛總統輪綠島擱淺記〉，《中華海員月刊》，673，2009.11。

劉序楓，〈中國現存的漂海記錄及其特徵〉，《島嶼文化》（韓國：國立木浦大學校島嶼文化研究院），40輯，2012。

劉序楓，〈近世東亞海域的偽裝漂流事件：以道光年間朝鮮高閑祿的漂流中國事例為中心〉，《韓國學論集》（漢陽大學校韓國學研究所），第45輯，2009。

劉序楓，〈清代中國對外國遭風難民的救助及遣返制度 —— 以朝鮮、琉球、日本難民為例〉，琉球中國關係國際學術會議編，《第八回琉中歷史關係國際學術會議論文集》，2001。

劉序楓，〈清代檔案與環東亞海域的海難事件研究 —— 兼論海難民遣返網絡的形成〉，《故宮學術季刊》，第23卷第2期，2006。

劉序楓，〈清代環中國海域的海難事件研究－以清日兩國間對外國難民的救助及遣返制度為中心（1644-1861）〉收於《中國海洋發展史論文集（第八輯）》，南港：中央研究院人文社會科學研究中心，2002。

劉序楓，〈清政府對出洋船隻的管理政策（1644-1842）〉，《中國海洋發展史論文集》第九輯，臺北：中央研究院人文社會科學研究中心，2005。

劉序楓，〈漂泊異域 —— 清代中國船的海難紀錄〉，《故宮文物月刊》，365期，2013。

劉芳瑜，〈海軍與澎湖海域的沉船打撈〉，《中華軍史學會會刊》，第14期，2004.09。

劉素芬，〈日治初期大阪商船會社與臺灣海運發展（1895-1899）〉，收錄於劉序楓主編，《中國海洋發展史論文集》第九輯，臺北：中央研究院人文社會科學研究中心，2005。

蔡相煇，〈近百年來媽祖研究概況〉，《臺北文獻》，直字第152期，臺北，2005.06。

蔡相輝，〈清代北港的閩臺貿易〉《空大人文學報》，10，2001。

蔡錦堂，〈皇民化運動前臺灣社會教化運動的展開 —— 1931-1937〉，《臺灣史國際學術研討會 —— 社會、經濟與墾拓論文集》，臺北：淡江大學歷史系，1995。

蔡采秀，〈日本的海上經略與台灣的對外貿易（1874-1895）〉《臺灣商業傳統論文集》（南港：中央研究院臺灣史研究所籌備處，1999）。

鄧孔昭，〈李光地、施琅、姚啟聖與清初統一台灣〉，《台灣研究集刊》，第 1 期，1983。

鄭連明，〈自偕理牧師來台至中法戰爭〉收錄於《臺灣基督長老教會百年史》臺灣基督長老教會出版，1965.06。

鄭維中，〈荷蘭東印度公司人員在臺海兩岸間的水文探測活動（1622-1636）〉，劉序楓主編，《亞洲海域間的信息傳遞與相互認識》，臺北：中央研究院人文社會科學研究中心，2018。

盧公宇，〈臺灣海域擱淺船舶海難救助作業研究〉，基隆：國立臺灣海洋大學商船研究所碩士論文，2005。

賴英澤，〈清朝時代〉收錄於《臺灣基督長老教會百年史》，臺灣基督長老教會出版，1965。

賴永祥，〈1670-1683 年臺灣鄭氏與英國的通商關係〉《臺灣文獻》第十六卷第二期，1965。

戴寶村，〈高千穗丸與太平輪：船難、影像與歷史記憶〉《臺灣史料研究》，45，2015.06。

戴寶村，〈船難與救難：日治初期臺灣海難史研究（1895-1912）〉《臺灣文獻》，61:3，2010.09。

顏妙幸，〈1908-1909 年澎湖馬公港日艦松島號之爆炸及處理〉，《澎湖研究：第九屆學術研討會論文輯》，澎湖縣馬公市：澎湖縣文化局，2010。

纐纈厚，〈萬國公法秩序的加入和日本軍國主義化的起點〉收於《一八七四年那一役牡丹社事件：真假野蠻與文明的對決》，臺北：五南圖書出版股份有限公司，2015。

肆、外文資料

《戰袍餘薰懷舊錄》，東京：有終會，1929。

A. Felix, Jr., The Chinese in the Philippines 1570-1770(Vol.1), Manila: Solidaridad Publishing House, 1966.

All The World's Fighting Ships 1860-1905,Conway Maritime Press1979.

Anthony Reid, Charting the shape of early morden Southeast Asia, Chiang Mai, Thailand: Silkworm Books, 1999.

Armando Cortesão（亞馬多・高德勝），《歐洲第一個赴華使節》Primeira Embaixada Europeia à China（澳門：澳門文化協會，1990）。

Bruce Swanson, Eighth Voyage of the Dragon: A History of China's Quest for Seapower. Annapolis: Naval Institute Press, 1982.

Crossroads-Studies on the History of Exchange Relations in the East Asian World, Vol. 16 (Oct. 2017).

David Prescott Barrows , A History of the Philippines , Library of Alexandria, 1926 , P. Appendix.

Eugene Garnot, L'Expédition française de Formose, 1884-1885,Paris: Delagrave, 1894.

G.R.G. Worcester（夏士德）, The Junks and Sampans of the Yangtze, Annapolis : Naval Institute Press, 1971.

G.R.G. Worcester（夏士德），〈中國帆船的帆與桅〉《船史研究》第 7 期，1994 年（中國造船工程學會船史研究會）。

Groenveldt, De Nederlanders in China, De eerste bemoeiingen om den handel in China en de vertining in de Pescadores (1601-1620), Gravenhage, 1898.

J. R. Bruijn, F.S. Gaastra and I. Schöffer. Dutch-Asiatic shipping in the 17th and 18th centuries; The Hague: Nijhoff, 1979, 269.1.

Jan J. B. Kuipers，De VOC，Uitgeversmaatschappij Walburg pers，Zutphen，2014.

John Harland, Seamanship in the age of sail: an account of the shiphandling of the sailing man-of-war, 1600-1860, based on contemporary sources, London: Conway Maritime Press, 1985.

John Lang Rawlinson, China's struggle for naval development 1839-1895,Cambridge, Mass: Harvard University Press, 1967.

José Eugenio Borao Mateo et al. eds, Spaniards in Taiwan, Taipei: SMC Publishing, 2001, Vo1.I.

Joseph Needham Science and Civilization in China, Vol. 4: Physics and physical technology, pt. 3: Civil Engineering and Nautics, Cambridge University Press, 1986.

Lise Boehm, China Coast Tales, cheng we publishing company, Taipei, 1972.

Loir, Maurice, L'Escadre de l'amiral Courbet, notes et souvenirs, par Maurice Loir, Paris, BERGER-LEVRAULT, 1886.

Louis Audemard, Kam Fai Leong, Manuel Leal Vilarinho, Museu Marítimo de Macau, Banco Totta & Açores. Juncos Chineses, Museu Marítimo de Macau, 1994.

Nationaal Archief, Land in zicht, Beeldrecht Amsterdan, 2007, p.135.

R. W. Campbell, Formosa under the Dutch: described from contemporary records, with explanatory notes and a bibliography of the island,Taipei: Southern Materials Center, 1987.

Spaniards in Taiwan, Vo1.

Stephen Davies. East Sails West: The Voyage of the Keying, 1846–1855, Hong Kong University Press; Illustrated, 2013.

Stephen Davies. Seeing the Junk Keying.:《中國航海文化之地位與使命》，上海：上海書店出版社，2011，頁 134-183。

The Formosan Encounter, V01. 1, 頁 3。

The Times, 8, 6, 1892.

Thomazi, A. La conquête de l' Indochine, Paris, 1934.

W. E. Cheong, "Canton and Manila in the Eighteenth Century," in Jerome Ch'en and Nicholas Tarling eds., Studies in the Social History of China and South-East Asia ,Cambridge: Cambridge University Press, 1970.

Washington Post, 1908. May 1.

Wu, C.-R., S.-Y. Chao, and C. Hsu, Transient, seasonal and interannual variability of the Taiwan Strait Current. Journal of Oceanography, 63, 2007,821-833.

William Campbell, Formosa under the Dutch(London: Kegan Paul, 1903).

Xing Hang 杭行 , Conflict and Commerce in Maritime East Asia. The Zheng Family and the Shaping of the Modern World, c.1620–1720, Cambridge University Press, 2015.

大日本青年教養団編,《東西名士立志伝：独力奮闘》,日本：朝日書房,1926。

大庭脩,《江戶時代における中國文化受容の研究》,京都：同朋舍,1984。

日本海軍省編,《山本権兵衛と海軍》,東京：原書房,2004。

日本海軍參謀本部編撰科,《清佛海戰紀略》,1888。

日本郵船戰時船史編纂委員会,《日本郵船戰時船史》,東京都：日本郵船,1971。

卡迪,《東南亞歷史發展》,上海：上海譯文出版社,1988。

西川如見,《增補華夷通商考》,寺町五條上ル町：甘節堂,1708。

佐藤朝泰,《豪閥地方豪族のネットワーク》,東京：立風書房,2001。

杉野嘉助,《臺灣商工十年史》,臺南市：著者,1919。

和田秀穗,《海軍航空史話》,日本：明治書院,1944。

岩生成一,《新版朱印船貿易史の研究》,東京：吉川弘文館,1985。

林鵞峰,《華夷變態》,東京：東洋文庫,1958。

芝忠一,《新興の高雄》,高雄市：新興の高雄發行所,1930。

海上労働協会編,《日本商船隊戰時遭難史》,1962；東京都：成山堂書店,2007。

財團法人海上勞働協會,《日本商船隊戰時遭難史》,東京：成山堂書店,1962。

馬吉芬,《二七八年海戰史》上卷,頁207。

淺香貞次郎,《臺灣海運史》,臺北州：社團法人臺灣海務協會,1941。

菊地坂城,《陸海軍人奇談》,東京：大學館,1904。

須藤利一編,《船》,東京：法政大學出版社,1968。

增田福太郎,《台灣の宗教》,臺北：南天出版社,1996。

澎湖廳,《澎湖事情》,臺北：山科商店印刷部,1926。

伍、報紙

《大阪每日新聞》。
《大阪朝日新聞》。
《中外商業新報》。
《申報》。
《東京日報》。
《時事新報》。
《臺灣日日新報》。
《讀賣新聞》。

陸、資料庫

《內閣大庫檔案》，中央研究院歷史語言研究所藏。
《官報》，國立國會圖書館デジタルコレクション。
《明清史料》，中央研究院歷史語言研究所藏。
《法令全書》，日本東京：內閣官報局，1912。
《軍機處檔摺件》，國立故宮博物院藏。
《宮中檔歷朝奏摺》，臺北：故宮博物院。
《國立公文書館アジア歴史資料センター》。
《國防部檔》。
《臺灣總督府公文類纂》。

柒、網站

〈近代世界船艦事典〉，http://hush.gooside.com/Text/6m/61Ma/M19aMan_.

html。

〈昭和 19 年：1944 年 10 月に喪われた商船〉，http://homepage2.nifty.com/
i-museum/19441012asaka/ asaka.htm，2015 年 1 月 7 日徵引。

〈軍艦松島追悼號〉，http://0-oldnews.lib.ntnu.edu.tw.opac.lib.ntnu.edu.tw/cgi-
bin2/Libo.cgi?。

〈馬偕好友李高公〉，《教會史話》671，http://www.laijohn.com/book7/671.
htm，2019 年 3 月 3 日徵引。

http://www22.tok2.com/home/ndb/name/a/Af/Af/Africa/Africa.html。2014 年 9
月 15 日徵引。

The Official Chronology of the U.S. Navy in World War II Chapter IV：1942，
http://www.ibiblio.org/hyperwar/USN/USN-Chron/USN-Chron-1942.html，2014
年 12 月 23 日徵引。

日本三景的稱呼，詳請參照日本三景旅遊網站，http://nihonsankei.jp/zh/index.
html，2014 年 11 月 12 日徵引。

北京故宮博物院網址。http://www.dpm.org.cn/www_oldweb/Big5/E/E49/wen-
wu/02-2.htm

海軍艦艇殉難史‧松島，http://www.asahi-net.or.jp/~un3k-mn/nan- matusima.
htm，2014 年 11 月 12 日徵引。

商船三井の歷史 #6 山下亀三郎と山下汽船～「沈みつ浮きつ」の一代記～ |
商船三井，http://www.mol.co.jp/saiyou/kaisya/history06.html，2014 年 12 月 21
日徵引。

國立海洋科技博物館，http://ship.nmmst.gov.tw/ship/faqdet/158/746，2015 年 1
月 7 日徵引。

維基百科，http://ja.wikipedia.org/wiki/%E7%89%B9%E8%A8%AD%E8%89%
A6%E8%88%B9，徵引 2015 年 1 月 7 日徵引。

維基百科「山下亀三郎」，http://ja.wikipedia.org/wiki/%E5%B1%B1%E4%B8%
8B%E4%BA%80%E4%B8%89%E9%83%8E，2014 年 12 月 21 日徵引。

維基百科フィンバック（潜水艦），2014 年 9 月 15 日徵引。
http://ja.wikipedia.org/wiki/%E3%83%95%E3%82%A3%E3%8
3%B3%E3%83%90%E3%83%83%E3%82%AF_%28%E6%B-
D%9C%E6%B0%B4%E8%89%A6%29#cite_ref-23.

帆檣剪影：
臺灣海域的海洋歷程

作　　者：李其霖
發 行 人：黃振庭
出 版 者：崧燁文化事業有限公司
發 行 者：崧燁文化事業有限公司
E-mail：sonbookservice@gmail.com
粉 絲 頁：https://www.facebook.com/
　　　　　sonbookss/
網　　址：https://sonbook.net/
地　　址：台北市中正區重慶南路一段六十一號八
　　　　　樓815室
Rm. 815, 8F., No.61, Sec. 1, Chongqing S. Rd.,
Zhongzheng Dist., Taipei City 100, Taiwan
電　　話：(02)2370-3310
傳　　真：(02)2388-1990
印　　刷：京峯彩色印刷有限公司（京峰數位）
法律顧問：廣華律師事務所　張佩琦律師

國家圖書館出版品預行編目資料

帆檣剪影：臺灣海域的海洋歷程 /
李其霖 著 . -- 第一版 . -- 臺北市：
崧燁文化事業有限公司 , 2023.2
　面；　公分
POD 版
ISBN 978-626-357-156-3(平裝)
1.CST: 臺灣史 2.CST: 航運史
733.21　112001013

定　　價：650 元
發行日期：2023 年 2 月第一版
　　　　　2023 年 3 月再刷修訂
◎本書以 POD 印製

官網

臉書